교부 문헌 총서

<8>

JEAN-PIERRE MAHÉ
TERTULLIEN, *LA CHAIR DU CHRIST*
(Sources Chrétiennes 216)
© Paris 1975

Translated with introduction and notes by
Hyeong-u RI

© Benedict Press, Waegwan, Korea 1994

교부 문헌 총서 〈8〉
1994년 11월 초판 | 2006년 10월 재쇄
역주자 · 이형우 | 펴낸이 · 이형우
ⓒ 분도출판사
등록 · 1962년 5월 7일 라15호
718-806 경북 칠곡군 왜관읍 왜관리 134의 1
왜관 본사 · 전화 054-970-2400 · 팩스 054-971-0179
서울 지사 · 전화 02-2266-3605 · 팩스 02-2271-3605
www.bundobook.co.kr

ISBN 89-419-9421-7 04230
ISBN 89-419-9755-0 (세트)
값 11,000원

교부 문헌 총서 8

떼르뚤리아누스
그리스도의 육신론

이 형 우
역주

분도출판사

일러두기

1. 교부 문헌은 워낙 방대하므로, 번역·간행할 책은 기획 위원회에서 한국 실정을 고려하여 선정하되, 연대순이나 그리스 교부와 라틴 교부 등의 구별이 없이 준비되는 대로 일련 번호를 매겨 출간해 나간다.
2. 교부 문헌은 학문 연구에 기초 자료가 되므로, 본문 번역은 되도록 원문에 충실하게 하며, 중요한 문헌의 원문은 전부 또는 일부를 역문과 나란히 싣는다.
3. 독자의 이해를 돕기 위해, 본문에 앞서 「해제」를 실어 저자의 생애와 당시의 문화 배경 그리고 각 저술의 특징과 신학 사상 등을 설명하고, 본문 아래에 약간의 각주를 단다.
4. 교부들의 이름을 비롯하여 고유명사는 되도록 원음에 가깝게 통일시킨다.

역자의 말

교부 총서 제8권으로 떼르뚤리아누스의 『그리스도의 육신론』을 소개한다. 이 문헌은 초대교회를 가장 극심하게 괴롭혔던 영지주의 이단을 논박하는 논쟁적 작품으로서, 자체로는 그리스도론적 성격을 띤 저서이다. 다시 말해, 떼르뚤리아누스는 이 저서에서 영지주의적 이단들을 구체적으로 논박하면서, 자신의 그리스도론을 개진하고 있는 것이다. 이러한 이중적(二重的) 성격 때문에 이 문헌을 이해하기가 쉽지 않다. 떼르뚤리아누스(155~230년경)는 『그리스도의 육신론』 첫머리에서 "그리스도의 육신을 믿지 않고서는 인간 육신의 부활을 바랄 수 없다"는 원칙하에 "그리스도의 육신은 실제로 존재하는가(an est)?", "어디서 왔는가(unde est)?", "어떤 형태로 되어 있는가(cujusmodi est)?"라는 세 가지 문제를 제기한 다음, 각 문제의 순서에 따라 마르치온 이단, 아펠레 이단, 발렌띠누스 이단을 논박하고 있다.

영지주의자들의 이론 체계가 서로 다르지만, 모두 존재적이며 배타적인 이원론(二元論)에 기초를 두고 있다. 이 이원론의 근본 이유는 인간 영혼만이 구원될 수 있고, 인간 육신은 구원의 가능성에서 철저하게 배제되어야 한다는 원칙에 있다. 따라서 이단자들은, 인간 영혼을 구원하기 위해 이 세상에 오신 그리스도께서 절대로 우리 인간 육신과 같은 육신을 취할 수 없다고 주장한다. 그런데 그리스도께서 사람들의 눈에 보여진 육신을 가지고 처신하였다는 점에 대해 이단자들은 각기 다른 설명을 하고 있다. 마르치온은 그리스도의 육신이 아예 존재하지도 않았고 단지 환상에 불과하다고 하는 가현설(假現說)을 주장하였다. 반면 아펠레는 그분의 육신은 "별들에서 온 육신"이라 하였고, 발렌띠누스는 "영(spiritus)에서 온 육신" 또는 "영혼(anima)에서 온 육신"이라 하였다. 이단자들의 이러한 주장은 그리스도께서 인간의 영혼과 육신 모두를 구원하셨다고 하는 그리스도교의 전인적(全人的)인 구원론을 근본적으로 부인하는 것이었다. 이에 대항해 떼르뚤리아누스는, "그리스도께서 취하신 모든 것을 구원하셨다"는 원칙하에, 그리스도께서 우리 인간 육신과 똑같은 육신을 취하셨다는 사실을 믿지 않고서는 인간 육신의 부활, 즉 구원을 기대할 수 없다는 점을 『그리스도의 육신론』 전체에서 거듭 역설하고 있다. 따라서 "육신 구원"(salus carnis)은 떼르뚤리아누스 구원론의 핵심을 이루고 있다.

일반적으로 통칭하여 "영지주의"(Gnosticismus)라고 부르지만, 영지주의는 수많은 학파로 구성되어 있으며, 각 학파마다 교설이 서로 크게 다르기 때문에 하나로 묶어 말하기는 어렵고 구체적인 학파를 개별적으로 거론할 수밖에 없다. 게다가 영지주의는 여러 종교의 요소를 수용하여 만들어진 혼합종교(Syncretismus)로서 밀교적(密敎的) 성격을 띠고 있기 때문에 그 교설 체계를 이해하기가 쉽지 않다. 떼르뚤리아누스가 『그리스도의 육신론』에서 구체적으로 논박하고 있는 마르치온 이단, 아펠레 이단, 발렌띠누스 이단은 상당한 수준의 이론 체계를 세웠을 뿐만 아니라 정통교회로부터 분리되어 자기들의 이단 집단을 만들어 나갔기 때문에 2세기 말과 3세기 초의 아프리카 교회에 커다란 혼란과 위험을 초래하였다. 사실 떼르뚤리아누스는 『그리스도의 육신론』 외에 세 이단 학설에 대항하여 각기 따로 논박서들, 즉 『마르치온 논박』, 『발렌띠누스 논박』 그리고 지금은 상실되었지만 『아펠레 논박』을 저술하였다. 따라서 『그리스도의 육신론』에서 미묘하게 논박되고 있는 논점을 올바로 이해하기 위해 우리는 각 이단 학파의 교설에 대한 충분한 지식을 필요로 한다. 따라서 우리는 해제에서 세 이단 교설의 전반적인 윤곽을 조명해 보았다.

떼르뚤리아누스는 개성이 뚜렷한 인물이었듯이, 그의 문체 역시 독특하다. 수사학의 방법에 따라 유창한 화법을 구사하면서도 직설적이며 간결하게 표현한다. 특히 이단자들을 논박할 때에 변호사 출신답게 명쾌한 논리를 펴지만, 적대자를 완전히 굴복시킬 때까지 비슷한 문제를 여러 각도에서 반복하여 역설하기 때문에 지루한 느낌도 준다. 그러나 그는 라틴어가 가지고 있는 장점을 최대한 이용하여 각종 분사구문과 단축용법을 자유자재로 구사하기 때문에 라틴 교부들 가운데 떼르뚤리아누스의 문장은 가장 뛰어나고 어려운 문장으로 정평이 나 있다. 그가 라틴 교회 신학 발전에 미친 가장 큰 공로는, 그가 라틴어로 저술한 최초의 라틴 신학자였으며 뛰어난 신학사상을 개진하였다는 점에서뿐만 아니라, 수많은 라틴어 신학 용어를 만들었다는 점이다.

한편 "영지주의"라는 표현은 교회 신학 저서들에 자주 등장하는 용어이며, 교회 신학 발전에 중요한 위치를 차지하고 있다는 점을 알고 있지만, 이에 대한 분명한 개념을 가지고 있지 못하는 경우들이 많다. 이번 교부 총서에 소개되는 『그리스도의 육신론』 문헌은, 세 영지주의자들의 교설을 이해하는 데에 도움을 줄 뿐만 아니라, 라틴 신학의 창시자라 할 수 있는 떼르뚤리아누스의 뛰어난 신학을 접할 수 있다는 점에서 특히 신학도들에게 큰 도움이 되리라 믿는다. 게다가 세계 어디에서도 그 예를 찾아볼 수 없을 만큼 수많은 신흥종교와 그리스도교적 종파들이 생겨나고 있는 우리 나라의 실정에서 이 문헌은 우리에게 많은 것을 깨우쳐 줄 뿐만 아니라, 올바른 해결점을 찾는 데도 도움이 될 수 있을 것이다.

1994년 6월, 이형우 신부

차 례

역자의 말 ·· 5

해 제

가. 떼르뚤리아누스의 생애와 저서 ·· 13
  1. 아프리카 교회 ·· 13
  2. 떼르뚤리아누스의 생애 ·· 16
  3. 떼르뚤리아누스의 문체와 표현 ······································ 21
  4. 저서 ·· 23
나. 이단자들의 교설 ·· 27
  1. 영지주의 개념과 『그리스도의 육신론』의 저술 배경과 연대 ····· 27
    1) 영지주의의 발생 배경과 핵심 내용 ·························· 27
    2) 『그리스도의 육신론』의 저술 배경과 연대 ················ 31
  2. 발렌띠누스 이단 ·· 34
    1) 발렌띠누스의 생애 ·· 34
    2) 발렌띠누스의 이단 학설 ·· 36
      (1) "플레로마"와 신원에 대한 신비 ························ 36
      (2) "소피아"의 타락과 그리스도의 구원 활동 ········ 38
      (3) 여러 형태의 그리스도 이론과 발렌띠누스 두 학파 ····· 42
      (4) 발렌띠누스 학파에서의 동정녀 잉태설 ············ 44
  3. 마르치온 이단 ·· 46
    1) 마르치온의 생애 ·· 46
    2) 마르치온의 이단 학설 ·· 48

9

           (1) 이원론 ·· 49
           (2) 그리스도의 육신: 가현설 ··· 51
       3) 마르치온의 저서 ··· 53
           (1) 마르치온의 신약성서 ·· 54
           (2) 『대립 명제』 ·· 55
       4) 마르치온 이단과 영지주의 ··· 57
   3. 아펠레 이단 ··· 59
       1) 아펠레의 생애 ·· 59
       2) 아펠레의 이단 학설 ·· 61
           (1) 유일신과 그의 천사들 ··· 61
           (2) 데미울구스의 후회와 "불〔火〕의 천사" ······················· 64
           (3) "불의 천사"와 이스라엘 백성의 신 ····························· 66
           (4) 그리스도의 육신: 별에서 온 육신 ······························ 67
           (5) 그리스도의 탄생 없는 육신과 구원론의 문제 ············ 69
 다. 『그리스도의 육신론』의 분석 ··· 71
   서언 (I, 1-2) ··· 71
   1. 그리스도의 육신은 존재하는가? (I, 2b-V, 10) ······················ 72
   2. 그리스도의 육신은 어디서 왔는가? (VI-IX) ························· 74
   3. 그리스도의 육신은 어떤 종류의 육신인가? (X-XXIII) ·········· 77
       A. 그리스도 육신의 인간적 성격 (X-XVI) ···························· 77
       B. 그리스도의 인성과 탄생 (XVII-XXIII) ······························ 81
   총결론 (XXIV-XXV) ·· 84

                                본 문

제 1 장: 머리말 ··· 87
제 2 장: 마르치온이 조작한 복음서에 대한 논박 ························· 91

10   차 례

제 3 장:	그리스도의 육화는 하느님에게 불가능한 일이 아니다	95
제 4 장:	육화는 하느님께 부당한 일이 아니다	101
제 5 장:	육화의 어리석음을 능가하는 십자가의 어리석음	107
제 6 장:	아펠레 논박: 그리스도의 육신과 천사들의 육신	117
제 7 장:	마태오 12,48에 대한 주석	127
제 8 장:	아펠레 이단의 우주론	135
제 9 장:	그리스도의 육신의 지상적(地上的) 기원	141
제10장:	발렌띠누스 논박: 그리스도의 육신은 영혼에서 온 것이 아니다	147
제11장:	하느님은 영혼을 가시적인 것이 되게 하는 것을 원하지 않으셨다	151
제12장:	영혼은 자기 자신과 하느님을 인식하고 있다	155
제13장:	그리스도의 영혼과 육신은 서로 구별되는 두 개의 종류이다	161
제14장:	그리스도는 천사의 본성을 지닌 것이 아니라 성부의 사자이다	167
제15장:	그리스도는 우리와 같은 육신을 지닌 참 인간이시다	171
제16장:	로마 6,6; 8,3에 대한 주석	177
제17장:	동정녀의 출산의 필요성	183
제18장:	동정녀의 출산과 성자의 위격적(位格的) 일치	189
제19장:	요한 1,13에 대한 주해	193
제20장:	예수는 동정녀의 모태에서 태어나셨다	199
제21장:	천주의 모친에 관한 성서의 증언들	205
제22장:	다윗의 자손인 예수	211
제23장:	마리아의 동정성 여부에 관한 논쟁	215
제24장:	이단자들에 대한 성령의 단죄	221
제25장:	맺는 말: 그리스도의 육신과 우리 육신의 부활	225

성서 인용 색인 ································· 229

해 제

가. 떼르뚤리아누스의 생애와 저서

1. 아프리카 교회

떼르뚤리아누스의 생애와 저서, 그리고 당시의 상황을 이해하기 위해서는 그가 속해 있던 아프리카 교회를 먼저 살펴볼 필요가 있다. 교부학에서 아프리카 교회라고 할 때에 아프리카 대륙 전체를 말하는 것이 아니라 지금의 리비아 북부 지역의 교회를 국한하여 지칭하며, 그 중심 도시는 카르타고였다. 이 지역은 기원전 2세기에 카르타고의 한니발이 로마를 정벌하기 위해 원정에 나설 만큼 일찍부터 도시들이 번창하였고, 로마 제국 시대에도 이탈리아와 지리적으로 인접한 관계로 중요한 무역 상대가 되었다. 아프리카 교회는, 시기를 정확히 알 수는 없지만 로마 교회에 의해 복음이 전해졌으며, 따라서 로마 교회와 긴밀한 관계를 유지하면서 전례와 신학 그리고 여러 가지 규정 문제 등에 대하여 로마 교회를 그 기준으로 삼았다.[1]

로마 제국 어느 곳에서나 교회가 박해를 받았지만, 이 지역의 복음 전파의 속도는 가히 놀랄 만하였다. 떼르뚤리아누스는 197년에 쓴 『호교론』 1, 6-7에서, "우리 크리스천은 괄목할 만큼 많다. 도회지에 국한되어 있다고 말하지만 사실은 시골 벽촌, 산간 지역, 섬들에도 많다. 우리는 고통을 받

---

1. 아프리카 교회에 대한 연구 논문은: J. Mesnage, *Le christianisme en Afrique*, vol.3, Paris 1915; E. Buonaiuti, *Il cristianesimo nell'Africa Romana*, Bari 1928; G. Bardy, *L'Afrique chrétienne*, Paris 1930; W. Telfer, *The origins of christianity in Africa*: Studia Patristica 11 (TU 79) Berlin 1961, pp.512-7; J. Burian, *Die Afrikaner in römischen Reich in der Zeit des Prinzipats*: Altertum 7(1961) pp.233-8.

으면서도 마치 폐허에서 생겨나듯 남녀노소, 고위층의 사람들까지 그리스도교의 고유한 이름을 가지게 되었다"고 증언하고 있다.[2] 이러한 교세 신장의 이유들 중에 하나는 아프리카 교회 안에서 일찍부터 라틴어를 사용했기 때문인 것 같다. 사실 이 지역의 중심지인 카르타고에는 로마의 관리, 군인, 상인들이 주축을 이루었으므로 주로 라틴어를 사용하였다. 현존하는 라틴어 교회 문헌 중에서 가장 오래된 것은 『쉴리움의 순교자 행전』(Acta Martyrum Scillitanorum in Africa)인데, 아프리카의 누미디아 지방 출신인 여섯 순교자들이 180년 7월 17일에 카르타고에서 심문받고 참수된 순교자들에 관한 기록이다. 이 순교행전에는 비록 부분적이기는 하지만 신약성서의 라틴어역 몇 구절이 인용되어 있다. 이들은 집정관의 심문을 받으면서 재판 도중 자신들은 『의인(義人)인 바울로의 작품과 서간들』(Libri et epistulae Pauli, viri justi)을 가지고 있었다고 시인하고 있다. 다시 말해, 이 시기에 신약성서를 그리스어에서 라틴어로 번역하는 작업들이 시도되고 있었다. 그리고 우리는 떼르뚤리아누스의 후기 작품들을 통해 213년 전후에 이미 성서가 모두 라틴어로 번역되었으며, 그후 250년경에 아프리카 교회는 교회가 인정하는 공식 라틴어역 성서를 가지게 되었음을 여러 문헌을 통해 알 수 있다. 한편 떼르뚤리아누스가 197년경부터 본격적으로 라틴어로 저술하기 시작하였으며,[3] 치쁘리아누스 주교가 그 뒤를 이었다. 이것은 250년경에야 라틴어 저서들이 나오게 된 로마 교회에[4] 비해 50년 가량 앞선 것이다.

---

2. 아프리카 교회의 급속한 교세 신장은 이보다 약 40년 후에 치쁘리아누스가 카르타고 주교로 있었을 때 카르타고 주교회의에 모인 주교들의 숫자에 대한 기록을 보아 짐작할 수 있다. 252년 회의에 42명, 253년 회의에 66명, 254년 회의에 37명, 255년 회의에 31명, 256년 1차 회의에 71명 그리고 2차 회의에 87명의 주교들이 모였다. 이형우, 『치쁘리아누스』 교부 문헌 총서 1, 분도출판사 1987, 12-3 참조. P. Monceaux가 (Histoire littéraire de l'Afrique chrétienne, vol. II, Bruxelles 1966, p.65) 지적하듯이, 3세기의 아프리카 교회는 로마제국 안의 어느 지역교회와 비교될 수 없을 만큼 급속한 교세 신장을 이룩하였다.

3. 떼르뚤리아누스의 몇몇 작품, 예를 들어 『경기 관람』(De spectaculis), 『성세론』(De baptismo), 『월계관』(De corona militis), 『동정녀의 베일』(De virginibus velandis), 『초탈』(De exstasi) 등은 그리스어로 집필되었는데, 앞의 네 저서들의 그리스어본은 상실되고 대신 라틴어본은 전해 오지만, 『초탈』의 경우는 그리스어본이 상실되고 라틴어본 역시 없다.

아프리카 교회의 초기 상황은 내외적으로 어려움의 연속이었다. 내적으로는 교회의 분열을 일으키는 이단 및 영지주의 사상이 교회에 엄청난 상처를 주고, 외적으로는 잇단 박해가 교회의 존립 자체를 위협했기 때문이다. 사실 이 시기의 아프리카 교부들은 교회가 복음의 진리를 지키기 위하여 교회를 박해하는 외적 적들에 대항하여서는 피의 증거를 하고, 이단을 조장하는 내적 적들에 대항하여서는 그들의 오류를 찾아내어 논박하는 데에 얼마나 열성을 다하였는지를 증언하고 있다. 이때문에 아프리카 교회는 다른 어느 지역에서보다 복음과 진리에 대한 수호 의식이 강하게 싹텄으며, 이교사상에 대한 거부감과 증오심도 강하게 나타났다. 우리는 이러한 배경 안에서 아프리카 교부들을 이해하고 특히 떼르뚤리아누스의 작품을 대해야 한다.

이 아프리카 교회의 특성은 어떤 의미에서 로마 교회의 특성과도 일맥상통하게 연결되기도 한다. 사실 끌레멘스와 오리게네스를 비롯한 알렉산드리아 학파는 복음의 형이상학적 의미를 강조하여 신앙을 모든 것의 길잡이로 이해하여 철학과의 조화를 꾀함으로써 여러 가지 인간적 체계를 극복하려 하였다. 반면 떼르뚤리아누스와 치쁘리아누스는 구체적인 생활의 현실, 즉 그리스도인과 이교인을 구별짓는 근본적인 생활 양식을 강조하였다. 다시 말해, 알렉산드리아 학파는 구원의 객관적 의미를 강조하여 "로고스" 위에 모든 신학과 이론을 전개시켰던 반면, 아프리카 학파는 구원의 주관적 의미를 강조하여 각 개인의 삶 안에서의 구체적 행동과 실천, 즉 죄를 거슬러 싸워야 하는 그리스도인의 복음적 생활에 그 관심의 초점을 맞추었다. 양자(兩者)의 이러한 차이는 바로 동·서방 신학의 특징적 차이이며 구분이기도 한 것이다. 아프리카 교회의 신학 전통은 떼르뚤리아누스에 의해 시작되었으며, 그의 뒤를 이어 치쁘리아누스, 아르노비우스, 락딴시우스, 아우구스띠누스가 발전시켰다. 아프리카 교회의 신학 주류는 로마 교회의 신학을 능가할 만큼 뛰어났으며 라틴 교회의 신학 발전에 지대한 영향을 미쳤다.

---

4. 로마 교회에서 집필된 최초의 라틴어 저서는 노바씨아누스의 『성삼론』(*De Trinitate*)이다.

2. 떼르뚤리아누스의 생애

퀸뚜스 셉띠무스 플로렌스 떼르뚤리아누스(Quintus Septimus Florens Tertullianus)는 155년경 카르타고의 이교 가정에서 태어났으며, 그의 아버지는 총독 관저의 백인대장이었다. 그는 법률을 전공한 다음 변호사가 되어 로마에서 크게 활약하기도 하였다. 따라서 『로마 시민법 전집』(*Corpus Juris civilis*)에서 언급되어 있는 떼르뚤리아누스와 동일시되기도 한다. 떼르뚤리아누스는 195년경에 그리스도교에 귀의한 다음, 카르타고에 머물면서 자신의 문학·철학·법률 등 모든 지식을 활용하여 신앙 옹호에 전념하였다. 예로니무스의 『명인록』 53에서 그를 사제(司祭)로 표현하지만 근거가 희박한 증언이다.[5] 사실 떼르뚤리아누스는 자신을 사제라고 전혀 표현하지 않으며, 당시의 상황으로 보아 그는 끝까지 평신도였으리라 여겨진다.

떼르뚤리아누스는 195년부터 220년까지 신학 전반에 걸쳐 수많은 귀중한 저서들을 저술하였으며, 라틴 교부들 중에서 아우구스띠누스 다음으로 가장 훌륭하고 독창적인 신학자로 높이 평가받고 있다. 다방면에 뛰어난 학식을 가지고 있던 그는 불굴의 투지와 인내, 그리고 정열적인 수사학적 표현과 신랄한 풍자로 신앙을 위해 평생을 바쳤다. 그는 그리스도교의 신앙과 진리에 위배된다고 판단되는 모든 대상, 즉 이교인, 유대인, 이단자들을 대항하여 어떠한 타협이나 양보도 없이 명확한 논리로 그들의 오류를 논박하였다. 이때문에 그의 작품은 거의 모두 논쟁적이다. 우리는 그의 회개 동기를 정확하게 알지 못하지만, 짐작하건대 교리적인 접근을 통해서가 아니라 유스띠누스처럼 그리스도교와의 극적인 만남을 통해서 이루어진 것 같다. 혹독한 박해중에 자신의 믿음을 고수하면서 죽어가는 그리스도인들의 영웅적 삶과 그 모습이 떼르뚤리아누스를 감동시켰으리라 추정된다. 사실 떼르뚤리아

---

5. P. Monceaux, *Histoire littéraire de l'Afrique chrétienne*, Paris 1901. p.182; O. Bardenhewer, *Geschichte der altkirchlichen Literatur II*, Freiburg 1914, p.379.

누스는 그의 저서들을 통하여 이 점을 여러 차례 지적하고 있다. "국가가 아무리 잔혹한 박해로 신도들을 죽이더라도 신도들은 더욱 늘어날 것이다"라고 하면서, "(순교자들의) 피는 그리스도인들의 씨앗이다!"(semen est sanguis christianorum!)[6]라는 유명한 말을 남겼다.

  진실과 진리가 그의 유일한 판단 기준이었다. 이를 위하여 그는 몸바쳐 싸우며, 온갖 이단적 오류를 거부하고 있는 것이다. 다혈적인 성격 때문에 그는 과격한 성품의 소유자로 알려져 있다. 그는 "진리에 미친 사람"이라는 평을 받을 정도로 진리에 집착되어 있었다. 그의 저서들에는 진리(veritas)라는 말이 162번이나 사용되고 있다. 그에게 있어서 이교 사상과 그리스도교 사상 사이를 구별짓는 기준도 바로 하느님께 대한 참된 인식이냐 거짓 인식이냐라는 것으로 나타난다. 그리스도가 교회를 세운 목적도 바로 하느님께 대한 올바른 인식을 전달하기 위한 것이라고 떼르뚤리아누스는 강조하고 있다. 따라서 그리스도교의 하느님은 바로 참된 하느님이며, 이 사실을 깨달은 사람이 바로 진리를 터득하고 진리 안에 머무르고 있다는 것이다. 이교인들은 진리를 배척하지만 그리스도인은 진리 때문에 고통을 받고 때로는 죽어가며, 바로 이 진리는 이교인과 그리스도인을 구별짓는 척도요 기준이 된다는 것이다. 이와같이 떼르뚤리아누스는 지나칠 정도로 진리를 강조하는데, 이것은 그의 깊은 종교심과 진지한 삶의 자세에서 연유된 체험이며 고백인 것이다. 그는 단순한 법률학도나 수사학자가 결코 아니라, 믿음과 실천의 사람이었다. 박해의 상황에서 굳센 믿음을 간직했고 누구나 하느님을 자유로이 믿을 수 있는 권리가 있음을 외치고 있다. 그는 진리와 신앙 때문에 목숨을 내놓을 수 있는 확신의 사람이기도 하다. 사실 그는 『호교론』 끝머리에서 이와 같은 자신의 심정, 즉 순교에 대한 각오를 명백히 피력하고 있다. 그래서 그는 박해중에라도 피신할 수 없음을 주장하며 가르치고 있다.

---

6. 떼르뚤리아누스, 『호교론』(*Apologeticum*) 50,13.

그러나 그는 206년경부터 몬타니즘 이단에 물들기 시작하였고,[7] 213년에 이 이단의 지도자가 된 후에는, 전에 이단자들과 이교도들에게 그랬던 것처럼, 가톨릭 교회를 신랄하게 비판하기도 하였다. 이러한 그의 행보는 다혈적인 성격과 극단적이고 과격한 성품에서 연유된 것으로 보인다. 몬타니즘 이단은 2세기 중엽 소아시아의 프리지아에서 몬타누스(Montanus)에 의해 시작되었는데, 그의 추종자 프리쉴라(Priscilla)와 막시밀라(Maximilla) 두 여인과 함께 종교적인 체험과 환시를 통해 방언과 예언을 하면서 성령의 신탁(神託)을 받아 전하였다. 그들에게 그리스도와 성령이 발현한다는 소문이 번져나갔으며, 그들의 집회에서 무아경과 경련과 집단 히스테리 같은 비이성적인 기이한 현상들이 일어났다. 초창기의 몬타니즘은 성령이 내려오심과 그 은사들을 강조하였을 뿐, 아직 이론적 정립을 하지 못하고 다만 몇 가지 행동 규범을 제시하였다. 단식 같은 재계가 도입되고, 동정생활이 지나칠 정도로 강조되면서 결혼은 경시되었다. 또 세상의 종말이 곧 도래할 것이므로 신도들은 깨어 준비하고 있다가 새 예루살렘과 천년왕국을 맞이하도록 뻬뿌자(Pepuza)에 모여 기다리라고 하였다. 그러나 한 세대가 지난 다음 떼르뚤리아누스는 이 이단에 몰입하면서, 뛰어난 필치로 이론적인 체계를 세웠는데, 윤리적인 엄격주의는 보존하면서 비이성적인 요소들은 과감히 제거하였다. 그러나 떼르뚤리아누스는 몬타니즘 이단을 개혁하는 데 만족하지 못하고 자기의 교단을 만들어 나갔기 때문에 이후부터는 이를 떼르뚤리아니즘 이단이라고 불리기도 한다. 몬타니즘 이단 또는 떼르뚤리아니즘 이단은 정통 교회로부터 단죄를 받았지만, 떼르뚤리아누스 추종자들은 5세기의 아우구스띠누스 시대까지 카르타고에 존속하였다고 한다. 평신도였던 떼르뚤리아누스는 극단적인 윤리생활을 강조하면서, 한 배우자가 사별한 후에 재

---

7. 떼르뚤리아누스와 몬타니즘 이단과의 관계: R. G. Smith, *Tertullian and Montanism*: Theology 46(1943) pp.127-39; H. Kraft, *Die altchristliche Prophete und die Entstehung des Montanismus*: ThZ 11(1955) pp.249-71; J. Pelikan, *Montanism and its Trinitarian Significance*: CH 25(1956) pp.99-109; G. Zannoni, *Tertulliano montanista e il sacerdozio*: Euntes Docete 11(1958) pp.75-97.

혼하는 것은 간음과 같이 불가하고, 박해중에 피신하는 것도 배교와 같은 큰 잘못이며, 배교와 살인과 간음을 저지른 대죄인의 경우에는 교회도 사해 줄 수 없다고 가르쳤다. 또 그는 신자 공동체의 보편적인 사제직을 강조하여 반교계주의(antihierarchismus)를 부르짖었다. 즉, 성령에 의한 내면적 교회와 주교들에 의한 외적인 교회를 대비시키면서 성령에 의한 내면적 교회만이 참되고 진실되며 구원을 가져다주는 반면 주교들에 의한 외적인 교회는 인위적이며 멸망을 초래한다고 주장하였다. 그의 사망 연대는 정확히 알 수 없지만 220년 이후 230~240년경으로 추산되며, 끝까지 가톨릭 교회에 돌아오지 않았다. 따라서 떼르뚤리아누스의 저서들을 읽을 때는, 저술된 연도가 다음의 시대 구분 어디에 속하는지를 유의할 필요가 있다. 제1 시기: 가톨릭 신앙 시기(195~206); 제2 시기: 반(半)몬타니즘 시기(206~212); 제3 시기: 몬타니즘 신봉 시기 또는 떼르뚤리아니즘 이단 시기(213~220). 제2 시기까지는 저서들의 내용 면에서 가톨릭적 신앙에 별 문제가 없지만, 제3 시기의 저서들은 주로 교회론적 측면에서 가톨릭 교회의 제도들에 대해 과격한 비판을 하고 또 윤리적인 측면에서 지나친 엄격주의로 흐르고 있다는 점에 유의해야 한다.

가톨릭 교회의 규범과 그리스도교 교의(Dogma)의 기초를 놓기 위해 혼신의 노력을 기울이고 명확한 논리로 이교도와 유대인과 이단자들을 논박한 떼르뚤리아누스 같은 위대한 학자가 스스로 정통 교회를 떠나 이단 집단에 빠져들었다는 것은 매우 애석한 일인 동시에, 그가 왜 그렇게 했던지 우리에게 큰 의문을 자아내게 한다. 그의 생애를 볼 때, 우리는 그가 어디에나 만족하지 못하고 계속 정신적으로 방황한 모습을 볼 수 있다. 사실 그는 이교에서 그리스도교로 개종하였고, 다시 그리스도교에서 몬타니즘 이단으로 옮겨갔으며, 몬타니즘 이단에서 또다시 자기 집단을 만들어 나갔다. 이러한 그의 심적 변화 내지 정신적 방황을 우리는 어떻게 이해할 수 있는가?[8] 떼르

---

8. B. Nisters, *Tertullian, seine Persönlichkeit und sein Schicksal*, Münster 1950; C. Moreschini, *Opere Scelte di Quinto Settimon Florente Tertulliano*, Torino 1974, pp.81-2.

뚤리아누스 자신은 윤리적으로 철저하게 사는 엄격주의자였으며, 조금도 타협할 줄 모르는 과격한 인물이었다. 그가 그리스도교로 개종한 동기를 보더라도, 당시 카르타고의 그리스도 신자들은 진리와 신앙을 위해 용감히 목숨을 바치고, 생활에 있어 모범적이었다. 그가 항상 동경하고 추구하던 교회 공동체는 초대 예루살렘 공동체처럼 복음적 열정에 가득 차 있고 성령의 은사 안에서 계속 쇄신되는 교회의 모습이었다. 그러나 카르타고 교회는 많은 개종자들로 숫적으로는 팽창하였지만, 이에 비해 신도들의 신앙생활의 질은 점차 떨어져갔다. 사실 교회 안에 배교자들과 죄인들이 많아졌고, 게다가 바람직하지 못한 성직자들도 생겨났다. 떼르뚤리아누스는 이러한 교회의 모습에 참을 수가 없어 성령의 역사하심을 외치며 초대교회의 순수한 생활을 추구하는 것처럼 보이는 몬타니즘 이단에 빠져들었지만, 거기에서도 만족하지 못하고 다시 자기 집단을 만들었던 것으로 보인다. 이러한 그의 심리적인 변천 여정은 그의 저서들 안에서도 엿볼 수 있다. 앞에서 언급하였듯이, 떼르뚤리아누스는 가톨릭 신앙 시기, 반(半)몬타니즘 시기, 몬타니즘 신봉 시기 내지 떼르뚤리아니즘 이단 시기를 거치면서 갈수록 더욱 윤리적인 엄격주의와, 성직자들에 의해 영위되는 외적 교회를 배격하는 반교계주의 경향을 나타내고는 있지만, 그리스도교의 근본 교리인 성삼론과 그리스도론 등에서는 가톨릭 신앙 시기와 몬타니즘 신봉 시기와의 사이에 아무런 차이가 없다는 점이다.

떼르뚤리아누스 사후 20년도 안되어 카르타고의 위대한 주교가 된 치쁘리아누스(210~258)의 전기 작가 뽄시우스와 예로니무스가 증언하는 바에 의하면, 치쁘리아누스는 매일 떼르뚤리아누스의 글을 읽었으며, 그를 "스승"이라고 불렀다고 한다.[9] 사실 떼르뚤리아누스의 저서에서 직접적인 영향을 받은 치쁘리아누스의 작품들은 『동정녀들의 복장』(*De habitu virginum*)은 『여성 복장론』(*De cultu feminarum*)에서, 『주의 기도문』(*De dominica*

---

9. 예로니무스, 『명인록』 53.

oratione)은 『기도론』(De oratione)에서, 『인내의 미덕』(De bono patientiae)은 『인내론』(De patientia)에서, 그리고 호교론적 작품인 『데메뜨리아누스에게』(Ad Demetrianum)는 『호교론』(Apologeticum)과 『스까뿔라에게』(Ad Scapulam)로부터 영향을 받았다. 그외 다른 저서들에서도 떼르뚤리아누스의 영향을 많이 받았지만, 치쁘리아누스는 자기 저서에서 한번도 떼르뚤리아누스를 직접 언급한 일은 없다.[10] 이것은 떼르뚤리아누스가 그의 생애 후반기에 몬타니즘 이단에 빠져들어 교회로부터 단죄받았기 때문인 것으로 보이며, 치쁘리아누스 자신은 떼르뚤리아누스의 신학적 중요성을 높이 평가하고 있었던 것만은 확실하다. 이러한 사실을 차치하고라도 떼르뚤리아누스는 초기 그리스도교 라틴 문학의 시조로 평가받을 정도로 후대에 지대한 영향을 미쳤다.[11] 특히 그는 신학 분야에 있어서 라틴어 용어들을 정착시킨 결정적인 공로자이며, 명실공히 첫 라틴 교부이다. 그는 알렉산드리아의 오리게네스, 그리고 로마의 히뽈리뚜스와 같은 시대의 인물이다. 한마디로, 오리게네스가 희랍 교부신학의 기초를 놓았다고 한다면, 떼르뚤리아누스는 라틴 교부신학의 기초를 놓았다고 할 수 있다.

3. 떼르뚤리아누스의 문체와 표현

떼르뚤리아누스는 개성이 뚜렷한 인물이었듯이, 그의 문체 역시 독특하다.[12] 수사학의 방법을 따라 유창한 화법을 구사하면서도 직설적이며 간결하게 표

---

10. 이형우, 『치쁘리아누스』 교부 문헌 총서 1, 분도출판사 1987, 19쪽.
11. A. Harnack, *Über Tertullian in der Litteratur der alten Kirche*: SAB (1895) pp.545 ss.; A. d'Alès, *Tertullien chez Bède*: RSR (1937) p.630; Ch. Mohrmann, *Saint Jerôme et saint Augustin sur Tertullien*: VC 5(1951) pp.111-2; P. Lehmann, *Tertullian im Mittelalter*: Hermes 87(1959) pp.231-46.
12. H. Janssen, *Kultur und Spriche. Zur Geschichte der alten Kirche in Spiegel der Spriachentwicklung von Tertullian bis Cyprian*: Latinitas Christianorum Primaeva 8, Nijmegen 1938; Ch. Mohrmann, *Observations sur la langue et le style de Tertullien: Etude sur le latin des chretiens II*, Roma 1961, pp.235-46.

현하고 있다. 그는 치체로와 세네까의 고전적인 라틴어 문체에 따라 고급 라틴어를 구사할 줄 알았다. 여러 문제에 대한 질문과 반문을 열거한 다음 이에 대해 간략하면서도 명백한 해답을 제시한다. 대조법(對照法)을 좋아하며, 때로는 언어의 유희를 통하여 논리적 귀결을 꾀하기도 하고, 자기 식의 고유한 표현을 통해 의도한 바를 역설한다. 그가 구사한 어휘와 문장, 그리고 표현 등은 따치뚜스(Tacitus, 55~120)에 버금갈 정도로 뛰어난 것이다. 이단자들을 논박할 때에 그는 변호사 출신답게 명쾌한 논리를 펴지만, 적대자를 완전히 굴복시킬 때까지 비슷한 문제를 여러 각도에서 반복하여 역설하기 때문에 때로는 지루한 느낌도 준다. 그러나 떼르뚤리아누스의 문장은 특히 간결하기로 유명하다. 이에 대해 이미 르랭의 빈첸시우스(+450)는, "말마디 하나하나가 곧 문장의 의미를 지니고 있을 정도다"(Quot paene verba, tot sententiae)라고 평하였다. 사실 떼르뚤리아누스는 라틴어가 가지고 있는 장점을 최대한 이용하여 각종 분사구문과 단축용법 등을 많이 구사하고 있기 때문에, 그의 라틴어 문장을 대할 때는 마치 퀴즈를 풀어야 하는 인상을 가지게 된다. 그래서 라틴 교부들 가운데 떼르뚤리아누스의 문장은 가장 어려운 문장으로 정평이 나 있으며, 떼르뚤리아누스의 본문을 현대어로 번역하면 본문보다 훨씬 길어질 수밖에 없다.

  떼르뚤리아누스가 라틴 교회 신학 발전에 미친 가장 큰 공로는 그가 최초의 라틴 신학자였으며 뛰어난 신학사상을 개진하였다는 점에서뿐만 아니라 많은 라틴어 신학 용어들을 만들었다는 점이다. 홉페[13]가 지적하고 있듯이, 떼르뚤리아누스는 982개의 라틴어 신조어(508개 명사, 284개 형용사, 28개 부사, 161개 동사)를 만들어 냈다. 떼르뚤리아누스 이전에 성서가 이미 라틴어로 번역되는 시도들이 있기는 하였지만, 떼르뚤리아누스가 만들어 낸 라틴어 신조어들은 교회의 전례와 신학을 개진하기 위한 전문 용어들로서

---

13. H. Hoppe, *Beiträge zur Sprache und Kritik Tertullians*, Lund 1932, pp.132-49. 떼르뚤리아누스의 신조어에 대한 연구 논문들은 엄청나게 많으며, 이에 대한 참고 문헌들은, J. Quasten, *Patrologia(ed. Italiana) I*, Marietti 1971, pp.496-7을 보라.

라틴 신학 발전에 지대한 공헌을 한 것이다. 이때문에 그는 "교회 라틴어의 창시자"라는 평을 받고 있다. 떼르뚤리아누스는 최초로 라틴 교회의 신학을 문학적인 측면에서 품위를 높여 놓았을 뿐만 아니라, 언어적인 측면에서 라틴어 발전 자체에도 큰 공헌을 한 사실을 간과해서는 안된다.

4. 저 서

현재 전해져 있는 떼르뚤리아누스의 저서는 31개인데 모두 귀중한 작품들이지만, 그의 신학적인 경향을 이해하기 위하여 중요한 몇 가지를 골라서 소개한다.

1) 호교론적 작품들

『이교인들에게』(*Ad Nationes*)와 『호교론』(*Apologeticum*)은 유사점이 많은 저서들로서 197년에 저술되었다. 떼르뚤리아누스는 두 저서에서 그리스도인들에 대한 이교도들의 박해가 이성과 정의에 어긋나며, 무지의 소산임을 역설하고 있다. 특히 『호교론』은 그의 저서들 중에 가장 비중있는 작품들 중에 하나로서 지방 행정관에게 쓴 것이다. 그는 종교와 신앙의 자유를 주장하면서, 그리스도인들이 우상숭배를 거부하는 것은 황제에 대한 반대가 아니라 진실한 삶의 선택이며, 오히려 신도들은 국가의 안녕과 통치자의 건강을 위해 기도하고 있다고 역설한다. 한편 『유대인 논박』(*Adversus Judaeos*)은 유대교에 대한 그리스도교의 우월성을 역설한 작품이다. 이스라엘 백성은 그리스도를 거부했기 때문에 하느님의 신적 능력을 상실했으며, 대신 이방인들에게 구원이 열렸다는 것이다. 하느님의 법은 모세 이전에도 존재하였으며, 법의 기원은 이미 인간 창조 때부터 시작되었는데, 이것이 바로 신정법(神定法)이며 자연법이다. 유대인들의 율법은 이 자연법을 요약하고 확인한 것에 불과하기 때문에 구원을 위해 필수적인 것은 아니다. 그러나 예수 그리스도는 구약에서 이미 예언된 분으로서 하느님의 법을 완성하고 세상 만민의 구원을 가져다주시는 구세주이심을 강조하고 있다. 『영혼의 증명』(*De testimonio animae*)은 인간에게 영혼이 존재한다는 것을 증명함으로써 하느님의 존재, 그 속성, 상선벌악 및 사후의 문제 등 종교의 근본 문제들을 다루고 있다.

2) 논쟁적 작품들

『이단자 규정론』(*De praescriptione haereticorum*)은 체계적이며 특징적인 내용을 담고 있다는 점에서 높이 평가받는 작품이다. 제목이 암시하듯이, 가톨릭 교회와 이단자들의 관계를 법적 투쟁의 형식으로 설명하고 있다. 성서는 신앙의 규범(regula fidei)이 되는데, 문제는 진리가 "전승의 정통성" 안에서 전해져 오느냐에 있다. 그리스도께서 사도들에게 당신의 모든 것을 위탁하셨기 때문에 사도들만이 권위있는 후계자들이며, 그들은 교회를 통하여 교회 안에서 자신들의 임무를 수행하였기 때문에 이 사도적 전승 밖에는 어떠한 진리의 전승도 없다는 것이다. 이 저서의 부록(46-53장)에는 32개의 이단 목록이 수록되어 있다. 그리고 떼르뚤리아누스는 이단들을 세부적으로 논박한 작품들을 남겼는데, 특히 영지주의 이단 분파들을 논박한 작품들이 많다. 예를 들면, 『마르치온 논박』(*Adversus Marcionem*), 『발렌띠누스 논박』(*Adversus Valentinianos*), 『헤르모제네스 논박』(*Adversus Hermogenem*), 『전갈 처방』(*Scorpiace*) 등이 있으며, 이중에서 특히 『마르치온 논박』은 떼르뚤리아누스의 저서 중에서 분량이 가장 큰 저서이다. 그는 마르치온의 저서들을 조목조목 반박하면서, 구약의 창조신과 신약의 구원하는 하느님은 서로 적대되는 신이 아니라 같은 하느님이시며, 예수 그리스도는 구약에서 약속되고 예언된 메시아라는 점을 역설하고 있다. 『그리스도의 육신론』(*De carne Christi*)과 『육신의 부활』(*De resurrectione carnis*)은 서로 연관성이 있는 저서들로서, 인간 육신을 천시하고 그 구원을 부인하는 영지주의자들을 반박하면서, 그리스도의 참다운 육화(肉化)와 우리 인간 육신의 부활과 구원을 역설하고 있다.

한편 『프락세안 논박』(*Adversus Praxeam*)은 성삼론에 관한 이단들, 즉 "양태론"과 "성부 수난설"을 논박한 저서인데, 니체아 공의회 이전까지 성삼에 관한 교의를 가장 잘 체계화시킨 저서로서 노바씨아누스의 『성삼론』(*De Trinitate*)은 물론 후대의 많은 교부들에게 많은 영향을 미쳤다. 『성세론』(*De baptismo*)은 세례성사와 견진성사의 내용과 성사적 의미를 강조한 첫번째 작품으로서 전례적으로 매우 중요하다. 퀸틸라를 우두머리로 하는 성세 반대론자들은 물로 씻는 외적인 목욕으로 영혼의 정화와 영생을 가져올 수 없다고 주장하였는데, 떼르뚤리아누스는 이에 대항하여 세례성사는 원죄와 본죄를 씻어 주고 영생을 보증해 주는 하느님의 초자연적 은총의 신비임을 설파한다. 그는 박해중에 살던 당시 신자들 사이에 널리 유통되던 "물고기"(ιχθυς) 암호에 대해 설명하는데, 그리스어로 물고기 단어는 "하느님의 아들 구세주 예수 그리스도"란 말에서 각 단어의 첫째 알파벳을 모아 만들어진 것으로서 중요한 신앙고백의 뜻을 담고 있으며, 신도들은 세례의 물에서 새로 태어날 때 "작은 물고기들"이 된다고 한다.

『영혼론』(*De anima*)은 『마르치온 논박』 다음으로 긴 작품이다. 떼르뚤리아누스는 영혼의 본질과 그 영적 특성을 논하면서, 플라톤의 관념론과 영혼의 선재사상을 배격한다. 인간의 영혼은 육신과 동시에 창조된다고 하면서, 영혼의 성장, 죄, 잠, 꿈, 인간 육신의 사후 영혼의 상태 등에 대해 설명한다. 사람이 죽은 다음 모든 영혼은 하데스로 가서 최후심판 때까지 기다려야 하지만 순교자들의 영혼은 직접 하느님 품으로 갈 수 있다고 주장한다.

3) 윤리 · 영성적 작품들

신자들의 윤리와 영성생활에 관한 떼르뚤리아누스의 저서는 16개 있는데, 다음의 네 부류로 나누어 특징있는 몇 가지를 소개하겠다.

(1) **순교 영성적 저서들**: 『순교자들에게』(*Ad martyres*)는 초기의 작품으로서, 떼르뚤리아누스는 자신의 입교 동기가 되었던 순교자들의 굳은 믿음과 영웅적인 용기에 대해 감동적으로 묘사하고 있으며, 당시 감옥에서 처

형을 기다리고 있던 예비자들에게 용기와 희망을 주기 위해 썼다.『인내론』(*De patientia*)은 신도들이 지녀야 할 인내의 덕의 필요성과 의무를 강조하고 있다. 그리스도의 삶은 인내와 순명의 삶으로 요약될 수 있는데, 신도들도 인내로써 신앙을 고수하고 구원의 길로 정진하며, 순교의 고통까지 이겨낼 수 있다는 것이다.『월계관』(*De corona*)은 군대 병영 안에서 신자 군인이 우상숭배에 뿌리를 둔 월계관을 쓰기를 거부함으로써 순교하게 된 사실을 묘사하고 있다. 우리는 당시의 많은 신자 군인들이 신앙을 위해 순교하였음을 알 수 있다.

(2) **여성의 윤리와 결혼에 관한 저서들**: 떼르뚤리아누스는 여자들의 윤리에 대해 매우 엄격한 편이었다.『여성 복장론』(*De cultu feminarum*)에서 그는 여신도들에게 시대적 유행의 노예가 되지 말고 단정한 옷차림을 할 것을 권하고, 금·은·보석 등의 장신구나 화장품은 교만과 원욕을 자극하는 악마의 발명품이라고까지 혹평한다. 이 저서에 의하면, 당시의 여인들이 루즈를 사용하고 머리 염색도 하였음을 알 수 있는데, 그는 올바른 몸가짐과 절제로써 정결한 몸을 간직하도록 권한다.『부인에게』(*Ad uxorem*)는, 떼르뚤리아누스 자신이 죽을 위험에 처해 있음을 예측하고 부인에게 영적 유언 형식으로 쓴 작품이다. 어떠한 경우에도 재혼을 하지 말도록 당부하면서, 결혼이 지니는 신성성, 성사성, 불가해소성(不可解消性) 등을 상기시키고 있다. 그리고 신자와 비신자 사이의 결혼은 바람직하지 못하기 때문에 가급적 피하라고 권한다.

(3) **기도와 재계**:『기도론』(*De oratione*)은 예비자들을 위해 씌어진 작품으로서, 그는 구약의 기도와 신약의 기도를 비교하면서 가장 완벽한 기도문인 "주의 기도"를 해설한다. 그리고 기도할 때에 무릎을 꿇고, 일어서고, 손을 올리고, 목소리는 낮게 하라는 등 기도의 실천적인 요소들을 강조하는데, 이런 것들은 하느님께 대한 존경과 사랑의 표시이며 겸손과 자제의 의미라고 설명한다.『재계론』(齋戒論, *De jujunio*)은 213년 이후의 작품으로 몬타니즘적 엄격주의가 엿보이는데, 그는 일체의 양념이나 맛있는 음식을

취하지 않도록 한 엄한 재계 방법을 제시하면서 가톨릭 교회의 느슨한 재계 방법을 비판하고 있다.

(4) 죄사함의 문제: 『통회론』(*De paenitentia*)은 신자들의 죄사함의 가능성과 그 방법을 설명하고 있다. 그는 세례성사가 죄사함을 위한 유일하고 결정적인 방법임을 강조하고, 성세받은 후 범죄하였을 경우에 단 한 번의 기회가 더 주어진다고 말한다. 이 두번째 죄사함을 받기 위해서 파문받은 신자가 어떻게 공적 고백을 하며, 교회에서 지정한 참회와 화해의 절차를 어떻게 거쳐야 하는지를 설명하고 있다. 이 저서는 교회가 사죄권을 가지고 있음을 확인해 주고, 초대교회에서 실시되었던 고백성사의 방법을 보여 주는 귀중한 사료이다. 그러나 몬타니즘에 빠진 다음인 213년에 저술한 『수치론』(*De pudicitia*)에서는, 제도적인 가톨릭 교회에 사죄권이 없고 대신 영적인 교회만이 권한을 가지고 있다고 하면서, 우상숭배와 간음과 살인 세 가지 중죄에 대한 죄사함의 가능성을 배제시켰다.

나. 이단자들의 교설

1. 영지주의 개념과 『그리스도의 육신론』의 저술 배경과 연대

1) 영지주의(靈知主義)의 발생 배경과 핵심 내용[1]

2세기 중엽부터 교회는 외적 박해의 위협과 함께 교회 내부에서 발생한 이단사상들을 단속해야 하는 이중(二重)의 어려움을 겪게 된다. 당시 교회

---

1. W. Völker, *Quellen zur Geschichte der christlichen Gnosis*, Tübingen 1932; R. A. Grant, *Gnosticism. A Sourcebook of Heretical Writing from the Early Christian Period*, New York ²1966; U. Bianchi, *Le origini dello gnosticismo*, Leiden 1967; M. Simonetti, *Testi gnostici cristiani*, Bari 1970; K. W. Tröger, *Gnosis und Neue Testament*, Berlin 1973; A. Orbe, *Cristologia gnostica* I-II, Madrid 1976; G. Filoramo, *L'attesa della fine. Storia della Gnosi*, Bari 1983.

를 가장 괴롭히던 대표적인 이단사상은 영지주의(Gnosticismus)라 할 수 있다. "지식"이란 뜻을 가진 그리스어 "γνωσις"(그노시스)는 이단적 문헌들에서 특수 계층의 사람들에게만 비밀리에 전해 오는 구원에 관한 지식, 즉 "영지"(靈知)를 말하며, 이에 속한 이단사상을 "영지주의"(gnosticism)라 부른다. 영지주의의 생성 과정과 역사를 규명하기란 쉽지 않다. 기원전 4세기 희랍의 알렉산더 대왕이 인도까지 원정하여 대제국을 세운 이후, 헬레니즘 문화는 동·서양의 사상을 조화하여 찬란히 꽃피웠다. 희랍철학에 기원을 둔 영지주의 사상은 동방 종교들의 이원론(二元論)을 흡수하여 독특한 구원론을 전개시켰다. 영지주의는 여러 가지 종교와 다양한 철학에서 요소들을 끌어들여 혼합적인 사상운동으로 시작되었다. 사실 플라톤 철학의 신과 인간의 중개사상, 피타고라스 철학의 자연 신비사상, 스토아 철학의 개인의 가치와 윤리성의 의미가 복합되어 있으며, 여기에 희랍신화, 유대교, 페르시아 종교 등의 요소가 두루 가미되어 있다.

신약성서 특히 요한 복음서와 바울로 서간들 안에 이원론적 언급이 있고, 한편으로 영지주의의 그릇된 교설을 경계하는 구절들도 있다. 그러나 사도들의 시대에는 영지주의가 하나의 사상운동 차원에 머물러 있었지만, 2세기부터 그리스도교의 요소들을 받아들여 교회 안에서 조직화되면서 신자들에게 큰 혼란을 초래하였다.[2] 교부들은 일반적으로 사도행전 8장에 나오는 마술사 시몬(Simon Magus)을 영지주의의 원조로 보고 있다.[3] 그 다음 도시테우스(Dositheus)·메난데르(Menander)·바실리데스(Basilides)·이시도루스(Isidorus)·발렌띠누스(Valentinus)·프톨레메우스(Ptolemaeus)·헤라클라온(Heraclaon)·발데사네스(Bardesanes)·하르모니우스(Harmonius)·테

---

2. 1966년 4월 13~18일에 이탈리아의 메시나(Messina)에서 영지주의를 심층 분석하는 국제 심포지엄이 열렸다. 이 학술 심포지엄의 내용은, *Le origini dello Gnosticismo, Colloquio de Messina 13-18 Aprile 1966, Testi e discussioni pubblicati a cura di U. Bianchi, supplement to Numen*, Leyde 1967에 출판되었다.
3. K. Rudolph, *Simon-Magus oder Gnosticus? Zur Stand der Debatte*: ThRu 42(1977), pp. 279-359.

오도투스(Theodotus)·마르꾸스(Marcus)·까르뽀끄라테스(Carpocrates)·에삐파네스(Epiphanes)·아펠레(Apelles) 등을 영지주의자들로 열거하고 있다. 한편 학계에서는 마르치온 이단을 영지주의와 구별하여 따로 취급하는 경향이 있지만, 마르치온 이단의 근본 뿌리는 영지주의 사상과 비슷하므로 여기서 같이 취급해도 무리가 없을 줄로 본다. 영지주의의 분파가 이처럼 많고, 그 교설들이 서로 다르며 복잡하기 때문에 이를 명확히 규명하기란 쉽지 않다. 게다가 영지주의자들의 교설을 말해 주는 본인들의 저서가 대부분 전해 오지 않고 다만 그리스도교 편에서 쓴 이단 반박 저서들에 인용되어 단편적으로 전해 오기 때문에 그들의 교설을 이해하는 데에 한계가 있다. 그러나 고고학적 발굴로 영지주의에 관련된 문헌들이 계속 발견되고 있으며,[4] 현대 학자들의 끈질긴 연구의 덕택으로 우리는 이단들의 이론 체계를 비교적 상세히 알 수 있게 되었다. 후에 발렌띠누스 이단, 마르치온 이단, 아펠레 이단에 관하여 자세히 언급하겠지만, 여기서는 영지주의 여러 학파들의 교설에 공통되는 몇 가지 요소들을 살펴봄으로써 영지주의의 일반적인 성격을 찾아보도록 하자.

영지주의는 이원론(二元論)에 기초를 두고 있는데, 우리 나라의 음양사상을 조화적인 이원론이라 한다면, 영지주의의 이원론은 철저히 대립적인 이원론이다. 선과 악, 영(靈)의 세계와 물질의 세계, 영과 육 등은 서로 존재론적으로 대립의 관계에 있다. 영지주의자들이 말하는 신은 영의 세계만 관할하고 물질의 세상과는 전혀 상관이 없는 신이다. 그들은 영의 세계를 어떠한 물질적 요소도 존재하지 않는 "완전함"(플레로마)의 세계라 부른다. 인간의 육신을 포함한 세상의 모든 물질은 나쁜 것이며, 데미울구스

---

4. 1945년 12월에 에집트 낙 하마디(Nag Hammadi)에서 12 두루마리와 8쪽의 고사본들이 발견되었는데, 여기에 영지주의에 관련된 여러 가지 귀중한 문헌들이 들어 있었다. J. C. Shelton, *Nag Hammadi Codices. Greek and Coptic Papyri from the Cartonnage of the Covers*, Leiden 1981; M. Krause, *Die Texte von Nag Hammadi: Gnosis Festschrift für H. Jonas*, Göttingen 1978, pp.216-43; K. W. Tröger, *Zur gegenwärtigen Stand der Gnostic und Nag-Hammadi-Forschung: Altes Testament-Frühjudentum-Gnosis*, Gütersloh 1980, pp.11-33.

(Demiurgus) 또는 사악한 창조신이 세상을 만들어 냈다는 것이다. 한편 인간 안에는 "신적 섬광"(神的閃光)이 있는데, 이 신적 섬광은 원래 영의 세계의 요소이며, 모든 사람이 가지고 있는 것이 아니라 일부 사람들 안에만 있다고 한다. 이 신적 섬광이 어떻게 일부 사람들 안에 있게 되었느냐 하는 문제를 설명하는 방법이 영지주의파마다 차이가 있지만, 일반적으로는 천상 세계의 하위 "신"(혹은 "에온")인 "소피아"가 죄를 지어 물질의 세계로 쫓겨나서 육체 안에 감금되어 있기 때문이라는 것이다. 그리고 천상 영적 세계에 속하는 그리스도가 물질세계에 내려와서 "신적 섬광"을 가지고 있는 사람들에게만 몰래 그 비밀을 깨우쳐 줌으로써 구원이 이루어지는데, 이 비밀이 바로 "영지"(Gnosis)인 것이다. 따라서 영지주의자들이 말하는 구원은 "신적 섬광"을 지니고 있는 극소수의 사람에게 국한된다는 점에서 선민적 운명론이며, "영지"가 일반 대중에게 공개될 수 없는 비밀이라는 점에서 밀교적(密敎的) 성격을 띠고 있다. 한편 영이 육신에서부터 해방되어야 한다는 그들의 논리에 따라, 인간 육신을 적대시하고 천시하는 태도는 서로 다른 두 가지 형태로 나타난다. 첫째, 극단적인 금욕주의로서 일체의 육식과 결혼을 금한다. 둘째, 이와는 정반대로 육신은 전혀 쓸모없는 것이기 때문에 어떠한 짓을 해도 상관없다는 윤리적 방탕주의에 빠지게 된다. 따라서 순교나 금욕은 구원에 아무런 소용이 없다고 말한다.

당시 영지주의 이단이 교회에 미친 해악은 극심하였다. 영지주의자들은 그리스도교의 용어와 개념들을 많이 사용하고 있지만, 구약성서와 신약성서를 대립시키고, 성삼론, 그리스도론, 구원론, 창조론 등 그리스도교의 기본 교리를 뿌리째 왜곡시키고 흔들어 놓은 것이다. 영지주의 이단을 잘 이해하지 못하는 일반 신자들은 그들의 이교 집단에 가입하는 이들이 있는가 하면, 때로는 정통 교회 안에 머물면서 의식 없이 그들의 이단에 깊이 빠져드는 경우들도 있었다.[5] 그래서 호교 교부들(Patres Apologetici) 이후 2세기

---

5. 참조: 익명의 저자, *Praedestinatus*, PL 53, 607-8.

말과 3세기 초의 교회 교부들의 최대 과제는 영지주의자들의 교설을 분석하고 오류를 논박하는 일이었다. 그 대표적인 교부는 리옹의 성 이레네우스였다. 그의 뒤를 이어 알렉산드리아의 오리게네스, 로마의 히뽈리뚜스, 카르타고의 떼르뚤리아누스가 반 영지주의 논쟁가들로 활약하였으며, 이들은 거의 같은 시기의 인물들로서 동방교회와 서방교회 신학에 기초를 놓은 위대한 학자들이었다. 이들 중에 특히 떼르뚤리아누스는 영지주의를 논박하는 저서들을 가장 많이 저술하였으며, 『그리스도의 육신론』은 바로 여기에 속한다.

2) 『그리스도의 육신론』의 저술 배경과 연대

떼르뚤리아누스는 『그리스도의 육신론』 첫머리에서 "그리스도의 육신을 믿지 않고서는 인간 육신의 부활을 바랄 수 없다"는 원칙하에 "그리스도의 육신은 실제로 존재하는가(an est)"?, "어디서 왔는가(unde est)"?, "어떤 형태로 존재하는가(cujusmodi est)"?라는 세 가지 문제를 제기한다. 그 다음 각 문제의 순서에 따라 2-5장에서는 마르치온 이단을, 6-9장에서는 아펠레 이단을, 10-16장에서는 발렌띠누스 이단을 논박하고, 17-23장에서는 이단자들의 그릇된 성서 주석을 논박하고 있는데 주로 발렌띠누스 이단을 염두에 두고 있다. 그 다음 24-25장에서 결론을 맺으면서, 『육신의 부활』(*De resurrectione carnis*)을 저술할 것을 예고하고 있다.

『그리스도의 육신론』에서 떼르뚤리아누스가 영지주의 여러 학파들 중에 마르치온 이단, 아펠레 이단, 발렌띠누스 이단을 중점적으로 논박하고 있다는 것은 이 세 이단이 2세기 말과 3세기 초에, 좁게는 아프리카 교회에, 넓게는 로마를 중심으로 한 서방교회 전체에 극심한 해악을 미치고 있었다는 증거가 된다. 사실 떼르뚤리아누스는 마르치온 이단의 경우에 『마르치온 논박』을, 발렌띠누스 이단의 경우에 『발렌띠누스 논박』을 별도로 저술하였다. 한편 떼르뚤리아누스는 『그리스도의 육신론』 8장에서 아펠레 이단을 다루면서, "적대자들을 논박하는 한 저서에서(adversus illos libellus) 우리는 이 문제를 본격적으로 거론한 바 있다"라고 언급하고 있는 것으로 보아 아펠레 이단의 경우에도 별도의 논박서를 저술하였는데 상실되어 현재 전해 오고 있지는 않다. 학계에서는 이 상실된 저서를 『아펠레 논박』(*Adversus Apelleiacos*)이라 부른다.[6]

그러면 이들 저서들의 저술 연대와 상호 연관성을 밝힐 필요가 있다. 떼르뚤리아누스 저서들의 저술 연대에 대해 학계에서 많은 논란이 있어 왔지만, 최근의 연구에 의하면 다음과 같다. 떼르뚤리아누스는 그의 저술 활동 초기에 해당되는 200년경에 이단 사상들의 부당성을 규명하면서 여러 이단들을 간략하게 소개한 『이단자 규정론』을 저술한 다음 바로 이어 『아펠레 논박』을 저술하였다. 그리고 『그리스도의 육신론』은 202~203년에,[7] 『육신의 부활론』은 211년경에[8] 저술하였다. 한편 떼르뚤리아누스 저서들 가운데 가장 방대한 저서인 『마르치온 논박』의 저술 연대는 복잡하게 되어 있다. 떼르뚤리아누스 자신이 『마르치온 논박』 I,1,1에 밝히고 있듯이 세 차례에 걸쳐 이 저서를 썼는데, 첫번째 것은 너무 성급하게 저술하였고, 둘째 것은 이를 줄여 저술하였으며, 세번째 편집에서 완성하였다는 것이다. 학계에서는 『마르치온 논박』의 제1차 편집이 200년경에 되었으며, 제2차 편집은 제1차 편집 다음 얼마 후에 이루어졌으며, 마지막 편집은 207년에 가서야 이루어졌다고 한다. 다시 말해, 『마르치온 논박』은 200년에 시작되어 207년에야 완성되었으며, 현재 우리가 가지고 있는 본문은 207년에 완성된 것이다.[9] 따라서 그가 『그리스도의 육신론』을 저술한 202~203년 당시에는 『이단자 규정론』과 『아펠레 논박』이 저술되어 있었고, 『마르치온 논박』의 제1

---

6. A. Harnack, *De Apellis Gnosi monarchica*, Leipzig 1874, p.35; P. Morceaux, *Histoire littéraire de l'Afrique chrétienne, t.1: Tertullien et les origines*, Paris 1901, p.205; J-P. Mahé, *Tertullien. La chair du Christ*(SCh 216), Paris 1975, pp.15-21.

7. J-P. Mahé, 상게서, pp.22-6.

8. P. Siniscalco, *Richerche sul 'De resurrectione' di Tertulliano*, Roma 1966, pp.35-41.

9. R. Braun, *Deus Christianorum. Recherches sur le vocabulaire doctrinal de Tertullien*, Paris 1962, p.572; J. Quasten, *Patrologia I*(trad. ital.) Torino 1971. pp.517-8; Cl. Moreschini, *Opere scelte di Q.S.F.Terulliano*, Torino 1974, p.54.

차 편집과 제2차 편집이 끝난 때였지만, 『발렌띠누스 논박』은 아직 저술되지 않았다는 점을 염두에 두어야 하며, 이것은 『그리스도의 육신론』을 이해하는 데에 중요한 요인이 된다. 이 점은 『그리스도의 육신론』 안에 세 이단에 배정된 분량의 차이에서도 엿볼 수 있다. 사실 마르치온 이단은 네 개의 장(2-5장)에 걸쳐, 아펠레 이단도 네 개의 장(6-9장)에 걸쳐 거론되어 있는 반면, 발렌띠누스 이단은 열네 개의 장(10-23장)에[10] 걸쳐 폭넓게 거론되어 있는 이유는, 마르치온 이단과 아펠레 이단의 경우에는 별도의 저서들에서 그들의 이단 체계에 대해 이미 상당히 거론하였기 때문에 여기서는 핵심적인 현안 문제로 직접 들어갈 수 있었던 반면, 발렌띠누스 이단의 경우에는 아직 『발렌띠누스 논박』이 저술되지 않은 상태였기 때문에 더 많은 설명을 해야 할 필요가 있었기 때문인 것으로 보인다.

그러면 떼르뚤리아누스가 『그리스도의 육신론』에서 겨냥한 의도와 주요 목적은 무엇인가? 앞에서 언급하였듯이, 영지주의자들의 이론 체계는 서로 다르지만, 모두 존재적이며 배타적인 이원론(二元論)에 기초를 두고 있다. 이 이원론의 근본 이유는 인간 영혼만이 구원될 수 있고, 인간 육신은 구원의 가능성에서 철저하게 배제되어야 한다는 원칙에 있다. 따라서 마르치온과 아펠레와 발렌띠누스 모두는 그리스도께서 우리와 같은 육신 안에 실제로 육화하지 않았다고 확신하고 있었다. 왜냐하면 고통과 죽음을 겪어야 하는 우리 인간 육신은 우리의 물질세계를 지배하는 하급의 창조신에 의해 만들어진 피조물이기 때문이다. 반면 그리스도는 영적 세계를 지배하는 "상위(上位) 신"의 존재를 계시하러 우리에게 오신 분이라는 것이다. 그리스도가 우리 인간에게 전해 주는 구원은 영적 요소를 이 육신의 감옥에서 해방하는 것이므로, 그분이 우리와 같은 육신을 입으실 수 없다는 것이 모든 영지주의자들의 기본 입장이었다. 이 세 이단자는 이러한 기본 입장에서 일치하지만, 서로 매우 다른 설명으로써 이를 정당화하고 있다. 마르치온은 그리스

---

[10] 발렌띠누스 이단에 대한 직접적인 논박은 10-15장이며, 16-23장에서는 이단적 성서 주석들에 대한 논박인데, 여기서도 주로 발렌띠누스 이단을 논박하고 있다.

도의 육신이 존재하지 않고 하나의 환상이라는 가현설(假現說)을 주장하였고, 아펠레는 별에서 온 육신이라 하였으며, 발렌띠누스는 영혼(anima)에서 온 육신 또는 영(spiritus)에서 온 육신이라 하였다. 영지주의자들의 이러한 주장은 그리스도께서 인간의 영혼과 육신 모두를 구원하셨다고 하는 그리스도교의 전인적(全人的) 구원론을 전면적으로 부인하는 것이었다. 따라서 떼르뚤리아누스는 『그리스도의 육신론』에서 "그리스도의 육신을 믿지 않고서는 인간 육신의 부활, 즉 구원을 바랄 수 없다"는 그리스도교적 구원론의 원칙하에 그리스도의 육신이 우리 인간 육신과 같은 육신이었다는 점을 입증함으로써 인간 육신의 구원 가능성을 입증하는 데에 그 목적을 두었다. 다시 말해, 『마르치온 논박』, 『아펠레 논박』, 『발렌띠누스 논박』은 각각 해당되는 이단을 전반적으로 논박하는 저서들이라 한다면, 『그리스도의 육신론』은 그리스도의 육신에 관한 이단적 주장들에 초점을 맞추어 논박하고 있는 것이다. 따라서 『그리스도의 육신론』은 반 영지주의적 논박서이지만 동시에 그리스도론적 성격을 띤 저서인 것이다. 이 저서는 이단자들의 구체적인 주장들에 대한 논박으로 되어 있기 때문에, 이를 이해하기 위해서는 이단자 각자의 주장을 면밀히 분석해 볼 필요가 있다. 이를 통해 우리는 2세기의 커다란 종교 주류였던 영지주의에 대한 개념을 가질 수 있을 것이다.

2. 발렌띠누스 이단

1) 발렌띠누스의 생애

발렌띠누스는 2세기 로마에서 활약한 영지주의 계통의 이교 집단의 창설자이며 지도자였다. 그의 생애에 관해서는 주로 이레네우스의 『이단 반론』 3,4,3에 간략하게 언급된 내용 외에 알려진 것이 별로 없다. 그는 에집트에서 태어났으며, 알렉산드리아에서 교육을 받고 그곳에서 가르치기도 하다가, 히지노 교황(136~140년 재위) 때 로마에 와서 로마 교회 안에서 활약하였다. 한편 떼르뚤리아누스는 『그리스도의 육신론』 I,3에서, 발렌띠누스를 "마르치온의 동료였다가 배신자"(condiscipulus et condesertor de Marcion)가 되었다고 소개한다. 이것은 두 사람이 모두 로마 교회 안에서 같이 일하다가 거의 같은 시기에 로마 교회를 떠나 각기 이단 집단을 만들었음을 암시한다. 역사적인 확실한 근거에 의하면, 마르치온은 144년에 정통 로마 교회를 떠나 독자적인 이단 집단을 만들었다.[1] 한편 떼르뚤리아누스는 『발렌띠누스 논박』 4,1에서 발렌띠누스에 대해 다음과 같이 묘사하고 있다: "그는 재능과 언변에 뛰어났기 때문에 주교직을 기대하였다. 그런데 순교를 모면한 다른 사람이 그 자리를 차지하게 되자 그는 이에 격분하여 정통 교회로부터 떠났는데, 이것은 최고 으뜸자리를 차지하려는 욕심을 가지고 있던 그가 교회를 보복하려는 뜻에서 한 짓이었다." 여기서 교황이 된 다른 사람은 비오 1세 교황(140~155년 재위)을 말하며,[2] 그는 순교한 히지노 교황의 뒤를 이어 140년에 교황으로 선출되었다. 따라서 발렌띠누스는 마르치온보다 3~4년 앞서 정통 로마 교회에서 이탈한 셈이 된다. 그는 아니체또 교황(155~166년 재위) 때에 로마를 떠나 동방으로 갔다가 말년에 다시 로마로 돌아와서 160년경에 사망한 것으로 보인다.

발렌띠누스는 서간과 강론과 시들을 썼는데, 알렉산드리아의 끌레멘스의 『스트로마타』에 몇 가지 단편들만 전해 오고 있으며, 대부분 상실되었다. 그리고 이레네우스는 그가 『진리의 복음』(Evangelium veritatis)[3]을 썼다고 하는데, 이것은 정전(正典)에 나오는 복음서와는 전혀 다른 것이며, 영지주의적 바탕 위에 그가 조작해 낸 복음서이다. 여기에는 그의 이단에 기초가 되는 "에온"설이 나타나 있지 않는데, 아마도 그의 이단이 아직 체계화되기 전 초기의 작품으로 보인다. 발렌띠누스가 만든 이단 사상은 로마 교회 안

---

1. 떼르뚤리아누스, 『마르치온 논박』 1,15,1.
2. 떼르뚤리아누스는 『이단자 규정론』 30,2에서, 마르치온과 발렌띠누스가 에레우테리오 교황(174~189년 재위) 치하에("sub episcopatu Eleutheri") 교회를 떠났다고 하는데, 이것은 그의 착각에서 나온 잘못으로 보인다.
3. 이 저서는 상실된 것으로 알려져 왔으나, 1945년 12월 낙 하마디 (Nag Hammadi)에서 발견되어 본문 전체가 출판되었다. J. C. Shelton, *Nag Hammadi Codices. Greek and Coptic Papyri from the Cartonnage of the Covers*, Leiden 1981.

에서 급속도로 파급되었을 뿐만 아니라 사방으로 퍼져나갔다. 그리고 발렌 띠누스의 이단 학설은 그의 제자들에 의해서 급격히 변경 내지 발전되었다. 그의 제자들은 두 부류로 구분할 수 있는데, 프톨레메우스와 헤라클라온이 중심이 되어 이탈리아 안에서 활약한 부류를 "서방계 발렌띠누스파"라고 부르고, 발데사네스와 악시오니코스 등이 중심이 되어 동방교회 지역으로 번져나간 부류를 "동방계 발렌띠누스파"라고 부른다.

2) 발렌띠누스의 이단 학설

발렌띠누스의 학설은 그의 제자들에 의해 심하게 변형되었기 때문에, 어디까지가 발렌띠누스 자신의 학설이고 그의 제자들이 어느 정도 변형시켰는지 가늠하기가 쉽지 않다. 발렌띠누스의 학설이 동방계파와 서방계파 사이에 세부적인 사항들에 있어 차이를 보이고 있기는 하지만, 기본 골격은 같다. 한편 떼르뚤리아누스는 발렌띠누스의 학설이 "어떤 옛 학설의 씨"(cujusdam veteris opionis semen)[4]에서 온 것이라고 하는데, 여기서 "옛 학설"은 영지주의를 말한다. 따라서 발렌띠누스는 영지주의의 토대 위에 자기 나름대로 체계를 세웠다는 것을 알 수 있다.

(1) "플레로마"와 신원에 대한 신비

영지주의라 부르는 여러 형태의 학설을 특징짓는 공통된 사항은 이러하다.[5] 인간 안에 신적 섬광(閃光)이 있는데, 이 신적 섬광은 원래 영적 세계의 존재로서 죄를 지어 탄생과 죽음의 운명에 속한 이 물질 세상에 떨어져서 육신 안에 감금되어 있다는 것이다. 영적 세계에 다시 복원되기 위해서는 신적 존재의 "영지"를 통해 깨우침을 받아야 하는 것이다. 그런데 이 영지는 일반 사람들에게 주어지는 것이 아니라 일부 선택된 사람들에게 국한

---

4. 떼르뚤리아누스, 『발렌띠누스 논박』 4,2.
5. *Le origini dello Gnosticismo, Colloquio de Messina 13-18 aprile 1966, Teste e discussioni pubblicati a cura di U. Bianchi, supplement to Numen*, Leyde 1967, pp.XXIII-XXIV.

되어 있다는 것이다. 다시 말해 영지는 자기 자신 안에 신적 섬광이 있다는 사실, 즉 자기가 영적 존재에 속한다는 사실을 알려주는 도구인 것이다. 발렌띠누스는 이 "신적 섬광"의 기원과 그것이 인간 육신 안에 감금되게 된 비극의 과정을 "플레로마"(pleroma, 충만함)라 부르는 천상의 영적 세계의 이론을 통해 설명한다.

발렌띠누스는 "플레로마" 안에 30개의 "에온"(Eon, 신적 존재)들이 있다고 한다.[6] 이 에온들은 최고 에온에서부터 유출(emanatio) 또는 생성(prolatio)되어 나왔으며, 엄격한 위계 질서를 형성하고 있다. 에온들은 남성 에온과 여성 에온으로 짝을 이루고 있는데, 각 짝에서 남성 에온이 여성 에온보다 위계적으로 상위에 속한다. 에온들의 이름과 서열은 다음과 같다. 우주를 뛰어넘은 가장 높은 곳에 ① "성부"(Pater)가 계시는데 그의 이름은 "심연"(深淵, Bythos)이라 불리기도 한다. 성부의 짝은 ② "침묵"(Sige)이며 성부의 생각을 지니고 있다고 해서 "생각"(Ennoia)이라고 불리기도 한다.[7] 이 짝에서 세 쌍의 에온들이 유출되어 나온다. 그 첫째 쌍은 ③ "이성"(理性, Nous)과 ④ "진리"(Aletheia)이며, 둘째 쌍은 ⑤ "말씀"(Logos)과 ⑥ "생명"(Zoe)이고, 셋째 쌍은 ⑦ "사람"(Anthrophos)과 ⑧ "교회"(Ecclesia)이다. 이 여섯 에온들은 "성부"와 "침묵" 쌍에서 나온 제2 세대 에온들이라 할 수 있다. 그 다음 "말씀"과 "생명" 쌍에서 다시 다섯 쌍, 즉 열 개의 에온들이 유출되어 나오고, "사람"과 "교회" 쌍에서는 여섯 쌍, 즉 열두 개의 에온들이 배출되어 나온다. 이 스물두 개의 에온들은 제3세대의

---

6. 발렌띠누스 이단에 대한 사료들은 다음과 같다. 이레네우스, 『이단 반론』 1,1-8. 11-21; 히뽈리뚜스, 『철학 총론』(*Philosophumena*) 5,29-36; 떼르뚤리아누스, 『발렌띠누스 논박』; 오리게네스, 『요한 복음서 주석』 13; 알렉산드리아의 끌레멘스, 『테오도투스 발췌록』(*Exc. ex Theodoto*); 에피파니우스, *Panarion* 31,58; 35,4. 발렌띠누스 학설에 관한 연구 중요 논문들은 다음과 같다: W. Völker, *Quellen zur Geschichte der christlichen Gnosis*, Tübingen 1932, pp.57-142; M. Simonetti, *Testi gnostici cristiani*, Bari 1970, pp.119-259; A. Orbe, *Estudios valentinianos*, 5 vol., Roma 1955-66; J-P. Mahé, Tertullien, *La chair du Christ*, Paris 1975, pp.28-68; K. Rudolph, *Die Gnosis*, Göttingen 1977, pp.339-47; B. Layton, *The Rediscovery of Gnosticism, vol.1: The School of Valentinus*, Leiden 1980.

7. 이레네우스, 『이단 반론』 1,11,1.

에온들이라 할 수 있다. 이렇게 해서 30개의 에온들이 구성되는데, 제일 마지막 에온은 "지혜"(Sophia)이다.

첫째 에온인 "성부"는 매우 초월적인 존재이기 때문에 그의 맏자식에 해당되는 "이성"(누스) 외에 다른 에온들은 성부를 직접 대면하거나 알 수 없다. 천상의 영적 세계인 "플레로마"와 지상의 물질세계 사이에 엄격한 경계를 두고 플레로마의 결속을 유지하는 것은 "호로스"(Horos, 한계)이며, "스타우로스"(Stauros, 십자가)라고 불리기도 한다. 그는 만일 "이성"(누스) 외에 다른 어떤 에온이 "성부"와 직접 교류하거나 그분의 뜻을 알려고 하면 이를 제재하는 역할을 한다.[8] 그런데 제일 막내 에온인 "지혜"(소피아)가 "성부"를 감히 알고 싶은 월권적 생각에 사로잡히게 되는데, "호로스"에게 발각되어 플레로마의 경계선으로 내쫓기게 된다. 여기서부터 "소피아"의 비극이 시작된다.

(2) "소피아"의 타락과 그리스도의 구원 활동

발렌띠누스는 "소피아"에 대한 그리스도의 구원을 다음의 두 단계로 전개한다. "소피아"로 인해 발생한 불상사를 보고 "성부"는 "누스"(이성)를 통해 새로운 에온 쌍인 "그리스도"(Christus)와 "성령"(Spiritus Sanctus)을 생성해 낸다.[9] 성령은 플레로마의 일치를 도모하는 반면, 그리스도는 "호로스"에까지 자신을 확장시켜 소피아에게 성부와 다른 에온들 사이의 본질적 차이와 관계를 깨우쳐 준다. 한편 그리스도가 떠난 다음 소피아는 성부를 알려 했던 "나쁜 생각"(Enthymesis) 때문에 "하급 소피아"를 배태하는데, 이 하급 소피아를 "아카모트"(Achamoth)라 부른다. 아카모트는 "호로스"(경계)에서 쫓겨나 생명 없이 허공을 떠돌면서 자기 고뇌에서부터 "물질"(*hylikon;* materialis)을 배태하게 되며, 또한 그리스도께 향한 흠모에서 영혼(anima)의 요소를 지닌 "정신"(*psychikon;* animalis)을 배태하게 된다.

---

8. 상게서 1,11,2.   9. 상게서 1,11,5-6.

그리스도는 이러한 아카모트의 처지에 연민을 가지고, "호로스"에서 내려와 무형의 아카모트 안에 형상을 새겨주는데, 이것이 "영(spiritus)의 요소를 지닌 실체"(*pneumatikon; spiritualis*)인 것이다. 이 세 가지 요소, 즉 물질, 영혼, 영에서 지상의 세상이 생성되었다는 것이다. 소피아에 대한 그리스도의 이 첫째 구원활동을 "본질에 의한 형성"이라 한다(ἡ πρώτη μόρφωσις ἡ κατὰ τὴν οὐσίαν).[10]

그 다음 하급 소피아, 즉 아카모트는 자기의 "영혼적 실체"(*psychikon*)에서부터 천상 성부의 모상에 따라 "데미울구스"(Demiurgus)라고 하는 창조신을 만들어 낸다. 이 데미울구스가 하늘과 땅을 포함한 모든 물질적 사물을 만든 구약의 신이라는 것이다. 창조신이 인간 아담을 창조할 때, 먼저 흙으로 인간을 빚어 만들고, 그 다음 거기에 자기의 영혼(anima)을 불어넣어 주었다. 그리고 아카모트에서 생겨난 영(spiritus)을 아카모트 몰래 아담에게 심어 주었다. 이렇게 하여 인간 아담 안에는 세 가지 요소, 즉 "물질적 요소"(materialis), "영혼적 요소"(animalis) 그리고 "영적 요소"(spiritualis)가 함께 있게 되었다. 아담 안에 공존해 있던 이 세 요소들은 그의 자식들인 카인(Cain)과 아벨(Abel)과 셋(Seth)에 와서 분리되었는데, 카인은 물질적 요소(*hylikon*)만을, 아벨은 영혼적 요소(*psychikon*)를 그리고 셋은 영적 요소(*pneumatikon*)를 지니고 태어났다는 것이다. 이 세 자식은 각기 자기가 지니고 있는 요소를 자손들에게 물려주게 된다. 이렇게 하여 인류는 운명적으로 세 부류의 사람들, 즉 영적 인간과 영혼적 인간, 그리고 물질적 인간으로 구분되어 태어나는 것이다. "영적 요소"를 지니고 태어난 사람의 경우, 그 영적 요소가 아카모트에서 온 것이며 또 아카모트 자신은 원래 플레로마 세계의 에온이었던 소피아에서 나왔다는 점에서 본성적으로 플레로마적 요소, 즉 "신적 섬광"을 지니고 있는 사람을 말한다.

그 다음 발렌띠누스는 구원의 둘째 단계를 다음과 같이 설명한다. 비록

---

10. 상게서 4,1.

"영적 요소"를 지니고 태어난 사람이라 하더라도 자기 안에 "영적 요소", 즉 "신적 섬광"을 지니고 있다는 사실 자체를 모르고 있는 것이다. 그리스도의 일차적 구원활동이 있은 다음, 플레로마 세계 전체는 자기들과 같은 요소인 "신적 섬광"을 지닌 인간들을 구원하기 위해 "예수"라고 불리는 "구세주" 에온을 유출해 내는데, 이 구세주는 "영지"를 통해 아카모트의 불행을 치유하고, "신적 섬광"을 지니고 있는 인간들에게 비밀리에 그 사실을 알려 준다는 것이다. 구세주 예수를 통한 이 둘째 구원을 "영지를 통한 형성"(ἡ μόρφωσις ἡ κατὰ τὴν γνῶσιν)이라고 부른다.[11] 구세주 예수가 영적 인간들에게 "신적 섬광"이 있다는 사실을 깨우쳐 주면, 그들은 이 영지를 통해 자동적으로 구원받을 수 있다는 것이다. 영지주의자들은 자기들이 바로 그런 영적 인간들이며 그 숫자는 극소수에 불과하다고 주장한다.[12] 이와는 달리 "물질적 요소"를 지니고 태어난 인간들은 플레로마적 요소를 전혀 지니고 있지 못하기 때문에 숙명적으로 구원받을 수 없으며, 대부분의 사람들이 이에 속한다는 것이다. 그러면 중간 부류에 속하는 "영혼적 요소"를 지닌 사람들은 어떻게 되는가? 영혼은 본성적으로 플레로마적 요소는 아니지만, 앞에서 언급하였듯이, 그리스도께 대한 흠모에서 생겨났으며, 데미울구스가 인간을 창조할 때 천상 성부의 모상에 따라 심어 준 것이므로, 영혼적 요소를 지닌 사람들은 본인의 노력 여하에 따라 구원을 받을 수도 있다는 것이다.

위의 두 가지 구원에서 첫째 구원의 "그리스도"와 둘째 구원의 구세주 "예수"가 동일한 인물로서 단지 역할을 달리한 것인지, 아니면 존재적으로 서로 다른 인물인지가 분명하지 않다. 위의 내용을 그림으로 표시하면 다음과 같다.

---

11. 상게서 4,5.
12. 떼르뚤리아누스, 『그리스도의 육신론』 19,1: "그들은 선택된 사람들과 영적인 사람들인 자기 자신들 안에 저 신비로운 씨가 있음을 스스로 주지시키고 있다는 점을 부각시키려 하는 것이다."

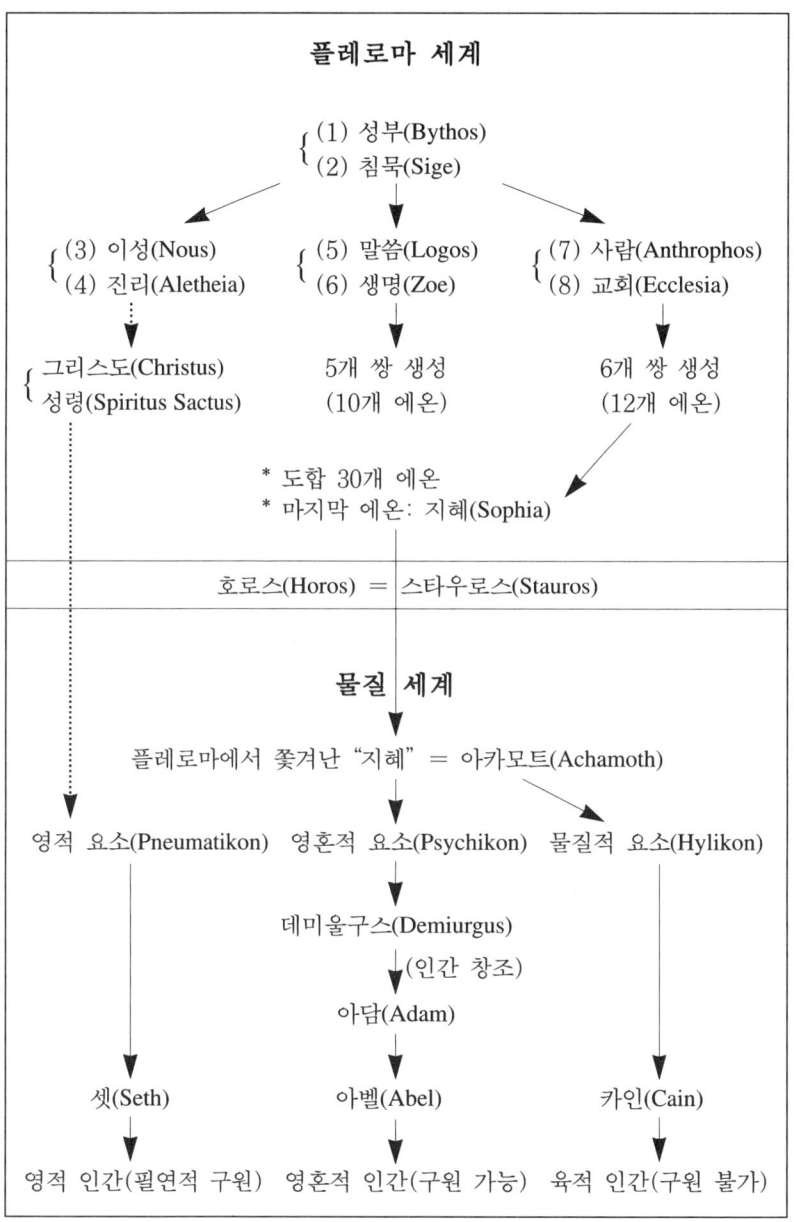

(3) 여러 형태의 그리스도 이론과 발렌띠누스 두 학파

우리는 앞에서 "아카모트"(= 하급 소피아)가 "호로스"(한계)에서 쫓겨나 어떻게 영적 인간 안에 숨어들게 되었는지 그 과정을 살펴보았다. 발렌띠누스 학설에 따르면, 이 영적 요소가 물질세계의 최후 소멸 이전에 플레로마에 복원되는 것이 구원에 중요한 관건이다. 그런데 이 구원은 구세주 에온이 영적 인간들 안에 "신적 섬광"이 있다는 사실을 영지를 통해 알려줌으로써 이루어진다. 구세주 에온이 영적 인간들에게 영지를 주기 위해서는 가시적 존재가 되어야 하기 때문에 어떤 형태로든 그의 육화가 요구된다. 그들은 가시적 존재가 된 구세주 에온이 바로 복음서에 나오는 예수라고 한다. 그러면 예수의 육신은 무엇으로 구성되어 있는가 하는 문제가 제기된다. 그들은 예수의 육신에서 물질적이고 지상적인 요소를 배제시킨다.[13] 왜냐하면 구원은 "영적 인간"(*pneumatikon*)만을 대상으로 하지 "물질적 인간"(*hylikon*)은 전혀 그 대상이 될 수 없기 때문이다. 그런데 그들은 "영혼적 인간"(*psychikon*)들에게도 구원의 가능성을 인정하기 때문에 예수의 육신은 "영적 요소"뿐만 아니라 "영혼적 요소"도 함께 지니고 있다는 것이다.

예수의 육신이 "영혼적 요소"를 지니고 있다는 문제에 있어, 예수가 이 요소를 어떤 과정을 통해 지니게 되었는지에 대한 설명은 발렌띠누스 자신과 그의 제자들인 서방계 학파와 동방계 학파 사이에 차이가 있다. 히뽈리뚜스가 전하는 바에 의하면,[14] 헤라클라온(Heraclaon)과 프톨레메우스(Ptolemaeus)가 속한 서방계 발렌띠누스 학파는 이에 대해 다음과 같이 설명한다. 예수는 원래 "영혼적 요소"로 된 육신을 가지고 태어났는데, 그의 세례 때에 비둘기 모상으로 내려온 성령, 즉 소피아의 말씀이 "영적 요소"를 예수께 주었다는 것이다. 한편 악시오니코스(Axionicos)와 발데사네스(Bardesanes)가 속한 동방계 학파는 이와 달리 설명한다.[15] 구세주 예수가

---

13. 상게서 15,3: "Non putant terrenam et humanam christo substantiam informatam."
14. 히뽈리뚜스, 『철학 총론』(*Philosophumena*) 6,35.
15. F. Sagnard, *Exc. ex Theodoto* (SCh 23) pp.6-7.

수태될 때에 성령, 즉 소피아가 마리아에게 직접 내려와서 "영적 요소"를 주었고, 또 성령이 마리아에게 준 다른 요소를 가지고 데미울구스가 기묘한 방법으로 "영혼적 요소"를 만들어 주었다는 것이다. 두 학파의 차이를 요약하면, 동방계 학파는 예수의 수태 때에 이미 영적 요소와 영혼적 요소를 지니게 되었다고 하는 반면, 서방계 학파는 예수가 "영적 요소"를 지니게 된 것은 세례 때라는 것이다.

발렌띠누스 자신은 예수의 육신이 "영적 요소"로 단순히 구성되어 있다고 주장했는데, 그의 제자들은 거기에 "영혼적 요소"를 첨가시킴으로써 왜 이처럼 복잡하게 설명하고 있는 것인가?[16] 구세주 예수의 육신이 "영적 요소"로 구성되어 있어야 하고, 일반 인간들이 지니고 있는 육신과 같은 물질적인 요소는 배제되어야 한다는 원칙에는 모두 이견(異見)이 있을 수 없었다. 그런데 인간의 분류에서 영혼적 요소를 지닌 사람들에게 구원의 가능성을 열어주기 위해서 예수의 육신 안에 "영혼적 요소"가 들어 있어야 한다는 필요성이 발렌띠누스 제자들 사이에 제기되었던 것으로 보인다. 이러한 필요성에는 또 다른 원칙이 작용하였으니, "영적 요소"는 비가시적이기 때문에 예수가 사람들에게 보여지기 위해서는 가시적인 요소, 즉 "영혼적 요소"가 반드시 들어 있어야 한다는 것이다.

그러나 구세주의 육신이 "영적 요소"와 "영혼적 요소"로 구성되어 있다고 한다면, 이 두 가지 요소가 어떻게 한 인물 안에 공존할 수 있겠느냐 하는 문제가 제기된다. 이 문제를 해결하기 위해 발렌띠누스 제자들은 서로 다른 두 인물에 대해 말한다. 그들은 영혼적 요소를 지닌 분을 그리스도라 부르고, 영적 요소를 지닌 분을 예수라 부른다. 더 나아가, 그리스도의 경우에도 수난 때에 체포되어 십자가에 죽은 인물은 가시적인 "영혼적 육체"를 지닌 그리스도였다고 하는가 하면, 십자가의 길에서 예수를 도와 십자가를 대신 진 키레네 사람 시몬이 십자가에서 대신 죽고 진짜 예수는 사람들의 눈

---

16. 떼르뚤리아누스, 『그리스도의 육신론』 15,1("carnem christi spiritalem comminisci"); 10,1 ("carnem christi animalem").

을 속여 무사히 빠져나갔다는 주장을 하기도 한다. 이처럼 예수의 육신에 대한 주장이 발렌띠누스 학파에 따라 서로 다르고 복잡하게 엉켜 있기 때문에 이해하기가 쉽지 않다. 이단자들은 "예수", "그리스도", "구세주", "동정녀 마리아", "성령께서 마리아에게 내려오심", "예수의 세례 때 성령이 비둘기 모양으로 내려오심" 등 복음서에 나오는 내용과 용어들을 사용하지만, 자기들의 이단 체계에 꿰어맞추기 식의 설명을 하고 있다.

떼르뚤리아누스는 서방계 발렌띠누스 학파 학설의 모순성을 간파하였다. 그들의 주장대로 만일 예수가 "영혼적 요소"로 된 육신을 지니고 태어났고, 세례 때 성령에 의해 "영적 요소"를 받게 됨으로써 비로소 구세주가 되었다면, 세례 이전의 예수는 무엇이었느냐는 의문이 제기된다. 사실 발렌띠누스 학설에 따르면, "영혼적 요소"는 하급 데미울구스의 피조물에 불과하므로 세례 이전의 예수는 에비온파에서 말하는 한낱 "단순한 인간"(nudus homo)밖에 될 수 없다고 떼르뚤리아누스는 지적하고 있다.[17] 이것은 발렌띠누스 학파에서 구세주 안에 그처럼 고수하려고 하는 초월적 요소, 즉 플레로마적 요소를 세례 이전의 예수에게서 배제시키는 모순을 가져왔다. 엄밀하게 말하자면, 서방계 발렌띠누스 학파의 주장은 초대교회의 그리스도론적 이단들 중의 하나인 "성자 입양설"(Adoptionismus)과 상통하는 면이 있다.[18]

(4) 발렌띠누스 학파에서의 동정녀 잉태설

발렌띠누스 학파에서는 동정녀 마리아에게서 태어난 예수를 어떻게 설명하고 있는가? 다시 말해서, 예수와 마리아와의 관계는 어떠한가? 앞에서 살펴본 바와 같이 마리아가 예수를 잉태할 때, 예수는 성령(= 소피아)으로부터 "영적 요소"를 받았고, 데미울구스로부터 "영혼적 요소"를 받았다. 따라서 마리아 자신은 예수에게 "영적 요소"를 줄 수 없고 단지 "물질적 요소"밖에 줄 수 없다. 그런데 예수에게는 물질적 요소가 완전히 배제되어야 하

---

17. 상게서 14,5.   18. J-P. Mahé, Tertullien, *La chair du Christ*, p.52.

기 때문에 마리아는 진정한 의미에서 그의 어머니가 될 수 없다는 것이다. 그래서 발렌띠누스파 이단자들은 예수가 마리아를 마치 물이 관을 지나가듯이 그냥 거쳐 나왔을 뿐이지 마리아에게서는 아무것도 가지고 나오지 않았다고 주장한다.[19] 이 점에 대해서는 히뽈리뚜스가 전하는 동방계 학파의 주장과 이레네우스가[20] 전하는 서방계 학파의 주장이 일치한다.

떼르뚤리아누스는 그들의 주장을 『그리스도의 육신론』 20,1에서 더 구체적으로 서술한다. "너희는 (그리스도께서) 동정녀에게서가 아니라 동정녀를 통하여, 그리고 그 모태에서가 아니라 모태 안에서 태어나셨다고 주장한다" (**Per** virginem dicitis natum, **non ex** virgine, et **in** vulva, **non ex** vulva). 여기서 유의할 것은, 발렌띠누스파 이단자들은 존재의 기원을 나타내는 "ex"(으로부터) 전치사 대신에 "per"(통하여)와 "in"(안에) 전치사를 사용함으로써, 예수는 동정녀로부터 아무것도 취하지 않고 단지 그 안에(in) 머물러 있다가 통과해 나온(per) 장소로밖에는 마리아의 역할을 인정하지 않는다.[21] 따라서 그들은 마리아의 동정성을 강조한다. 그들이 말하는 마리아의 동정성에는 다음의 두 가지 의미가 내포되어 있다. 예수는 어떠한 물질적 요소도 지니지 않고 태어났기 때문에, 생물학적 측면에서 마리아는 예수의 "물질적 육신"의 기원이 될 수 있게 하는 남자의 씨를 받지 아니하고 낳았다는 점에서 동정녀이며(virgo quantum a viro), 출산에서도 마리아의 처녀막을 손상시키지 않았다는 점에서도 동정녀(virgo in partu)라는 것이다.

발렌띠누스 학파에서 마리아의 동정성을 강조하는 궁극적인 이유는, 그리스도의 "물질적 요소"인 우리와 같은 육신을 부정하는 데에 그 목적이 있기 때문이다. 그들의 이러한 주장에 대항하여 떼르뚤리아누스는 『그리스도의 육신론』 20-23장에서 마리아의 동정성을 강조하지만, 그 의미는 이단자들의 주장과는 전혀 다르다. 그는 여기서 마리아가 어떻게 동정녀이면서 동시

---

19. 이레네우스, 『이단 반론』 I,7,2: "διὰ Μαρίας ... καθάπερ ὕδωρ διὰ σωλῆνος ὁδεύει."
20. 히뽈리뚜스, 『철학 총론』 6,35.
21. 떼르뚤리아누스, 『그리스도의 육신론』 20,1-2.

에 어머니가 될 수 있는지에 대해 설명하고 있다.[22] "동정녀이면서 동시에 어머니"라는 말은 그 자체로 모순적인 표현이지만, 그리스도의 실제적인 탄생의 신비를 나타내는 것이다. 떼르뚤리아누스는, 마리아가 "동정녀이고 동시에 동정녀가 아니다"(virgo et non virgo), 또 "출산하였으며 동시에 출산하지 않았다"(peperit et non peperit)라는 이율배반적 표현을 사용하는데,[23] 이 두 가지 표현은 결국 같은 의미라고 역설한다. 마리아는 남자의 씨가 아니라 하느님의 말씀을 받아 잉태하여 예수를 낳았다는 점에서 동정녀이지만 (virgo quantum a virgo), 물질적 육신을 지닌 예수를 실제로 낳았다는 점에서는 동정녀가 아니라(non virgo quantum a partu) 실제의 어머니가 된다는 것이다.[24] 다시 말하면, 예수의 수태에서 마리아는 인간적 남편의 도움을 받지 아니하였기 때문에 처녀막이 손상되지 않았다는 점에서 동정녀이지만, 예수가 어머니 마리아로부터 참 육신을 받아 태어났을 때 마리아의 처녀막이 손상되었기 때문에 출산에서는 동정녀가 아니라는 것이다.

3. 마르치온 이단

1) 마르치온의 생애

마르치온은 2세기 로마 교회에 가장 위험한 이단자였다.[1] 그는 1세기 말 본도 지방에 속하는 흑해 남부 해안의 시노뻬의 상류 가정에서 태어났으며, 그의 부친은 그리스도교의 주교였다.[2] 따라서 그는 어려서부터 그리스도교

---

22. 상게서 21,3. 23. 상게서 23,2. 24. 상게서 23,2.

1. A. Harnack, *Marcion*[2]: *Das Evangelium von fremden Gott, eine Monographie zur Geschichte der Grundlegung der katholischen Kirche*, TU 45, Leipzig 1921; E. C. Blackman, *Marcion and his influence*, London 1949; H. v. Campenhausen, *Die Entstehung der christlichen Bibel*, Tübingen 1968, pp.173-94; J. Regul, *Die antimarcionitischen Evangelienprologue*, Freiburg 1969; J. G. Gager, *Marcion and Philosophy*: VChr 26 (1972), pp.53-9; B. Aland, *Marcion. Versuch einer neuen Interpretation*: ZThK 70(1973) pp.420-47; A. Lindemann, *Paulus in altesten Christentum*, Tübingen 1979, pp.378-95.

2. A. Harnack, *Marcion* (*zweite verbesserte und vermehrte Auflage*, TU 45A) Leipzig 1924, pp.19-33.

적 교육을 받고 자랐지만, 젊은 나이에 윤리적 문제 때문에 아버지로부터 파문을 받고 고향에서 쫓겨난 다음 130년부터 140년까지 소아시아와 시리아 지방을 두루 다니며 해운업에 종사하면서 상당한 부를 얻게 되었다. 140년경부터 로마에 정착하면서 발렌띠누스와 이단자 체르돈과 교류를 가졌고 로마 교회에 입단하였다. 그가 로마 교회에 입단할 때 200,000 세스테리우스(은화)라는 거액을 헌금하였다. 이때 그의 친구 발렌띠누스는 로마 교회의 유력 인사로서 아직 교회를 떠나지 않은 때였다. 마르치온은 영지주의자들과 교류하면서 가톨릭 교회의 가르침에서 점차 벗어나기 시작하였다.

그러자 교황은 144년 7월에 로마 교회의 사제단 회의를 소집한 다음 그를 불러 그의 신앙을 공개적으로 고백하게 하였다. 그는 사제단 앞에서 공개적으로 자신의 주장을 이렇게 피력하였다.[3] "예수께서, '좋은 나무가 나쁜 열매를 맺지 않고 나쁜 나무가 좋은 열매를 맺지 않습니다'(루가 6,43)라고 말씀하셨습니다. 세상 도처에 산재해 있는 불행과 불완전함, 그리고 매일 발생하는 악들을 생각해 볼 때, 이런 세상이 어떻게 무한히 선하시고 전능하신 창조주의 작품이라고 할 수 있겠습니까?" 그는 여기서 형이상학적인 문제를 제기한 것이다. 그리고 그는 역사적인 문제에 대해서 이렇게 역설하였다. "예수께서, '새 옷에서 조각을 찢어 내어 헌 옷에 대고 깁지 않습니다. 그렇게 하면 그 찢어 낸 조각이 헌 옷에 어울리지 않을 것입니다. 또한 아무도 새 포도주를 헌 가죽부대에 넣지 않습니다. 그렇게 하면 새 포도주가 그 가죽부대를 터뜨려 포도주는 쏟아지고 가죽부대도 못쓰게 됩니다'(루가 5,36-38)라고 말씀하셨습니다. 그런데 바울로를 제외한 그리스도교는 그렇게 하였는데, 복음의 메시지라는 새 술을 유대인들의 옛 종교라는 헌 그릇에 부어넣은 것입니다. 그리고 구세주의 확고한 가르침들을 가지고 시나고가라는 누더기에 대고 기운 것입니다." 그는 여기서 구약성서와 신약성서를 대립시키고, 바울로 사도를 제외한 다른 사도들의 전통을 이어받은 교

---

3. Epiphanus, *Panarion* 42(PG 41,697-698); Philastrius, Diversarum haereseon liber 45.

회가 구세주의 참된 복음을 왜곡시켰다고 주장한 것이다. 사제단이 그의 그릇된 성서해석을 지적하고 시정할 것을 촉구하였지만, 이에 불응하자 그를 파문하고, 그가 교회에 들어올 때 바친 헌금을 되돌려주었다.

    그는 로마 교회로부터 파문받은 즉시 자기의 공동체를 만들고, 그가 파문받은 날을 새 공동체의 설립 기념일로 경축하기 시작하였다. 작은 공동체로 시작된 그의 이단 집단은 그 가르침의 단순성 때문에 많은 추종자들을 얻게 되었으며, 당시 로마에서 활약하던 성 유스띠누스는 150년경에 그 위험성을 지적하였다.[4] 그리고 154년과 155년에 로마를 방문하였던 스미르나의 주교 성 뽈리까르뿌스는 마르치온을 만나 토론한 다음, "나는 네가 확실히 사탄의 맏자식임을 알고 있다"고 단죄하였다.[5] 그는 그리스도적 개념과 용어의 틀 안에서 영지주의 이론을 전개하였기 때문에 마르치온 이단이 교회에 미친 위험과 해독은 매우 컸다. 그는 구원의 조건으로 세례와 독신과 엄격한 수덕생활을 추종자들에게 요구하였다. 그의 사망 연대는 정확히 알 수 없지만, 160년경으로 추정된다. 마르치온 이단은 로마로부터 시작하여 로마 제국 전역으로 급속히 퍼져나갔다. 그러나 200년경부터는 그 세력이 상당히 줄어들었지만, 5세기까지도 시리아에 그의 추종자들이 남아 있었다.

2) 마르치온의 이단 학설

    마르치온이 쓴 저서들의 원본이 모두 상실되었기 때문에 그의 학설을 충분히 이해하는 데는 어려움이 있다. 다행히도 성 이레네우스와 히뽈리뚜스 등 교회 저술가들의 이단 반박 문헌, 특히 떼르뚤리아누스의 『마르치온 논박』과 『그리스도의 육신론』과 『죽은 이들의 부활』에 그의 저서들에 나오는 내용들이 많이 인용되어 있기 때문에 이를 종합해 보면 그의 주장의 핵심을 어느 정도 추정해 낼 수는 있다. 그러나 이렇게 전해 오는 단편들이 모두 교회의 반이단 저술가들의 시각에서 선별된 것이기 때문에 마르치온 이단의

---

4. 유스띠누스, 『제1 호교론』 26,5.   5. 이레네우스, 『이단 반론』 3,3,4.

전모를 정확히 규명하는 데는 한계가 있다. 마르치온의 학설은 극단적인 이원론(二元論)에 기초를 두고 있다. 신적(神的) 이원론에서 시작하여 우주적 이원론, 그리스도적 이원론 그리고 인간론적 이원론으로 발전시킨다.

(1) 이원론

마르치온 이단은 세상에 존재하는 악의 문제에서부터 시작된다. 그는 하느님께서 무한히 선하시고 전능하신 분이라면 어떻게 불행과 악이 만연해 있는 그런 불완전한 세상을 창조하셨겠는가 하는 의문을 제기하였다. 그가 로마 사제단 앞에서 인용한 루가 6,43("좋은 나무가 나쁜 열매를 맺지 않고 나쁜 나무가 좋은 열매를 맺지 않습니다")의 말씀을 통해 말하려 한 것은, 악으로 가득 찬 물질 세상은 "선한 신"(Deus bonus)이 창조할 수 없고 분명히 다른 신이 창조하였다는 것이었다. 따라서 마르치온에 의하면 서로 다르고 대립되는 두 가지 신이 존재한다는 것이다.[6] 세상의 창조주는 이스라엘 백성의 신, 즉 구약의 신으로서 본성상 사악하지는 않지만, 그가 창조한 물질 세상이 불완전하기 때문에 세상 악의 원인이 되며, 율법적 사고방식에 따라 물질적 제사를 요구하며, 보복과 정의와 분노의 신이라는 것이다. 이 창조신은 모세의 율법의 기준에 따라 세상을 엄하게 다스리기 때문에 선해질 수 없으며, 인간을 죽음의 틀 안에 가두어 두는 인색하고 폭군적인 신이다.[7] 그러나 이 물질세계와는 전혀 다른 영의 세계가 있는데, 그 영의 세계에는 무한히 선하고 인자하며 사랑 지극한 신이 계시는데, 이 신이 신약의 "선한 신"이라는 것이다. 영의 세계는 엄청난 심연(深淵)을 사이에 두고 물질세계와 분리되어 있기 때문에, 영의 세계에 있는 선한 신은 물질세계에 전혀 알려져 있지 않았다는 것이다.[8]

인간 역시 영혼과 육신이라는 두 가지 요소로 구성되어 있다. 영혼은 원래 영의 세계에 속해 있었는데, 지금은 창조신이 만든 육신 안에 감금되어

---

6. 떼르뚤리아누스, 『마르치온 논박』 1,2,2-3.   7. 상게서 2,28,1.   8. 상게서 1,15.

있다는 것이다. 마르치온은 영의 세계에 속해 있던 영혼이 왜 인간 육신 안에 감금되어 있는지에 대한 설명을 발렌띠누스처럼 장황하게 하지는 않는다. 선한 신은 창조신의 율법의 폭정에 시달리고 있는 인간 영혼을 불쌍히 여겨 당신 아들 그리스도를 구세주로 "갑자기"(subito) 세상에 내려보내 구원의 복음을 선포하게 함으로써 인간 영혼을 육신으로부터 해방시키게 하였다.[9] 구세주가 세상에 "갑자기" 내려왔다는 표현에는, 구약의 창조신과 대립되는 신약의 "선한 신"의 그리스도가 예언자들의 예고 없이 직접 내려왔다는 뜻이 내포되어 있다. 선한 신은 이 구세주를 통해서 비로소 세상에 알려지게 되었으며, 그를 구약의 창조신과 구별하기 위해 신약의 하느님이라고 부른다. 한편 창조신도 자기 아들을 그리스도(메시아)로 세상에 보냈는데, 이 메시아는 구약의 예언자들에 의해 예고되었고, 여인을 통해 받은 육신을 지닌 자로서, 그의 임무는 온 세상 사람들을 유대 백성에 종속시킴으로써 율법의 지배를 온 세상에 두루 확장시키는 것이다.[10]

위에서 살펴본 대로 마르치온의 이원론은, 구약의 창조신과 신약의 "선한 신"이라는 신적 이원론에서 출발하여, 구약의 예언자들로부터 예고된 창조신의 그리스도와 갑자기 세상에 내려온 "선한 신"의 그리스도라는 그리스도론적 이원론, 불완전한 물질세계와 순수하고 완전한 영적 세계라는 우주론적 이원론, 그리고 물질세계에 속하는 육신과 영의 세계에 속하는 영혼이라는 인간론적 이원론으로 세분화되고 확장된 것이다. 창조신이 만든 물질은 불완전하고 악의 원인이 되기 때문에 "선한 신"의 그리스도는 물질적인 육신을 절대로 취해서는 아니된다는 것이다. 또 인간의 구원에서 육신은 제외되고 영혼만이 구원받을 수 있는 것이다. 마르치온이 자기 추종자들에게 결혼을 금하는 이유는 어떤 수덕적인 이유에서라기보다는 또 다른 인간 육신을 만들어 내는 기회를 근본적으로 차단하기 위한 것이라 할 수 있다.

---

9. 떼르뚤리아누스, 『그리스도의 육신론』 2,1("Odit moras, qui subito de caelis Christum deferebat"); 『마르치온 논박』 4,7,1-2.

10. 떼르뚤리아누스, 『마르치온 논박』 3,3,4.

(2) 그리스도의 육신: 가현설(假現說)

마르치온의 주장에 의하면, 그리스도는 구약의 예언자나 다른 누구의 예고도 없이 갑자기 나타나 갈릴래아의 가파르나움에 있는 회당(시나고가)에서 가르치기 시작했다는 것이다.[11] 즉, 그리스도는 인간적 탄생을 거치지 않고 하늘에서 직접 내려왔기 때문에 일반 사람들과 같은 육신을 지니고 있지 않으며, 구약과 완전히 단절된 새로운 인물인 것이다. 그리스도의 기적들과 새로운 가르침은 그의 신성을 입증한다는 것이다. 그러나 그리스도는 사람들과 만나 구원을 가르치기 위해 일종의 "가상적 육신"(caro putativa)을 가지고 행동하였다고 한다.[12] 이 가상적 육신은 실제로 존재하지는 않지만 마치 "환상"(phantasma)과 같이 사람들의 눈에 그렇게 보이기만 하는 것이다. 마르치온의 이러한 주장을 그리스도의 "가현설"(docetismus)이라 부른다. 말하자면, "선한 신"의 그리스도에게 창조신이 만든 어떠한 물질적 요소도 배제하기 위해 그분의 탄생을 부인한 것이다.[13] 사실 마르치온이 유일하게 인정하는 루가 복음서에서는 그리스도의 탄생과 유년기에 대한 1-2장이 삭제되고, 가파르나움의 회당에서 설교한 내용부터 시작된다. 그리고 예수의 어머니와 형제들이 집안에서 설교하고 있는 예수를 찾아왔을 때, 예수께서 "누가 내 어머니며 내 형제들입니까?"라고 반문한 다음, 당신의 말씀을 경청하고 있는 제자들과 사람들을 향해 "이들이 내 어머니요 내 형제들입니다"(루가 8,9-21 참조)라고 말씀하신 것은 그들과의 육체적 연관성뿐만 아니라 당신 자신의 탄생을 부인한 증거라고 그들은 설명하고 있다.[14]

그러면 마르치온은 그리스도의 가상적인 육신을 어떻게 설명하는가? 그리스도의 육신은 부활한 예수의 육신과 같이 시간과 공간의 제약을 받지 않는다고 한다. 그래서 나자렛 사람들이 예수를 산 위 벼랑에서 밀쳐 떨어뜨리

---

11. 상게서 4,7,1.
12. 떼르뚤리아누스, 『그리스도의 육신론』 1,4: "carnem Christi putativam"; 『마르치온 논박』 5, 20,3.
13. 떼르뚤리아누스, 『그리스도의 육신론』 3,1-2.
14. 떼르뚤리아누스, 『마르치온 논박』 4,19,6-13; 『그리스도의 육신론』 7장 전체.

려 하였지만, 실제의 육신을 지니고 있지 않은 예수는 그들 한가운데를 지나 빠져나갈 수 있었다는 것이다.[15] 그러나 마르치온은 예수께서 사람들을 접촉하고 사람들 역시 예수를 만졌다는 대목들을 그대로 남겨둔 것으로 보아, 예수의 가상적인 육신은 완전히 허울뿐인 유령만은 아닌 것처럼 보인다. 따라서 마르치온이 말하는 그리스도의 가상적인 육신에는 이러한 모호성과 비논리성이 엿보인다.

가상적 육신을 지닌 예수의 수난에 대해 마르치온은 어떻게 말하는가? 교회의 반 이단 저술가들은 그가 우리 그리스도인들에게 매우 중요한 구원 사건이 되는 그리스도의 수난을 어처구니없는 코미디로 전락시켰다고 비난하였다.[16] 왜냐하면 그리스도가 실제의 육신을 지니고 있지 않았다면 아무런 고통도 느낄 수 없었을 것이기 때문이다. 그렇지만 마르치온 역시, 예수께서 하혈하는 여인이 치유받을 희망을 가지고 당신의 옷자락을 몰래 만지자 치유의 능력이 빠져나가는 것을 느꼈다(루가 8,43-48 참조)고 하는 성서의 대목을 그대로 전하고 있는 것으로 보아 그리스도의 가상적 육신이 전혀 무감각한 육신은 아니었던 것처럼 말하고 있다.[17] 한편 마르치온은 열 명의 나환자를 치유한 기적을 이렇게 설명한다. 창조주의 활동은 물질의 영역에 국한될 수밖에 없기 때문에, 그의 예언자인 엘리세오가 나아만의 나병을 치유하기 위해서 요르단 강물을 이용해야 했던 반면, 선한 신의 그리스도는 열 명의 나환자들을 아무런 물질적 행위 없이 한 마디 말로써 그들을 치유할 수 있었다는 것이다.[18] 마르치온은 그리스도의 가상적 육신의 실제적인 수난은 부인하지만, 사도 바울로의 신학에 따라 그리스도의 수난이 인간 구원을 위해 매우 중요한 요건이 된다는 점은 강조한다. 그렇지만 그는 그리스도의 수난이 인류 구원을 위해 지니는 참된 이유를 공개적으로 설명하지 않는데, 그 이유는 자기들의 이단 집단에 의해서만 전수되는 비밀이기 때문이라고

---

15. 참조: 루가 4,30; 떼르뚤리아누스, 『마르치온 논박』 4,8,3; 『그리스도의 육신론』 24,3.
16. 떼르뚤리아누스, 『그리스도의 육신론』 5,3-10.
17. 떼르뚤리아누스, 『마르치온 논박』 4,20,8.   18. 상게서 4,9,7.

주장한다.[19] 따라서 그는 이 비전적(秘傳的) 신비를 공개적으로 선전하지 아니하고, 대신 자기들만의 전례 기도문이나 성사의 정식(定式)들을 만들어 자기들의 집회에서 사용함으로써 다른 사람들이 들을 수 없게 하였다.

마르치온의 주장들을 종합해 보면, 그리스도의 십자가상 수난은 일종의 효력있는 상징이라는 가치밖에 지니고 있지 않다. 구약의 창조신은 인간에게 죽음의 올가미를 씌워 인간을 자기 권하에 계속 잡아두려 하는데, 신약의 "선한 신"의 그리스도는 수난을 통해 인간이 지불해야 할 값을 대신 지불함으로써 인간을 구원하였기 때문에 창조신도 이에 동의할 수밖에 없다는 것이다. 마르치온의 구원론은 다른 영지주의자들의 운명론적 구원론과는 다르다. 일반적으로 영지주의자들은 "신적 섬광", 즉 신적 요소를 지니고 있는 사람들만이 구원받을 수 있고, 이를 지니고 있지 못한 사람들은 운명적으로 구원에서 제외된다고 주장하였던 반면, 마르치온은 그러한 차별을 두지 않고 모든 인간이 구원받을 수 있다고 주장한다. 그러나 이 구원은 전인적(全人的)인 구원이 아니라 영혼만이 구원의 대상이 되고 육신은 제외된다고 한 점은[20] 다른 영지주의자들의 주장과 동일하다.

3) 마르치온의 저서

앞에서 언급하였듯이, 마르치온은 창조신의 활동을 말하는 구약성서 일체를 배척하였다. 그는 자기 학설을 뒷받침하기 위해 신약성서를 선별하였을 뿐만 아니라 선별된 성서들 중에서 자기 이론과 배치되는 부분을 삭제하여 루가 복음서를 기초로 한 『예수 그리스도의 복음서』와 바울로 사도의 열 개 서간들을 모아 만든 『서간집』(*Apostolicon*)을 편찬하였다. 그리고 신약성서와 구약성서의 대립되는 구절들을 발췌하여 만든 『대립 명제』(*Antithesis*)를 저술하였다.

---

19. A. Harnack, Marcion², p.377. 참조: 떼르뚤리아누스, 『그리스도의 육신론』 2,3.
20. 떼르뚤리아누스, 『마르치온 논박』 1,24,3: "anima tenus salvos, carne deperditos."

(1) 마르치온의 신약성서

마르치온은, "여러분을 (그리스도의) 은총으로 부르신 분에게서 떠나 다른 복음으로 여러분이 그렇게도 빨리 돌아서다니 나는 놀라움을 금할 길이 없습니다"(갈라 1,6)라고 한 바울로의 말을 기초하여 다음과 같이 주장하였다: 베드로와 다른 제자들이 스승의 가르침을 잘못 이해하고, 유대인들에 의해 악용되는 것을 그냥 내버려두었기 때문에 예수 그리스도가 선포한 복음이 변질되고 유대교화되었다. 그런데 셋째 하늘에까지 올라가 하느님으로부터 직접 계시를 받은 사도 바울로는 이러한 오류를 바로잡으려 노력하였다. 그렇지만 이교신의 경신예배에 이미 물든 많은 교회들은 구약의 창조주께 대한 예배로 점차 되돌아갔을 뿐만 아니라, 창조신이 예수를 파견한 것이라고 믿게 된 것이다.[21] 바울로 사도의 사후에 이러한 오류가 우세하여 도처에 전파되었으며, 사람들은 자기들의 오류를 은폐하기 위하여 성서를 위조하였다. 따라서 유통되고 있는 모든 신약성서는 조작된 것이며, 이에 대한 그릇된 해석에 불과한 것이라고 마르치온은 역설하였다.[22]

이러한 확신에 찬 마르치온은 조작된 모든 오류를 가려내어 사도 바울로의 참다운 가르침과 예수 그리스도의 진정한 복음서를 복원시킬 임무를 하느님께서 자기에게 주셨다고 주장하였다.[23] 이 복원 작업을 올바로 하기 위해서는 우선 성서 본문의 유대교적 요소들을 제거해야 한다는 것이다. 그는 바울로의 이름으로 전해 오는 열네 서간[24] 중 열 개, 즉 로마서, 고린토 전서와 후서, 갈라디아서, 에페소서, 필립비서, 골로사이서, 데살로니카 전서와 후서 그리고 필레몬서를 모아 『서간집』을 만들고, 나머지 네 서간, 즉 디모테오 전서와 후서, 디도서, 히브리서를 제외시켰는데, 이 서간들에 제도적이고 계율적인 요소들이 많이 들어 있기 때문이라는 것이다. 바울로 외

---

21. 떼르뚤리아누스, 『마르치온 논박』 5,2,4.　　22. 떼르뚤리아누스, 『이단자 규정론』 22-24.
23. 떼르뚤리아누스, 『마르치온 논박』 1,20,1: "Aiunt enim Marcionem non tam innovasse regulam separatione legis et evangelii quam retro adulteratam recurrasse."
24. 고대 사본들 중에서 『히브리서』를 바울로의 서간으로 간주하는 사본들이 있었다.

에 다른 사도들의 서간들도 물론 제외되었다. 또한 그는 바울로의 열 개 서간들 중에서도 자기 학설에 반대되거나 맞지 않는 요소들을 삭제시켰다.

마르치온은 네 복음서 중 루가 복음서만 인정한다.[25] 그가 루가 복음서를 인정하는 것은, 루가가 바울로의 제자였다는 때문만이 아니라, 루가 복음서가 진리에 가장 가까운 복음서이기 때문이라는 것이다. 사실 루가 복음서는 예수의 자비와 선성(善性)을 많이 부각시키고 있다. 바울로의 서간들에서처럼, 마르치온은 루가 복음서 전체를 인정한 것이 아니라, 예수의 탄생과 유년기에 관한 1-2장과, 예수의 세례에 관한 3장을 삭제함으로써, 예수께서 하늘에서 직접 내려와 가파르나움의 회당에서 설교하신 것처럼 만들었다. 또한 그는 1-3장을 뺀 루가 복음서의 나머지 전체를 그대로 사용한 것이 아니라, 자기 학설에 따라 몇몇 부분들을 삭제 내지 변경했는가 하면, 대신 마태오 복음서와 마르코 복음서, 요한 복음서에 나오는 몇몇 구절을 삽입시키기도 하였다. 그는 이렇게 변형시킨 복음서를 루가 복음서라 부르지 않고 그냥 『예수 그리스도의 복음서』라고 불렀다. 이 『예수 그리스도의 복음서』는 일찍이 따지아누스가 만든 『디아떼사론』(*Diatessaron*, 4복음서 합본)[26]과는 성격이 다르다. 따지아누스의 『디아떼사론』은 4복음서에 중복되는 부분을 뺀 다음 일관된 하나의 예수 생애로 만들어진 것이다.

(2) 『대립 명제』(*Antithesis*)

마르치온은 자기가 만든 신약성서를 설명하고, 두 가지 신(神)의 대립관계를 입증하기 위해서 성서 주석의 성격을 띤 『대립 명제』를 저술하였으며,

---

25. 마르치온은, 예수 그리스도께서 제3 천국에 올라갔던 바울로에게 직접 전해준 "예수 그리스도의 복음서"를 후에 다른 이들이 "루가 복음서"라는 이름으로 바꾸어 놓았다고 주장한다. 참조: 떼르뚤리아누스, 『마르치온 논박』 4,3,5("sed adulteratum de titulo quoque"); 4,2,3("contra Marcion evangelio, scilicet suo, nullum adscribit auctorem"); 4,2,4("Lucas ... sectator Pauli sine dubio ut ei si sub ipsius Pauli nomine evangelium Marcion intulisset").

26. 이 저서의 본문 전체가 전해 오지 않고 다만 1934년에 14줄로 된 그리스어 단편이 발견되었을 뿐이다. 그러나 성서학계는 이 흥미있는 문헌에 지대한 관심을 가지고 많은 연구 논문을 내놓고 있다.

그의 추종자들은 이것을 성서 정전(正典)처럼 사용하였다. 이 저서는 상실되어 전해지지 않으며, 게다가 반이단적 교회 저술가들의 저서들에 인용된 것들도 많지 않기 때문에 이 저서의 규모와 내용을 파악하는 데에는 어려움이 있다.[27] 그렇지만 『마르치온 논박』 I, 19, 4에서 떼르뚤리아누스는 이 저서의 성격에 대해 이렇게 설명하고 있다. "마르치온 자신의 중요한 저서는 율법과 복음 사이를 갈라놓는 것이었다. 그들이 사용하는 성서 첫머리에 그 저서를 두어, 그의 추종자들로 하여금 그 저서로 시작하게 함으로써 그들을 이 이단 안으로 끌어들이려 한 사실을 부인할 수 없을 것이다. 마르치온의 이 저서는 『대립 명제』인데, 서로 대립되는 명제들로서, 율법과 복음 사이의 모순을 찾아내어 결국 두 가지 (성서) 본문들 사이의 상이점(相異點)에 기초하여 두 가지 신성(神性)의 상이점을 밝혀내려는 것이다." 떼르뚤리아누스의 이 서술에서 볼 수 있듯이, 마르치온은 구약의 창조신과 신약의 구원의 신이 같은 하느님일 수 없고 서로 반대되는 다른 신이라는 점을 부각시키기 위해 구약성서("율법")와 신약성서("복음")에 나오는 서로 반대되는 구절들을 발췌하여 모은 것이다.[28] 즉, 구약의 창조신은 유한하고 괴팍하며 보복적인 신이라는 점을 부각시키기 위해 구약성서의 문맥과는 상관없이 그런 종류의 구절들을 발췌하였고, 반대로 신약의 "선한 신"은 전능하고 무한히 선한 신이라는 점을 부각시키기 위해 신약성서에서 그런 구절들을 모은 것이다. 그리고 마르치온은 이 『대립 명제』를 자기가 조작하여 만든 신약성서 앞에 둠으로써 추종자들이 그의 이원론적 사상에 주입되어 그런 시각으로 그의 신약성서를 읽도록 하려는 의도를 가지고 있었다.

한편 교회는, 마르치온이 신·구약 성서를 자기의 이론에 따라 취사선택한 것에 대항하여 성서의 정전 목록을 확정하는 데 박차를 가하게 되었다.

---

27. A. Harnack, Marcion(2.ed.) pp.256-313.
28. 떼르뚤리아누스는 마르치온의 『대립 명제』를 논박하기 위해 『마르치온 논박』을 저술하였으며, 『마르치온 논박』에서는 이에 대해 여러 차례 직접 언급하고 있다: 1,19,4; 2,28,1; 3,21,1; 3,24,1; 4,1,2 등등.

따라서 우리는 신약성서의 정전이 어떤 과정을 통해 교회 안에 확정되었는지 살펴볼 필요가 있다. 2세기 중엽, 즉 마르치온이 자기 이론을 선전하기 전까지는 어떤 책이 신약성서에 속하느냐 하는 문제를 제기하지 않았다. 사도들이 살아 있던 초기에는 구약성서와 주님의 어록집, 그리고 사도들의 구두 가르침이 권위를 가지고 있었다. 그후 주님의 단편적인 어록집들이 복음서로 집필되었고, 사도들의 가르침이 서간 형식으로 기록되면서 교회 안에서 권위있게 읽혀지게 되었다. 그러나 27권의 신약성서가 모두 처음부터 교회 안에서 같은 권위로 읽혀진 것은 아니다. 복음서 네 권, 사도행전, 바울로의 열세 개 서간, 요한의 서간들은 모든 교회에서 처음부터 인정을 받은 반면, 히브리 서간, 요한 묵시록, 베드로 서간들, 야고보 서간, 유다 서간 등은 지역교회마다 차이가 있었을 뿐만 아니라, 어떤 교회에서는 『디다케』 나 『헤르마스의 목자』 같은 문헌도 성서처럼 읽혀지다가 4세기 말에야 27권의 신약성서가 동방교회와 서방교회 안에서 확정된 것이다. 이러한 역사적 배경을 고려한다면, 일찍부터 자기 집단을 위한 신약성서 목록을 마련했던 마르치온이 교회로 하여금 성서의 정전 목록을 확정지어야 하는 필요성과 자극을 주었다는 사실을 부인할 수 없다.

4) 마르치온 이단과 영지주의

이번 세기 초 독일의 유명한 프로테스탄트 신학자인 하르낙[29]은 마르치온을 영지주의자들의 부류에서 분리시켜 마르치온의 이단을 순전히 그리스도교 내부에서 일어난 쇄신과 단순화의 운동으로 보았다. 그의 주장은 이러하다. 영지주의의 특성은 그리스도교 밖에서 오는 요소들을 그리스도교 신앙 안에 도입시킨 일종의 혼합주의 내지 절충주의(syncretismus)인 반면, 마르치온은 바울로의 신학에 기초를 두어 복잡하게 제도화되기 시작한 당시 교

---

29. A. Harnack, *Marcion: Das Evangelium von fremden Gott, eine Monographie zur Geschichte der Grundlegung der katholischen Kirche*, TU 45, Leipzig 1921; *Marcion: zwiete verbesserte und vermehrte Auflage*, TU 45A, Leipzig 1924.

회의 신학을 단순화시킨 교회 내부의 운동이기 때문에 영지주의자들과는 그 성격을 달리한다는 것이다. 하르낙 역시 마르치온이 그리스도 육신의 가현설, 육신 부활의 부인, 구약성서 배척, 창조신과 상위신 사이의 배타적인 구분 등 영지주의자들의 주장들을 따라가고 있었다는 사실을 부인하지 않았다. 그러나 이 모든 것들이 그에게 중요하게 여겨지지 않은 것은, 마르치온 이단의 동기가 영지주의자들의 것과는 다르기 때문이라는 것이다. 즉, 마르치온 학설의 중심은 어디까지나 예수이며, 그분이 이루신 구원은 소수의 영적 엘리트들에게 국한되지 않고 모든 사람에게 개방되어 있다는 점, 이 구원의 도구는 "플레로마", 즉 영적 충만함의 세계의 영지가 아니라, 하느님께서 당신 아들의 죽음을 통해 완전히 공으로 주시는 구원에 대한 믿음이라는 점이 영지주의자들의 주장과는 근본적으로 다르기 때문이라는 것이다.

하르낙의 이러한 주장은 오랫동안 정설로 인정받아 왔으며, 그래서 많은 학술 서적에서 마르치온은 영지주의자들과 구별되어 따로 취급되었다. 그러나 비안키[30]가 이에 대한 이의를 제기하면서부터 마르치온 이단은 새로운 각도에서 조명되고 연구되기 시작하였으며, 특히 마헤[31]는 하르낙의 주장을 심도있게 반박하였다. 마르치온은 그리스도교에서 오는 많은 요소들을 다루고 있는 것이 분명하지만, 그리스도교의 중요한 교리들이 그의 이단 학설의 맥락에서 그리스도교와는 전혀 다른 의미로 변질되어 있다는 데에 유의해야 한다. 예를 들어, 두 가지 신이 존재한다고 하는 가르침 안에서 "믿음"이란 말은 무엇을 뜻하는가? 신약의 "선한 신"의 존재가 구약의 "창조신"과의 대립을 통해 비로소 발견되고 인지될 수 있다고 할 때, 그것은 그리스도교가 그처럼 주장하며 고수하고 있는 유일신 사상과는 전혀 다르다. 또 인간은 자기 죄에 대해 책임을 지지 않는다는 마르치온의 학설 안에서 "구원"이란 말은 궁극적으로 무엇을 뜻하는가? 마르치온이 주장하는 구원은, "선한 신"이 인간에게 준 은총이라고 하기보다는 창조신에 대한 단죄라고 하는 편이

---

30. U. Bianchi, *Marcion: theologien biblique ou docteur gnostique?*, VC 21(1967) pp.141-9.
31. J-P. Mahé, *Tertullien, La chair du Christ*(SCh 216), Paris 1975 pp.70-2.

더 적절할 것이다. 또 그리스도 육신의 가현설을 주장하는 마르치온의 학설에서는 그리스도의 육화 신학, 영혼과 육신의 전인적(全人的)인 구원이 철저히 무시되어 있으며, 따라서 그리스도의 수난과 부활의 의미가 완전히 변질될 수밖에 없는 것이다.

말하자면, 마르치온은 그리스도교에서와 같은 용어들을 사용하지만 그 의미는 전혀 다르다.[32] 그의 학설에 들어 있는 영지주의적 요소들은 하르낙이 이해하고 있는 것처럼 그렇게 부수적인 요소가 아니라 오히려 근본적인 요소들인 것이다. 마르치온 이단이 궁극적으로 영지주의적 이단에 속하느냐 아니면 그리스도교 내부의 신앙에 영지주의적 요소를 가미시켜 단순화시킨 것이냐 하는 문제는, 마르치온이 얼마나 성서를 인용하고 그리스도교의 용어들을 사용하고 있느냐 하는 양적 테두리에서 찾을 것이 아니라 그의 학설의 근본 뿌리가 어디에 있느냐 하는 질적 요인들에서 찾아야 할 것이다.

4. 아펠레 이단

1) 아펠레의 생애

우리가 가진 아펠레의 경력에 관한 사료는 떼르뚤리아누스의 『이단자 규정론』 30,5-7과 『그리스도의 육신론』 1,3과 6,1-2의 내용이 전부이다. 그의 출생과 사망 연대, 그리고 출생지에 관한 사료는 전혀 없다. 그는 로마에서 마르치온의 제자로 있다가 스승과 결별한 다음, 알렉산드리아에 가서 자신의 고유한 이단 집단을 만들어 지도하였으며, 말년에 다시 로마로 돌아왔다. 『이단자 규정론』 30,5-7에서 떼르뚤리아누스는, 스승 마르치온을 배반한 아펠레의 행각을[1] 그의 비윤리적인 사건과 연결시켜 다음과 같이 설명하고 있다. "아펠레의 기원을 거슬러올라가면, 그의 스승이며 선도자였던

---

32. P. G. Verweijs, *Evangelium und neues Gesetz in der ältesten Christenheit bis auf Marcion*, Utrecht 1960.

1. 참조: 『그리스도의 육신론』 1,3: "그의 제자였다가 후에 배신자가 된 아펠레처럼".

마르치온처럼 오래된 일은 아니다. 그는 어떤 소녀와 사랑에 빠져, 매우 경건한 것처럼 보이던 스승 마르치온의 절제생활을 그만두고 알렉산드리아로 갔다. 몇 년 후 그는 로마로 되돌아왔는데, 별로 개선되지 않았으며 마르치온을 더 이상 추종하지도 않았다. 그는 또 다른 여자를 사귀게 되었는데, 그 여자는 필루메네[2]라고 하는 평판 나쁜 처녀로서 후에 소문난 창녀가 된 여자이다. 아펠레는 그 여자의 정열에 사로잡혀 그녀로부터 전해받은 것을 토대로『계시』($\phi\alpha\nu\epsilon\rho\omega\sigma\epsilon\iota s$)[3]라는 책을 썼다. 이 두 사람을 아직도 기억하는 사람들이 있으며 그들 중에는 바로 그들의 제자였거나 추종자였던 이들이 있기 때문에 이러한 소문이 후에 조작된 것이라고 말할 수는 없을 것이다." 아펠레가 두 여자와 불륜 관계를 맺었고, 마르치온 집단에서 이탈한 주된 이유가 마치 이러한 불륜 때문인 것처럼 묘사되어 있는 것을 그대로 받아들이는 데는 신중을 기해야 할 것이다. 당시 교회를 떠난 이단자들에 대해서는 악의에 찬 소문을 가미시키는 경우가 있었기 때문에[4] 이를 감안해야 하며, 이단자들을 논박하던 떼르뚤리아누스 역시 그런 소문을 여과 없이 그대로 인용했을 가능성이 있기 때문이다. 아펠레가 마르치온의 절제생활을 그만두고 어떤 여자와 사귀었다는 것은, 그의 신학적 이유에서 올 수도 있었다. 앞에서 언급했듯이,[5] 마르치온은 인간 육신을 적대시한 나머지 그의 추종자들에게 결혼을 금하고 철저한 극기생활을 요구했었다. 마르치온은 그리스도 육신의 실재를 부인한 가현설을 주장한 반면, 아펠레는 그리스도의 구체적이고 실제적인 육신을 주장함으로써 인간 육신에 대한 극심한 적대감을 나타내지는 않았다. 따라서 아펠레는 결혼을 금하던 마르치온과는 달리 결혼을 인정하고 스스로 결혼생활을 하였던 것으로 보인다.

---

2. 아펠레와 필루메네와의 관계는『그리스도의 육신론』6,1에도 언급되어 있다.

3. 『계시』의 저서에 대해서는, 위(僞) 떼르뚤리아누스(Ps.Tert.),『모든 이단 논박』(*Adv. om. h.*) 6,6; 히뽈리뚜스,『철학 총론』(*Philosophumena*) 7,38에서도 나온다.

4. 예를 들면, 에피파니우스는 교회의 역대 이단자들을 소개하는 *Panarion* 42,1,2에서 마르치온의 젊은 시절의 난봉에 대해 언급하고 있다.

5. 48쪽 참조.

그는 마르치온의 경우보다 더 사도 바울로의 신학을 따랐으며, 십자가에 달리신 그리스도께 대한 믿음과 합당한 선행으로써 구원을 받는다고 가르쳤다. 따라서 그는 그리스도의 지상생활에 대해 언급한 복음서에는 별로 관심이 없었고 바울로의 열 개 서간만을[6] 정전(正典)으로 인정하였다. 한편 그는 구약성서를 악의 우두머리이며 이스라엘의 신(神)인 "불[火]의 천사"가 인간을 타락시키기 위해 조작한 거짓투성이라고 주장하면서 완전히 무시하였다. 구약성서의 허위와 모순점을 체계적으로 입증하기 위해 그는 『삼단 논법』(Syllogismes)을 저술하였다. 그의 저서 『계시』와 『삼단 논법』의 본문은 모두 상실되어 전해지지 않지만, 교부들의 문헌에서 그 흔적을 엿볼 수는 있다. 아펠레가 자기의 이단 학설을 정립하는 데 있어 그의 여제자 필루메네가 받았다는 개인적 계시에 큰 영향을 받은 것은 분명하다. 그가 세운 이단 집단은 마르치온의 집단만큼 번성하지는 못한 것으로 보인다. 왜냐하면 후대 교부 문헌들에서 그에 관한 언급이 많지 않기 때문이다. 그는 노년기까지 살았다고 하는데,[7] 언제 어디서 사망하였는지에 관한 사료는 없다.

2) 아펠레의 이단 학설

아펠레는 스승 마르치온의 이원론과는 달리 하나의 원천을 말하는 유일신 사상에 기초를 두고 있으며, 이에 근거해서 전개된 그의 우주론과 그리스도론과 천사론, 그리고 구원론은 마르치온의 학설과 상당한 차이가 있다.

(1) 유일신과 그의 천사들

아펠레의 학설을 이해하기 위해서는 그의 유일신 사상을 살펴볼 필요가 있다. 필라스트리우스는 이에 대해 중요한 사료(史料)를 전해 주고 있다.

---

6. 이 10개 서간은 마르치온이 선별한 것과 같다: 로마서, 고린토 전서와 후서, 갈라디아서, 에페소서, 필립비서, 골로사이서, 데살로니카 전서와 후서, 필레몬서. 54쪽 참조.
7. 에우세비우스, 『교회사』 5,13,5에 서술되어 있는 따지아누스의 제자 로돈과 아펠레와의 대답에서, 아펠레를 "노인"이라 부르고 있다.

"아펠레가 말하기를, '나는 동일하게 영원한 두 개의 원천이 존재한다고 하는 마르치온으로부터 배울 생각은 없다. 사실 나는 하나의 원천뿐인 하느님만을 알고 있으며, 또 그렇게 설교하고 있기 때문이다'라고 하였다."[8] 여기서 보듯이, 아펠레의 스승 마르치온은 이원론("두 개의 원천")의 기초 위에 모든 학설을 세웠던 반면, 아펠레는 일원론("하나의 원천")을 주장하고 있다. 아펠레는 무슨 근거에서 일원론, 즉 유일신을 말하고 있는가?

에우세비우스는 『교회사』 5,13,5-6에서 따지아누스[9]의 제자인 로돈(Rodon)이 아펠레와 가졌던 대담에 관한 흥미로운 일화를 전해 주고 있다. 로돈 자신은 어떻게 아펠레와 관계를 맺게 되었는지를 기록하고 있다. "나는 아펠레 노인과 대화를 나누었는데, 여러 가지 문제에 있어서 엉터리로 설명하고 있는 그를 궁지에 몰아넣었다. 그러자 그는 모든 논리를 증명할 필요는 없고, 단지 각 사람이 자기 믿음에 충실해야 한다고 주장하였다. 왜냐하면 모든 이는 십자가에 달리셨던 분께 희망을 두면서 선행을 할 때 구원을 받기 때문이라는 것이다. 앞에서 언급했듯이, 그의 교설 중에서 가장 애매모호한 것은 하느님께 관한 교리(敎理)인데, 그는 우리의 교리와 같이 하나의 원천을 말하고 있기 때문이다." 또 로돈은 아펠레의 모든 학설을 제시한 다음 덧붙여 이렇게 증언하였다. "나는 그에게 당신은 어찌하여 하나의 원천을 주장하는지 우리에게 증명할 수 있습니까 하고 물어보자 그는, (구약의) 예언서들은 한번도 진실을 말하지 않기 때문에 자체로 혼란스러운데, 사실 서로 일치하지 않고 거짓되며 서로 모순된다고 내게 대답하였다. 그리고 어떻게 하나의 원천이 존재하는지를 그도 잘 모르지만 단지 그런 생각에 마음이 끌리고 있다고 하였다. 그때 내가 그에게 진실을 말해 보라고 종용하자, 낳음을 받지 않은 하느님이 어떻게 한 분이신지는 알지 못하지만

---

8. Philastrius, Diversarum haereseon liber 47: "Non mihi opus est discere a Marcione ut duo principia adseram coaeterna: ego enim unum principium esse praedico, quem deum cognosco."

9. 따지아누스(120~?)는 로마의 호교 교부 성 유스띠누스의 제자로서 호교 교부에 속한다.

단지 그것을 믿고 있을 따름이라고 답하는 것이 자기 본심이라고 맹세하여 말하였다. 그래서 나는 그를 비웃으면서, 자신이 가르친 바를 이해하지도 못하면서 어떻게 스스로 스승이라 할 수 있겠는가 하고 지적해 주었다."

위의 에우세비우스 증언에서도, 아펠레는 자기가 왜 유일신 사상을 가지게 되었는지를 체계적으로 설명하지 못하고, 그저 마음으로 확신하고 있을 뿐이라고 밝히고 있다. 그렇지만 아펠레가 스승 마르치온이 주장했던 두 가지 원천의 이원론을 어떻게 부인할 수 있게 되었는지를 추론할 수는 있다. 왜냐하면 마르치온의 두 가지 원천은 전적으로 동등한 신이 아니기 때문이다: "하나는 심판하며 포악하고 호전적인 반면, 다른 하나는 온유하고 평온하며 선하고 무한히 선하다."[10] 또 하나는 세상 안에 제한되고 한정되어 있는 반면, 다른 하나는 무한하며 자기 경쟁자를 지배한다. 떼르뚤리아누스는 이러한 두 가지 원천을 말하는 마르치온의 논리의 부당성을 예리하게 지적하였다. 즉, 신성(神性)의 본질은 "최상(最上)의 위대함"인데, 차등이 있는 두 가지 원천 모두에게 "하느님"이라는 명칭을 같이 붙일 수 없기 때문이다.[11] 사실 하나는 "최고 신"인 반면, 다른 하나는 "최고 신"에 종속된 하위의 데미울구스(Demiurgus, "조물주" 또는 "창조주")에 불과하며, 물질 없이는 아무것도 할 수 없는 이 창조주는 자기 경쟁자인 최고 신의 존재를 알고 있는 이상 절대로 자기를 하느님이라고 할 수 없기 때문이다.

마르치온이 주장하는 두 가지 원천 사이의 이러한 불균형은 아펠레로 하여금 엄격한 유일신론자가 되게 자극했던 것으로 보인다. 게다가 아펠레는 당시에 널리 유포되어 있던 영지주의적 체계에 영향을 받은 듯하다. 마르치온이 데미울구스(= 조물주)에게 굳이 "하느님"이라는 명칭을 붙이려 한 이유는 악의 문제를 설명하기 위한 그의 이원론적 논리 체계에서 나온다.[12] 영

---

10. 떼르뚤리아누스, 『마르치온 논박』 16,1: "altrum judicem, ferum, bellipotentem, alterum mitem, placidum et tantummodo bono atque optimum."

11. 참조: 『마르치온 논박』 1,6,4: "Nega deum quem dicis deteriorem, nega summum quem credis minorem."

12. 49-50쪽 참조.

지주의자 발렌띠누스파에서도 그런 식으로 말하고는 있지만, "데미울구스(조물주)는 천사 자체이며, 하느님과 비슷한 존재이다"(Demiurgon et ipsum angelum, deo autem similem)[13]라고 조물주의 성격을 분명히 밝히고 있다. 발렌띠누스의 이러한 표현을 조물주에 대해 언급하는 아펠레의 주장과 비교해 볼 필요가 있다. 위(僞) 떼르뚤리아누스는 데미울구스에 관한 아펠레의 주장을 이렇게 서술하고 있다: "(아펠레는) 다른 능력, 즉 조물주를 주님이라 부르지만, 천사의 (지위에) 두었다"(Aliam virtutem sc. creatorem quam dici dominum dicit sed angelum ponit).[14] 여기서 볼 수 있듯이, 아펠레는 스승 마르치온이 이 세상의 조물주에게 "주님"(dominus) 또는 "하위 신"(下位神, deus inferior)이라는 명칭을 붙이고 있다는 사실을 잘 알고 있었지만, 다른 영지주의자들이 설명하는 것처럼 이 명칭들을 스승과는 달리 해설하였던 것이다. 즉, 데미울구스는 "상위 신"(= 최고 신)의 피조물일 수밖에 없는 한낱 천사에 불과하며, 위의 이런 명칭들은 단지 그런 천사를 묘사하기 위한 방법들일 뿐인 것이다.

(2) 데미울구스(창조주)의 후회와 "불〔火〕의 천사"

아펠레는, "상위 신"이 완전히 영적인 재료를 가지고 이 세상과는 전혀 다른 상위의 천상세계를 창조하였다고 주장한다. 그리고 그 상위의 천상세계 안에는 수많은 천사들이 있는데, 그중에서 가장 뛰어난 능력을 가진 천사를 "고명(高名)한 천사"(angelus inclitus)라 부르며, 이 천사가 후에 우리가 살고 있는 물질세계의 창조주가 되었다는 것이다.[15] 그런데 이 창조주(= "고명한 천사")는 상위 신과 경쟁하기 위해 또는 그의 적대자가 되기 위해 물질세계를 창조한 것은 아니다. 반대로 그는 "그리스도의 영과 의지와 능력"[16]의 도움을 받고 상위 천상세계를 모델로 하여 지상세계를 창조하였기

---
13. 이레네우스, 『이단 반론』 1,5,2: "Demiurgon et ipsum angelum, deo autem similem."
14. 위 떼르뚤리아누스(Ps.Tert.), 『모든 이단 논박』(*Adv. om. h.*) 6,4.
15. 참조: 『그리스도의 육신론』 8,2.   16. 『그리스도의 육신론』 8,3.

때문에[17] 이 지상세계는 원래 악한 것이 아니었다. 여기서 유의할 점은, 창조주가 만든 지상세계는 우리가 보고 있는 하늘과 땅을 포함한 물질적 세상을 말하며, "상위 천상세계"는 물질로 구성된 우리의 하늘 위에 완전히 영적인 요소로 구성된 세계를 말한다. 따라서 아펠레의 창조주는, 마르치온의 창조신과는 달리 악의 기원이 되는 천사가 아니다.

그런데 아펠레는 이 물질세계가 창조주의 의도와는 달리 점차 타락해 갔다고 한다. 그렇다면 이 세상의 악은 어디서 오는가? 아펠레는 이를 설명하기 위해 "불[火]의 천사"(angelus igneus)를 도입한다. 상위 신이 만든 영적인 상위세계에는 수많은 영혼들이 있으며, 이 영혼들은 남성과 여성으로 구별되어 있다는 것이다.[18] "불의 천사"는 원래 영적 세계의 천사였지만 타락한 다음, 사악한 물질을 가지고 지상의 음식을 만들어 영혼들을 유혹하였다. 이 음식을 받아먹은 영혼들은 영적 세계에서 지상세계로 떨어져 "죄의 육신" 안에 감금되었다는 것이다.[19] 이러한 타락은 창조주의 본래 의도와는 전혀 다르기 때문에 창조주는 세상을 창조한 것 자체를 후회(paenitentia)하게 되었고,[20] 죄의 육신에 감금된 영혼들을 구원하기 위해 상위 신께 그리스도를 보내 주도록 간청하였다는 것이다.[21] 그리스도는, 복음서에 나오는 길 잃은 양의 신세처럼[22] 된 인간 영혼들을 모아들이는 목자의 역할을 한다. 그리스도가 인간 영혼들을 구원하는 방법은, "영지"를 계시해 줌으로써 이루

---

17. 위 떼르뚤리아누스(Ps.Tert.), 『모든 이단 논박』(*Adv. om. h.*) 6,4: "ad imitationem mundi superioris."
18. 떼르뚤리아누스, 『영혼론』(*De anima*) 36,3: "quoniam et Apelles ... ante corpora constituens animas viriles et muliebres."
19. 상게서 23,3: "Apelles sollicitatas refert animas terrenis escis de supercaelestibus ab igneo angelo, deo Israelis et nostro, qui exinde illis peccatricem circumfinxerit carnem."
20. 『그리스도의 육신론』 8,2("paenitentiam admiscuerit"): 위 떼르뚤리아누스, 『모든 이단 논박』 6,4("cui mundo permiscuisse paenitentiam").
21. Origenes, *Commentarium in epistulam ad Titum*, PG 14,1303-1304: "Illum autem ingenitum deum in consummatione saeculi misisse Jesum Christum ad emendationem mundi rogatum ab eo deo qui eum (sc. mundum) fecerat, ut mitteret filium suum ad mundi sui correctionem."
22. 『그리스도의 육신론』 8,3 ("de figura erraticae ovis"). 루가 15,4-7 참조.

어지는 것이 아니라, 자신의 십자가 수난을 통해 영혼들을 속량하는 것이다.[23] 아펠레의 이러한 구원론은, 영지주의자들의 주장과는 근본적으로 다르며, 바울로 신학에 기초를 둔 마르치온의 이론을 따르는 것이다.

(3) "불[火]의 천사"와 이스라엘 백성의 신

앞에서 언급하였듯이, 아펠레는 세상 악의 기원을 설명하기 위해 "불의 천사"를 도입하였는데, 이 천사를 "악의 우두머리"(praeses mali)라고 부른다.[24] "불의 천사"는 인간 영혼들을 유혹하여 육신 안에 감금시킨 것으로 만족하지 않고 거짓 가르침을 통해 그 영혼들을 공격하고 타락시키는 일을 계속한다. 아펠레는 이 "불의 천사"를 구약의 이스라엘 백성의 하느님과 동일시한다.[25] 즉, 불의 천사는 불타는 떨기 가운데서 모세에게 나타났으며,[26] 또 시나이 산에서는 천둥과 번개 가운데 나타나서 율법을 가르쳐 준[27] 이스라엘 백성의 신이라는 것이다. 이 사악한 천사의 영감을 받아 씌어진 구약성서는 완전히 거짓투성이며, 따라서 인간이 구약성서의 율법에 따라 사는 만큼 타락할 수밖에 없다는 것이다. 아펠레는 구약성서의 허위와 모순점을 지적하고 입증하기 위해 『삼단 논법』(*Syllogismes*)을 저술하였다. 이 『삼단 논법』은 세 가지 명제를 통해 논리를 증명하는 것인데, 아펠레는 구약성서의 어떤 구절을 제1명제로 제시하고, 이에 반대되는 구절을 제2명제로 제시한 다음, 제3명제에서는 앞의 두 명제 사이의 모순점을 지적함으로써 제1명제에서 제시한 내용이 거짓이라는 결론을 내린다. 아펠레의 『삼단 논법』은 구약성서에 나오는 이러한 여러 가지 예들을 모아놓은 것이다.

아펠레의 "불의 천사"와 마르치온의 "창조신"과의 사이에는 상통하는 면도 있지만, 차이점이 더 많다. 우선 둘 다 세상 악의 기원이 된다는 점에서

---

23. 상게서 4,3 ("quem magno redemit").   24. 상게서 8,2 ("ingeo illo praeside mali").
25. 떼르뚤리아누스, 『이단자 규정론』 34,4: "donec ... Apelles creatorem angelum nescio quem gloriosum superioris faceret deum legis et Israelis, illum igneum affirmans. ..."
26. 참조: 출애 3,1-6.   27. 참조: 출애 19,16 – 20,26.

는 상통한다. 한편 마르치온은 구약성서 자체를 부인하지는 않았고, 다만 창조신의 사악함 그리고 자기 피조물인 인간을 불의하게 박해하는 것을 부각시키려 하였다. 그러나 아펠레의 창조주(= 고명한 천사)는 악한 존재가 아니라, 오히려 불의 천사가 유혹과 거짓을 통해 타락시킨 인간 영혼들을 구원하기 위해 "상위 신"께 그리스도를 보내 달라고 간청한 것이다.

(4) 그리스도의 육신: 별에서 온 육신

아펠레는 스승 마르치온과는 달리 그리스도 육신의 실재(實在)를 강조한다. 따라서 그는 그리스도의 수난과 죽음과 부활 그리고 승천을 모두 인정한다. 마르치온 역시 그리스도 수난의 가치를 인정하고 그분의 수난을 통해 우리 인간 영혼이 속량되었다고 주장하였다.[28] 그러나 마르치온은 그리스도의 육신이 실제로 존재하는 것이 아니라 가상적 육신, 즉 환상에 불과하다고 보았기 때문에 그리스도 수난의 가치는 어디까지나 상징적인 의미만을 지닐 수밖에 없었다. 그러나 아펠레는 그리스도께서 우리 인간과 같이 단단한 육신을 지니고서 실제로 십자가에서 죽고 부활하고 승천했으며, 그분의 수난을 통해 우리 인간이 속량되었다고 주장한다. 그리스도의 실제적인 육신을 주장한 아펠레는 스스로 스승보다 더 지혜롭고 논리적이라고 생각하였다.[29] 그래서 아펠레의 주장은 그리스도교의 정통 가르침과 매우 비슷한 것처럼 보인다. 그러나 그리스도 육신의 출처에 관해서는 영지주의적 요소가 상당히 가미되어 있다.

아펠레에 의하면, 인간 육신은 죄의 육신이며 영혼을 가두어 두는 감옥이므로 그 영혼을 육신에서 해방시켜야 하는 그리스도는 인간과 같은 죄의 육신을 입어서는 안된다는 것이다. 그러면 그분의 구체적이며 단단한 육신은 어디서 왔는가? 『그리스도의 육신론』 8,2에 의하면, 아펠레는 그리스도의 육신이 "별에서 온 실체"(de sideribus illi substantiam competisse)라고 주

---

28. 52-53쪽 참조.   29. 『그리스도의 육신론』 6,1: "supra magister sapere compulsi."

장한다. 떼르뚤리아누스는 아펠레의 이러한 주장에 대해, 만일 창조주(= 고명한 천사)가 하늘과 땅을 포함한 우리의 세상을 만들고 나서 후회하였다면, 사람의 몸과 지체의 관계에서처럼, 지상의 육신이 죄스러운 것과 마찬가지로 하늘의 별들도 죄스러운 것이 되며, 따라서 지상의 육신이나 하늘의 별들에서 온 육신이 모두 죄스러운 것이라는 점에서 무슨 차이가 있겠는가 라고 반문하면서 그 비논리성을 비웃는다. 한편 『그리스도의 육신론』 6,3에 의하면, 아펠레는 그리스도께서 "별들과 상위 세계의 실체에서"(de sideribus et substantiis superioris mundi) 육신을 빌려왔다고 주장한다. 여기서 말하는 "별들"은 상위 세계(superioris mundi)의 일부인지 아니면 우리가 살고 있는 하늘의 별들을 말하는지가 분명하지 않다. 다시 말해, 만일 "별들"이 상위 세계에 속한 것이라면, 앞에서 인용한 『그리스도의 육신론』 8,2에 나오는 표현과 다르며, 만일 이 "별들"이 우리가 살고 있는 하위 세계 하늘의 별들이라면, 그리스도의 육신은 서로 다른 두 가지 종류의 요소로 구성되어 있다는 말이 된다. 떼르뚤리아누스는 그의 논박에서 이러한 애매함을 지적하는 데에 별로 관심을 기울이고 있지 않다.

따라서 우리는 그리스도 육신의 소재(素材)에 관한 아펠레의 학설을 이해하는 데 도움이 되는 다른 교부 문헌들을 살펴볼 필요가 있다. 히뽈리뚜스는 아펠레의 주장에 관해 다음과 같은 흥미로운 증언을 하고 있다. "그(아펠레)가 말하기를, 그리스도께서 하늘들에 올라가면서 당신 육신의 속박들을 풀고 각 요소들을 본래 속했던 곳에 돌려주었는데, 더운 것은 더운 것에게, 찬 것은 찬 것에게, 습한 것은 습한 것에게, 건조한 것은 건조한 것에게 돌려주었다는 것이다."[30] 이 증언은 앞에서 언급한 『그리스도의 육신론』 6,3("별들과 상위 세계의 실체")의 증언과 어떻게 조화될 수 있는가? 상위 세계는 우리가 사는 하위 세계처럼 열(熱)·냉(冷)·건(乾)·습(濕)의 요소

---

30. 히뽈리뚜스, 『철학 총론』(Philosophumena) 7,38: "Ἑκάστοις τὰ ἴδια ἀπέδωκε, λύσας πάλιν τὸν δεσμὸν τοῦ σώματος, θερμῷ τὸ θερμόν, ψυχρῷ τὸ ψυχρόν, ὑγρῷ τὸ ὑγρόν, ξηρῷ τὸ ξηρόν, καὶ οὕτως ἐπορεύθη πρὸς τόν ἀγαθὸν πατέρα."

들로 구성되어 있는가? 이러한 가정은 상위 세계가 완전하고 순수한 영적 세계라는 아펠레의 주장과 맞지 않다. 한편 오리게네스는 히뽈리뚜스보다 더 자세한 내용을 전해 주고 있으며, 이 문제를 해결하는 데에 도움이 될 수 있을 것으로 보인다. "어떤 이단자들은 이렇게 주장한다. 우리 구세주께서 당신 몸을 지니시고 땅에서부터 하늘로 올라가시면서 우리가 태양계라고 부르는 마지막 지점에 이르러서는 당신 육신의 너울을 그곳에 벗어놓으셨는데, 왜냐하면 그것을 지니고는 더 이상 올라가실 수 없었기 때문이라는 것이다."[31] 오리게네스의 이 증언에서 "어떤 이단자들"은 아펠레파를 말하는 것으로 보이며, 앞에서 열거한 아펠레의 주장들과 쉽게 조화될 수 있다. 우리는 그리스도의 육신에 관한 아펠레의 학설에 대해 다음과 같은 가설을 정립할 수 있다. 그리스도의 육신은 두 가지 요소로 구성되어 있는데, 첫째 요소는 상위 세계의 순수한 영적 실체이고, 둘째 요소는 우리가 살고 있는 하위 세계의 별들에서 온 실체이다. 이 둘째 요소인 별들에서 온 실체는 우리 인간 육신과 가까운 것이지만 죄스럽지 않은 것이다. 우리의 가설을 뒷받침하는 문구가 오리게네스의 다른 문헌에서 발견된다. "그들은 그분의 육신이 별들과 어떤 다른 영적 본성에서 온 것으로 되어 있다고 주장한다."[32] 여기서 "어떤 다른 영적 본성"은 『그리스도의 육신론』 6,3에 나오는 "상위 세계의 실체"와 상통한다.

(5) 그리스도의 탄생 없는 육신과 구원론의 문제

아펠레는 왜 그리스도의 육신이 이러한 두 가지 요소로 구성되어 있다고 주장하는가? 우리는 그 이유에 관한 명확한 자료를 가지고 있지 않지만 아

---

31. 오리게네스, 『시편 주해』(*Comment. in Psalmos*) 18,6: "Quidam quidem dicebant quod salvator noster adscendens e terris ad caelum et corpus suum adsumens pervenit usque ad eum circulum, qui solis zona nominatur, et ibi, aiunt, posuit tabernaculum corporis sui, non enim ultra erat possibile id progredi" (PG 17,600).
32. 오리게네스, 『루가 복음서 주해』(*Homiliae in Lucam*) 14,4(SCh 87,220): "de sideribus et alia quadam sublimiori spiritalique natura corpus ejus fuit."

펠레의 학설에 따라 다음과 같이 설명할 수 있겠다. 그리스도는 "상위 신"의 아들로서 그 신으로부터 직접 유출되었기 때문에 상위 세계의 요소를 지니고 있어야 한다는 점은 재론의 여지가 없다. 그 다음, 그리스도는 인간 영혼을 죄의 육신에서 해방시켜야 할 그런 육신을 스스로 취하실 수 없다는 논리가 작용하고 있으며, 한편 그리스도는 실제적이고 구체적인 육신을 지니고 있었다는 점에서, 그 육신은 물질이란 차원에서는 우리 육신과 비슷하지만, 죄스럽지 않은 물질, 즉 하늘의 별들에서 온 육신이어야 한다는 논리가 작용하고 있는 것이다.

여기에는 아펠레의 우주론이 적용된다. 사실 아펠레의 창조주(데미울구스)는 "상위 신"(선한 신)보다 하위의 능력을 지닌 천사이며, 우리가 사는 세계의 하늘과 땅을 창조하면서 상위 신께 반항하거나 경쟁하지는 않았기 때문에 창조주가 만든 하늘과 땅은 원래 악한 것이 아니었다. 그런데 "불의 천사"가 지상의 요소로 음식을 만들어 상위세계에 있는 영혼들을 유혹했으며, 또 땅을 사악하게 만들고 그 땅에서 나온 육신으로 영혼을 감금시킨 반면 하늘의 별들은 죄로 타락시키지는 않았다는 것이다. 따라서 아펠레가 그리스도의 육신에 별들에서 온 요소로 구성되어 있다고 주장하는 데에는 다음의 두 가지 문제를 동시에 해결하는 의도가 엿보인다. 첫째, 별들은 땅과 같이 창조주(= 고명한 천사)의 피조물이라는 점에서, 그리스도의 별들에서 온 육신과 우리 인간의 땅에서 온 육신 사이에 동질성이 있으며, 그분의 육신이 우리와 같은 구체적이고 단단한 육신이 될 수 있다. 둘째, 원래 선하게 만들어진 하늘의 별들은 "불의 천사"에 의해 오염되지 않았기 때문에 선한 것이라는 결론이 나온다. 따라서 인간 영혼을 죄의 육신에서 해방시켜야 할 그리스도께서 별들에서 온 육신을 당신 육신으로 취하는 데에는 아무런 하자가 없는 것이다.

여기서 우리는 아펠레가 그리스도의 지상생활, 죽으심, 부활, 승천을 모두 인정하면서도 그분의 탄생을 부인하는 이유를 이해할 수 있다. 그리스도가 별들에서 온 육신을 지니기 위해서는 인간적인 출산을 통한 탄생을 거치지 않아야 한다. 아펠레의 논리에 따르면, 죄의 육신을 지닌 인간 부모로부터 태어났을 때에는 죄의 육신을 물려받을 수밖에 없기 때문이다. 그는 그리스도께서 인간적 탄생 없이도 육신을 지니고 처신하실 수 있었던 것을, 구약에서 사람들에게 발현했던 천사들의 예들과 비교하여 설명하였다.[33] 이에 대해 떼르뚤리아누스는 인류 구원을 위해 절대적으로 필요한 그리스도의 수난과 죽음이 있기 위해서는 그분의 탄생이 필요불가결한 조건임을 강조하면서 아펠레의 이론을 반박하였다. 구약의 천사들의 경우에는 죽을 필요가 없었기 때문에 태어날 필요도 없었지만, 그리스도께서는 인류 구원을 위해 죽으시고 부활해야 하셨기 때문에 반드시 죽을 육신을 지니고 태어나셔야 했다고 역설한다.[34] 여기에서 "그리스도께서는 취하신 것을 모두 구원하셨다"는 떼르뚤리아누스의 신학이 나오며, 이것은 사도 바울로의 가르침이며 동시에 그리스도교의 기본적 가르침인 것이다. 이런 점에서 그리스도께서 탄생 없이 직접 별들에서 온 육신을 지니셨다고 하는 아펠레의 주장은 그리스도교의 구원론과 근본적으로 배치되는 것이다.

다. 『그리스도의 육신론』의 분석

서언 (I, 1-2)

그리스도의 육신을 믿지 않고는 인간 육신의 부활을 바랄 수 없다(I, 1).
— 주님의 육신에 관한 세 가지 문제 제기(2a):
  1. 주님의 육신은 실제로 존재하는가(an est)?
  2. 어디서 왔는가(unde est)?
  3. 어떤 형태로 존재하는가(cujusmodi est)?

---

33. 『그리스도의 육신론』 6,3-4.   34. 상게서 6,5-13.

1. 그리스도의 육신은 존재하는가(an est)? (I, 2b-V, 10)

떼르뚤리아누스의 대답: 존재한다.

이 문제에 대한 이단적 주장들: 마르치온은 그리스도의 육신은 물론 그분의 탄생까지 부인하고, 아펠레는 그리스도의 육신은 인정하지만 탄생은 부인하며, 발렌띠누스는 육신과 탄생 모두 인정하지만 우리와는 다른 의미로 해석한다. 떼르뚤리아누스는 이 문제에 대해 가장 극심한 오류를 주장하는 마르치온을 주로 겨냥하여 논박한다(I, 2-4).

1. 규정에 의한 논박(II)

마르치온은 멋대로 변질시킨 성서에 근거하여 자기 학설을 정립하였다.
1) 마르치온은 그리스도의 탄생과 유년기에 관한 모든 것을 자기 복음서에서 삭제시켰다(1-2).
2) 그는 이중적으로 규정에 저촉된다.
— 첫째, 그는 예언자도 사도도 아닌 주제에 그런 주장을 할 자격이 없다(3).
— 둘째, 그는 일관성없이 도중에 신앙을 바꾸었으며 사도적 전승도 지니고 있지 못하므로, 이러한 변절은 그의 오류를 입증해 준다(4-6).

2. 마르치온의 반박에 대한 대답(III, 1-V, 5).

1) 육화가 하느님께 불가능한 것인가? (III, 1-3)
— 문제 제기 자체가 잘못되었다. 왜냐하면 하느님께서 원하시지 않는 것 외에 그분에게 불가능한 것은 없기 때문이다(1).
— 하느님께서 실제로 태어나시지 않았다면, 외적으로 태어나신 척하는 것도 원하지 않은 것이 자명하다(2-3).

2) 육화가 하느님께 위험한 것인가? (III, 4-6)
— 이단자들의 주장: 하느님이 실제로 인간으로 변하셨다면 하느님으로서의 존재가 중단된 것이다(4-5).
— 떼르뚤리아누스의 답변: 그렇지 않다. 하느님은 피조물과 달리 하느님으로 계시면서 다른 것으로 변화되실 수 있다(5-6a).

― 구약의 천사들이 발현한 예와 예수의 세례 때 내려온 비둘기의 예를 들어 설명한다. 즉, 상위 피조물인 천사들에게 가능한 일이었다면 하느님께는 더욱 가능한 일이다(6b-9).
 3) 하느님께 불가능하거나 위험하지 않는 육화가 그분께 부당한 것인가? 떼르뚤리아누스는, 세상의 눈으로 볼 때 육화가 하느님께 부당하게 보인다는 점을 인정하면서, 하느님께서 그렇게 하신 이유를 설명한다 (IV, 1-V, 5).
  (1) 육화는 세상의 모든 지혜에 의도적으로 도전하는 하느님 사랑의 행위이다.
   ― 인간 육신에 대한 마르치온의 증오는 자기 자신과 인류에 대한 증오를 뜻한다. 그러나 인간을 사랑하시는 그리스도는 인간이 존재하는 데에 필수적인 육신까지도 받아들이심으로써 당신을 우리에게 드러내 보이셨다(1-4).
   ― 그리스도께서 인간 육신보다 더 못한 짐승의 조건을 택하셨다 하더라도 육화는 세상의 지혜에 대한 하나의 도전이 된다(5-7).
  (2) 진정한 육화 없이는 진정한 구원이 있을 수 없다(V, 1-5).
   ― 그리스도의 탄생과 육신을 부인하는 마르치온은 그분의 수난과 부활에 관한 대목들도 모두 자기 복음서에서 삭제했어야 했다(1-3).
   ― 따라서 이단자들에게 수치라고 여겨지는 육신은 우리 신앙을 위해 필수적인 것이다(necessarium dedecus fidei); 하느님은 참으로 육신을 지니셨으며, 그 육신 없이는 그분이 참으로 죽고 부활하실 수 없었기 때문이다(3-5).

3. 결론: 그리스도의 두 가지 본성에 대한 증명(V, 6-10).
 1) 그리스도께서 동정녀와 하느님의 영에 의해 태어나신 것은 그분이 사람의 아들이며 하느님의 아들이시다는 사실을 입증한다(5-6).
 2) 또 그분의 생애와 수난은 그분이 참으로 인간이며 참으로 하느님이심을 입증한다. 그런데 왜 그분의 인성을 거짓말로 말살하려 하는가?(7-9).

3) 그분은 부활 후에도 제자들에게 당신 실재의 몸을 감지하게 해주셨다 (9-10).
4) 마르치온 주장의 어리석음: 그가 조작해 낸 그리스도는 거짓말쟁이며 협잡꾼에 불과하다(10).

2. 그리스도의 육신은 어디서 왔는가(unde est)? (VI-IX)

떼르뚤리아누스의 대답: 땅에서 왔다.

떼르뚤리아누스는, 앞에서 그리스도의 육신이 실제로 존재한다는 사실을 입증한 다음, 그 육신이 어디서 왔는지를 살펴본다. 이 세상에서 온 것인가 다른 곳에서 온 것인가? 하늘에서 떨어진 것인가 태어난 것인가? 떼르뚤리아누스는 이 문제에 대해, 그리스도께서 지상에 내려오기 전에 천상의 별에서 육신을 취했다고 주장하는 아펠레를 주로 겨냥하여 논박한다(VI, 1-3).

1. 이단자들이 내세우는 성서적 논증에 대한 논박(VI, 3-VII, 13).

1) 구약성서에 나오는 천사들의 발현 문제.

이단자들은 그리스도의 나타나심을 천사들의 발현과 같다고 주장하는데, 떼르뚤리아누스는 다음과 같이 논박한다(VI, 3-13).

(1) 규정에 의한 논박: 이단자들은 구약성서의 저자인 창조주를 거부하기 때문에 구약성서를 사용할 자격이 없다(3-4).

(2) 천사들이 발현한 것과 그리스도가 육신을 취한 것은 같은 이유에서가 아니므로 이단자들이 내세우는 예는 적절하지 못하다(5-8).

— 천사들은 죽기 위해 내려온 것이 아니므로 태어날 필요가 없었지만(5), 이와는 달리, 죽기 위해 오신 그리스도는 태어나서야만 했다(6-7).

— 한편 그리스도가 구약에서 탄생 없이 나타나셨던 것은 아직 죽으실 필요가 없었기 때문이었다(7-8).

(3) 성서는 천사들의 육신에 대해 언급하지 않는다(9-13).

— 천사들은 원래 자기 것이 아닌 육신을 취했었다(9).

- 그러나 성서는 그들이 육신을 어디서 취했는지에 대해 언급하고 있지 않기 때문에 무(無)에서 왔다고 믿어야 한다(10-11).
  - 만일 천사들이 어떤 물질에서 육신을 취했다면 그것은 지상에서 온 것이다. 왜냐하면 그들은 지상의 음식을 먹었기 때문이다(12).
  - 그리스도에 대해서도 이와 달리 생각할 아무런 이유가 없다(13).

2) "누가 내 어머니며 내 형제냐?"라고 한 예수의 발언 문제(VII).

이단자들의 주장에 따라, 만일 예수께서 태어나지 않았다고 한다면, 예수는 문 밖에 가족이 와 있다고 거짓으로 전한 그 사람에게 당신은 어머니와 형제들이 없다고 대답했어야 했다(1).

(1)마태 12,48의 이단적 해석에 대한 논박(2-8):
  - 예수의 어머니와 형제들이 실제로 그곳에 있었고, 이 사실이 그분께 통보되었다고 생각하는 것이 가장 합당하다(2). 사실 성서는 이것을 일반적인 일로 전하고 있지, 그 전갈이 거짓된 것이며 그분을 시험하려 하였다는 점에 대해서는 전혀 언급하고 있지 않기 때문이다(3).
  - 만일 그렇지 않았다면, 그분을 시험하려 한 이유가 무엇인가?(4-5). 그분이 태어난 분인지 떠보기 위해 그분의 어머니와 형제들을 언급한다는 것은 그 상황에서 좋은 방법이 못 된다(5-6).
  - 만약 전갈하는 이가 그분을 시험하려 했었다면, 그분의 인성보다는 신성에 대해서 시험했어야 했다. 따라서 그의 전갈은 진실된 것이었다(6-8a).

(2)마태 12,48에 대한 올바른 해설(8b-12).
  - 예수의 어머니와 형제들은 불신앙 때문에 비난받을 만했다(8b-11a).
  - 만일 예수가 그들과의 관계를 부인할 뜻이 있었다면, 다른 기회를 택하였을 것이다(11b).
  - 하느님의 법과 가정의 법(12).

(3)루가 11,27-28에 대한 비유적 해설: 교회와 시나고가(13).

2. 아펠레 주장의 모순점들

아펠레는 지상적 육신이 그리스도께 부당하기 때문에 그분께서 천상적 육신을 지니셨다고 하는데, 그렇다면 천상적 육신도 지상적 육신 못지않게 그분께 부당한 것이 된다(VIII,1-5).

— 아펠레는 자기 이론을 위한 증거들을 멋대로 조작한 복음서에서 끌어대고 있다(1).
— 그는 인간 육신을 포함한 세상 모두가 그리스도에게 부당한 것으로 본다. 즉, 육신은 "악의 우두머리인 불의 천사"(igneus praeses mali)의 작품이며, 세상은 "고명한 천사"(angelus inclitus)라는 이름을 가진 창조주가 만들고 나서 후회한 작품이기 때문이라는 것이다(2-3).
— 만일 세상이 창조주의 후회의 대상이라면, 세상 전체가 악이며 하늘과 거기에 속한 모든 것도 악이 될 것이다(4).
— 따라서 아펠레가 주장하는 그리스도의 천상적 육신은 지상적 육신보다 더 나을 바가 없다(5a).

3. 결론

그리스도는 천상적 기원을 가진 영과 지상적 기원을 가진 육신을 함께 지니고 계셨다(VIII,5b-IX,8).

1) 성서에서, 첫째 인간(아담)은 땅의 흙에서 왔으며 둘째 인간(그리스도)은 하늘에서 왔다고 하는데, 여기서 둘째 인간인 그리스도의 경우에는 육신에 대해서가 아니라 영에 대해 말하는 것이다(VIII,5b-7).
   — 그리스도께서 아담과 구별되는 것은 그분의 육신 때문이 아니라 하느님의 영 때문이다(6).
   — 인간은 하느님의 영을 지니신 그리스도와 비교될 수 없다: 그러나 그분의 육신은 지상의 것과 조금도 다를 바 없다(7).
2) 그리스도의 육신은 우리 육신이 지니고 있는 모든 현상들을 가지고 있었다(IX).
   (1) 우리 육신은 땅에서 오는 특징을 지니고 있다(1-3).

— 어떤 것에서 유래된 것은 그 출처의 것과 다르지 않다(1).
— 땅에서 온 육체에도 이 원칙은 적용되어야 한다(2-3).
(2)그리스도의 육신 안에 있는 가시적인 특징들(4-8).
— 그리스도의 육신이 왜 천상적 실체라고 하는지 제시해 보아라(4).
— 그분이 행하신 기적들은 분명히 놀라움을 자아낼 만했다(5).
— 한편 그분의 수난은 그분이 우리와 같은 육신을 지니고 계시다는 좋은 증거가 된다; 그분이 인간 육신을 지니시지 않았다면 누가 그분을 감히 모욕할 수 있었겠는가(6-8).

3. 그리스도의 육신은 어떤 종류의 육신인가(cujusmodi est)? (X-XXIII)

떼르뚤리아누스의 대답: 인간의 육신이다.
— 떼르뚤리아누스는 앞에서 그리스도께서 다른 세상에서 온 육신이 아니라 이 세상에 태어나셔서 우리의 것과 같은 참 육신을 지니고 계시다는 점을 밝혔는데, 여기서는 발렌띠누스를 주로 논박하면서, 그리스도께서 신성을 지니고 있는 점 외에는 인간 육신과 똑같은 육신을 지니고 계시다는 점을 여러 차원에서 역설한다.
— 발렌띠누스 이단의 요점: 그리스도의 육신은 영혼(anima)이나 영(spiritus)으로 구성되어 있다. 따라서 그분의 탄생은 참된 의미의 탄생일 수 없으며, 그분은 마리아의 모태에서 아무것도 취하지 않았다.

A. 그리스도 육신의 인간적 성격(X-XVI)

I. 발렌띠누스 이단에 대한 논박(X, 1-XV, 2)

1. 발렌띠누스는 인간 영혼의 구원만 인정하고 인간 육신의 구원을 배제하기 위해, 그리스도의 육신은 영혼으로 구성되어 있다고 주장하는데, 떼르뚤리아누스는 결코 그렇지 않다고 논박한다(X-XIII).

1) 그런 조처는 인간의 영혼을 구원하는 데에 불필요하다(X).
— 이단자들의 주장대로, 만일 그리스도의 육신이 영혼으로 구성되어 있었다면, 그분의 영혼은 육신으로 구성되어 있을 것이다. 그렇다면 그리스도께서 왜 육신을 구원하지 않고 영혼만 구원하셨다고 주장하는가?(1-2)
— 그러나 그리스도는 우리 영혼을 구원하시기 위해 우리 영혼과 같은 영혼을 취하셨다; 따라서 그분의 영혼은 육에서 온 것이 아니다(3-4).
2) 그런 조처는 영혼이 자신을 인식하는 데도 불필요하다(XI-XII).
 (1) 그런 조처는 비효과적이다(XI).
— 이단자들은 하느님께서 비가시적이었던 영혼을 예수를 통해 가시적인 것이 되게 하셨다고 주장한다(1).
— 그러나 영혼에게 본래 자기 것이 아닌 육신을 입혀서 가시적인 것이 되게 하였다는 것은 얼마나 괴이한 방법인가! 차라리 이미 소유하고 있던 육체를 그대로 보여주는 것이 더 타당한 방법이 아니겠는가(2-4a).
— 이단자들의 주장대로라면, 적어도 그분의 영혼이 지니고 있었다는 육체는 인간 육신으로부터 온 육체와는 반드시 달랐어야 했다; 그래야 불필요한 반박이나 오해를 피할 수 있었을 것이다(4b-5).
— 그러나 그리스도는 인간의 모습을 지니고 나타나셨기 때문에 그분의 인간 육신은 참으로 존재했었다(6).
 (2) 영혼이 자신을 인식하지 못하는 위험은 없다(XII).
— 영혼은 자신에 관한 모든 것을 알고 있다(1-3).
— 이성적인 인간 영혼은 본성적으로 자신의 창조주와 자기 운명에 대해 증언한다(4-5).
— 그리스도는 영혼에게 영혼의 형상에 대해 알려준 것이 아니라, 당신의 부활의 모범을 통해 영혼이 구원받게 된다는 사실을 알려주셨다(6-7).

3) 그리스도의 영혼과 육신은 서로 구별되는 두 가지 종류이다(XIII).
   (1) "명칭들에 충실하는 것은 본래 지니고 있는 특성들을 살리는 길이다"(Fides nominum salus est proprietatum) (1-4).
   ─ 만일 영혼이 육신이 되고 육신이 영혼이 된다면, 이것도 저것도 아닌 것이 된다. 따라서 서로 다른 것은 서로 다른 이름으로 부를 필요가 있다(1-2a).
   ─ 예컨대, 흙을 구워 만든 것을 옹기라 한다; 마찬가지로, 만일 그리스도의 영혼이 육신이 되었다면 그 이름도 바뀌어야 한다(2b-4).
   (2) 그러나 성서는 그리스도의 영혼과 육신을 항상 서로 다른 두 가지 종류로 서술하고 있다(4-6).
   ─ 성서는, 영혼과 육신이 혼합되어 마치 육신-영혼 또는 영혼-육신이라는 하나의 혼합체가 되었다고 말하지 않는다(4).
   ─ 그러나 그리스도의 영혼과 육신을 분리시켜 언급하는 예들이 많이 있다(5).
   ─ 따라서 그리스도께는 하나의 육신과 하나의 영혼이 있었으며, 두 개는 서로 다른 종류이다(6).
2. 그리스도는 천사적 본성을 지닌 육체나 영혼을 취하시지 않았다(XIV).
   1) 이단자들의 그런 주장의 허구성(1-3):
   ─ 그리스도는 천사들을 구원하려 하지 않았기 때문에 천사가 되실 필요가 없었다(1-2).
   ─ 그분은 당신의 구원 계획을 이루시기 위해 천사를 보조자로 삼으실 필요가 없었다(2-3).
   2) 예수는 어떤 의미에서 천사이며, 또 어떤 의미에서 천사가 아닌가(3-6):
   ─ 성서는 예수의 본성 때문이 아니라 기능 때문에 그분을 가끔 천사[=使者]라 부른다(3-4).
   ─ 그분은 본성에 따라 천사들보다 위에 계시고 동시에 아래에 계시다: 인성으로는 아래에 계시지만 신성으로는 위에 계시다(4-5).

— 예수는 천사의 본성을 취한 인간이라고 하는 에비온파의 주장은 잘못이다(5-6).
3. 그리스도는 영적 육신(caro spiritualis)을 가지고 있지 않았다(XV, 1-2).
— 발렌띠누스는 그리스도의 육신이 "영"(spiritus)으로 구성된 육신이었다고 하는 이색적인 주장을 한다.
— 떼르뚤리아누스는 이런 주장이 이전의 다른 주장들처럼 근거없는 것이라고 일축하면서, 그리스도의 인성에 관한 성서 구절들을 인용하는 것만으로 이에 대한 충분한 답변이 된다고 한다.

II. 그리스도교 교리를 공박하는 여러 이단자들에 대한 답변(XV, 3-XVI, 5)

1. 잡다한 논박들(XV, 3-6)
— 이단자들의 논리: 만일 그리스도가 인간이라면, 천사들보다 하위의 존재이다; - 그분의 육신이 우리 육신과 비슷하다면, 그 육신은 하느님에게서 난 것이 아니라 인간의 원의에서 난 것이다; - 만일 그분이 불멸에서 태어났다면, 그의 육신은 썩지 않을 것이다; - 또 만일 그분의 육신이 우리의 육신과 비슷하다면, 우리 육신처럼 분해되거나, 아니면 우리 육신이 그분의 육신처럼 부활할 것이다(3).
— 떼르뚤리아누스의 멸시: 이단자들은 이교도들보다 더 어리석은 자들이다(4).
— 떼르뚤리아누스의 답변: 그리스도는 천사보다 못하게 낮추어지셨는데, 성서가 이를 예언하기 때문이다. 그리고 그분은 마리아와 성령으로부터 태어나셨기 때문에 두 가지 탄생 방식 가운데 한 방식인 사람에게서도 태어나셨다. 따라서 세상 끝날에 우리도 그분처럼 부활할 것이다(5-6).
2. 알렉산델의 주장에 대한 답변: 로마 6,6; 8,3의 주석(XVI)
— 알렉산델의 주장: 우리 그리스도인들이 그리스도에게 부여하고, 또 그분 안에서 없애버리려 하는 것은 죄의 육신에 불과하다는 것이다(1).

— 떼르뚤리아누스의 답변: 우리는 그리스도의 육신이 사라져 없어진 것이 아니라 성부 오른편에 좌정하셨다는 것을 믿고 있다; 육신의 죄는 그분의 육신 안에서 없어졌기 때문에 육신은 더 이상 죄스런 것이 아니다; 그분의 육신은 자기 죄 때문이 아니라 그 기원 때문에 죄의 육신과 닮은 것이다(1-3).

— 사실 그리스도는 인간 육신과는 다른 육신 안에서 죄를 없앨 수 없었다: 아담의 육신처럼 그분의 육신은 남자의 정욕에서 태어나지 않았지만 우리의 육신과 닮은 육신이 되셨다(4-5).

B. 그리스도의 인성과 탄생(XVII-XXIII)

그리스도 육신의 성격에 관한 문제는 이미 충분히 거론하였다. 앞으로는 동정녀에게서 나신 그리스도의 탄생이 참으로 인간에게서의 탄생이며, 그분의 육신은 어머니 마리아를 통해 다윗 가문에서 온 참 육신임을 제시하도록 하자(XVII, 1).

I. 동정녀로부터의 탄생의 필요성(XVII, 2-XVIII, 3b)

1. "그리스도의 수렴" 신학에 의한 논증(XVII, 2-6)
   1) 예수께서 동정녀에게서 나신 것은 인간을 위한 새로운 탄생의 표지이다(2-3).
   2) 그런데 이 새로운 탄생은 옛 탄생의 모습을 재현한다(3-6).
   — 아담이 처녀의 상태인 땅에서부터 태어났듯이 예수는 동정녀에게서 태어나셨다(3-4).
   — 처녀였던 하와가 마귀의 말을 통해 멸망을 잉태하였듯이 동정녀 마리아는 하느님의 말씀을 통해 구원을 잉태하였다(5-6).

2. 생리학적 논증(XVIII, 1-3)
— 예수는 어머니로부터 육신을 취하셨지만 남자의 씨에서 오는 육신은 취하지 않았기 때문에 순전히 사람의 아들만이 되시지 않았다(1-2a).

── 육화 전에 그분은 하느님의 아들로 있기 위해 하느님 아버지만으로 충분하셨듯이, 육화 후에 사람의 아들로 있기 위해서는 그분의 어머니만으로 충분하셨다(2b-3a).

3. 결론(XVIII, 3b)

예수께서 사람이 되시기 위하여 동정녀에게서 태어나셔야 했지만, 한편 신적 기원을 두고 있는 그분의 영은 그분의 신성을 지켜준다. 따라서 그분이 동정녀에게서 육신을 취하지 않았다는 논리는 성립되지 않는다.

II. 동정녀가 그리스도에게 참으로 육신을 주지 않았다고 주장하는 이단자들에 대한 논박(XVIII, 3c-XXII)

1. 이단자들이 내세우는 성서 구절들에 대한 주석(XVIII, 3c-XX, 7)

1) 요한 복음 서언(XVIII, 3c-XIX, 5)

── "말씀이 육신이 되셨다"라는 표현은, 말씀께서 오로지 자기 자신에서 육신이 되셨다는 것을 뜻하지 않는다; 그분이 태어난 것에서부터 육신을 취하셨다고 생각하는 것이 더 합당하다(XVIII, 3c-5a).

── 한편 이 표현은 그분이 지니고 있는 두 가지 본성의 기원, 즉 육신에서 태어난 육신과 영에서 태어난 영의 기원을 나타낸다.

── 성서는 "육으로부터 난 것은 육이고 영으로부터 난 것은 영입니다"(요한 3,6)라고 말하는데, 이 구절의 후반부를 그분에게 적용하면, 전반부도 그분에게 적용하지 않을 수 없다(XVIII, 5b-7).

── 이단자들은, "그분은 혈통에서 난 것이 아니라 하느님에게서 나셨다" (non ex sanguine ... sed ex deo natus est: 요한 1,13)라는 성서 구절을 자기들이 속한 특수 계층인 "영적 인간들"에 적용시키기 위해 "그들은 하느님에게서 태어났다"(ex deo nati sunt)라고 기록하고 있다; 그런데 이단자 발렌띠누스 자신은 다른 모든 사람들처럼 부모의 혈통에서 태어나지 않았다는 말인가?; 그러나 일반 사람들과는 달리, 그리스도는 하느님에게서 태어나셨다(XIX, 1-2).

— 그리스도가 남자의 육욕에서 태어나지 않았다는 말은 육신의 실체에서 태어나지 않았다는 말이 아니다; "혈통에서 태어나지 않았다"는 말은 단지 남자의 씨를 통해 태어나지 않았다는 뜻이다(3-4).

— 하느님의 영이 여인의 모태에 내려가신 것은 거기에서 육신을 받기 위해서이다(5).

2) 마태 1,20과 관련된 전치사들에 관한 논쟁(XX,1-6)

— 이단자들은, 예수께서 "동정녀에게서"(ex virgine)가 아니라 "동정녀를 통하여"(per virginem) 태어나셨다고 주장하기 위하여, "그녀 안에 태어나신 분은"(Nam quod in ea natum est)이라는 구절을 그 근거로 삼는다(1).

— 이에 대해 떼르뚤리아누스는, "ex" 전치사가 나오는 다음의 다른 구절들을 근거로 대면서 그들을 논박한다: 마태 1,16; 갈라 4,4("factum ex muliere"는 "Vebum caro factum"과 연관된다); 시편 21,10 ("avulsisti me ex utero matris meae") 등(2-4).

— 이 구절들에 나타나 있는 생명체들의 생물학적 입증(5-6).

3) 결론: 그리스도의 탄생이 우리의 탄생과 구별되는 유일한 점은 그분이 동정녀에게 잉태되었다는 것이다(7).

2. 성서는, 예수께서 마리아의 육신에서 태어난 진정한 사람의 아들이라고 선포한다(XXI-XXII).

1) "천주의 모친"에 관한 성서의 증언(XXI)

— 만일 예수가 마리아에게서 참으로 육신을 받지 않았다면 이사야의 예언은 거짓이 된다(1-2).

— 마리아가 그리스도에게 육신을 주었다면 마리아는 더 이상 동정녀가 아니라고 이단자들이 주장하지만, 천사의 탄생 예고에서 보듯이, 마리아는 바로 이 길을 통해 어머니가 되었다(3).

— 엘리사벳이 마리아에게 한 인삿말 역시 이새의 꽃에 대한 예언과 상통한다(4-7).

2) 아담의 후예이며 다윗의 아들이신 예수(XXII)
— 복음서에 나오는 예수의 족보에서 볼 수 있듯이(1-2), 그분의 육신은 아담 이후 아브라함과 다윗을 거쳐 예수에 이르기까지 전해져 내려오는 흙에서 나온 육신이다(3-6).

III. 결론: 동정녀의 표징(XXIII)

1. 동정녀의 표징은 이단자들에게 배척과 반대의 표지가 된다(1-3a).
2. 그러나 그리스도인들에게는 확신을 주는 분명한 표지가 된다: 마리아는 예수의 탄생 이전에 분명히 동정녀였다. 그리스도는 분명히 그녀에게서 태어나셨다. 따라서 "모태를 열고 나온 맏아들은 모두 거룩하여 하느님의 차지라 불리리라"는 성서 말씀대로, 동정녀로부터의 탄생 없이는 예수께서 거룩한 분이 되지 못한다(3b-5).
3. 성령께서 발렌띠누스의 오류를 이미 내다보시고 단죄하셨다(6).

총 결 론(XXIV-XXV).

1. 성령께서 이미 여러 성서 말씀들을 통해 모든 이단자들을 하나씩 단죄하셨다(XXIV, 1-3).
2. 심판의 날에, 예수께서는 이단자들이 부인하는 그 육신을 지니고 다시 오실 것이다(4).
3. 떼르뚤리아누스는 "육신 부활"의 문제에 관한 책을 저술할 것을 예고하면서, 이 저서와의 긴밀한 연관성을 언급한다(XXV).

그리스도의 육신론

De carne Christi

I. 1. Qui fidem resurrectionis ante istos Sadducaeorum propinquos sine controversia moratam ita student inquietare, ut eam spem negent etiam ad carnem pertinere, merito Christi quoque carnem quaestionibus distrahunt, tamquam aut nullam omnino aut quoquo modo aliam praeter humanam, ne, si humanam constiterit fuisse, praejudicatum sit adversus illos eam resurgere omni modo, quae in Christo resurrexerit. Igitur unde illi destruunt carnis vota, inde nobis erunt praestruenda. **2.** Examinemus corporalem substantiam domini, de spiritali enim certum est. Caro quaeritur; veritas et qualitas ejus retractatur, an fuerit et unde et cujus-

---

* 각 장의 소제목은 역자가 독자들의 이해를 돕기 위해 임의로 붙인 것이다.

1. 떼르뚤리아누스는 머리말에서 저서의 세 가지 주제, 즉 그리스도의 육신이 실제로 존재하는가(an est), 어디서 왔는가(unde est), 어떤 형태로 존재하는가(cujusmodi est)에 대한 문제들을 제기한(1-2항 전반부) 다음, 저서에서 논박될 세 가지 주요 이단자들, 즉 마르치온과 발렌띠누스와 아뻴레의 핵심 이단들을 요약하고 그들의 개인적인 관계를 서술한다(2항 후반부–4항).

2. 이미 유스띠누스는 육신 부활에 관한 문제에 있어 유대교의 이단자들인 사두가이들의 주장과 그리스도교의 이단자들의 주장이 서로 유사하다고 지적하였다(『트리폰과의 대화』 80 참조). 떼르뚤리아누스는 『마르치온 논박』 4,38,4에서 사두가이들을 "부활을 부인하는 자들"(resurrectionis negatores)이라고 하고, 『이단자 규정론』 33,3에서는 "부활을 부인하고 의심하는 자들"(negatores et

그리스도의 육신론[*]

머 리 말[1]

〔I,1〕 부활 신앙을 뒤엎어 놓으려고 획책하는 자들은 부활의 희망이 육신에게는 해당되지 않는다고 주장하는데, 사두가이들과 유사한 (주장을) 하는 그들 이전에는 (이 문제가) 논쟁거리가 되지 않았었다.[2] 따라서 그들은 그리스도의 육신이 전혀 존재하지 않았거나, 인간 육신과는 전혀 다른 것이었다고 주장함으로써 그분의 육신을 제거해 버리려 한다. 그들은, 그분의 육신이 인간 육신으로 되어 있었다고 한다면, 그리스도 안에서 부활한 육신은 어떤 모양으로든지 부활하게 된다는 결론에 이르게 되는 것을 두려워하고 있는데[3], 이것은 그들의 주장과는 반대되기 때문이다. 따라서 우리는 육신의 소망을 말살하려 하는 그들의 바로 그 논점들에 대항하여 우리의 논증을 구축해야 할 것이다. 〔2〕 주님의 영적 실체는 자명한 사실이니만큼 우리는 그분의 육체적 실체에 대해 살펴보도록 하자.[4] 육신에 관한 문제라면 그 실재(實在)와 성질에 대해 고찰해야 한다. 즉, 그분의 육신이 존재했느냐, 어디서 왔으며 어떠한

---

dubitatores resurrectionis)이라고 분명히 규정하면서, 마르치온과 아펠레와 발렌띠누스는 사두가이들의 이론을 따른다고 한다. 육신 부활을 부인하는 사두가이들: 마태 22,23-33; 마르 12,18-27; 루가 20,27-40 참조.

3. 이단자들이 그리스도의 육신을 부인하는 근본적인 의도는 인간 육신의 부활, 즉 인간 육신의 구원을 인정하지 않는 데에 있음을 말한다. 사실 떼르뚤리아누스는 이 저서에 이어서『죽은 이들의 부활』(De resurrectione mortuorum)을 쓸 계획을 가지고 있었다.

4. 주님의 "영적 실체"(spiritali)는 신성을, "육체적 실체"(corporalem substantiam)는 인성을 뜻한다.

modi fuerit. Renuntiatio ejus dabit legem nostrae resurrectioni.

Marcion, ut carnem Christi negaret, negavit etiam nativitatem, aut ut nativitatem negaret, negavit et carnem, scilicet ne invicem sibi testimonium responderent nativitas et caro quia nec nativitas sine carne nec caro sine nativitate. 3. Quasi non eadem licentia haeretica et ipse potuisset aut admissa carne nativitatem negare, ut Apelles discipulus et postea desertor ipsius, aut et carnem et nativitatem confessus aliter illas interpretari, ut condiscipulus et condesertor ejus Valentinus. 4. Sed et qui carnem Christi putativam introduxit, aeque potuit nativitatem quoque phantasma confingere, ut et conceptus et praegnatus et partus virginis et ipsius exinde infantis ordo τῷ δοκεῖν haberentur eosdem oculos eosdemque sensus fefellissent quos carnis opinio elusit.

---

5. 그리스도 육신의 존재 여부(an fuerit), 출처(unde fuerit), 존재 양식(cujusmodi fuerit)은 실제로 『그리스도의 육신론』의 세 가지 기본 주제이다.

6. 이 문장은 앞의 내용을 요약한 것인데, 그리스도의 육신이 우리 인간 육신과 같은 육신이라는 사실이 입증되면, 그리스도의 육신이 죽음에서 부활하신 것처럼 우리 육신도 부활할 수 있다는 논리가 확립된다는 뜻이다.

7. 마르치온의 이름과 그의 가현설(假現說)에 대한 논박은 제5장까지 계속 나오는데, 여기의 논박은 『마르치온 논박』에서보다는 예리하지 못하다. 아마 그는 『마르치온 논박』에서 이에 대해 충분히 거론하였기 때문에 여기서는 요약하는 형식을 취한 듯하다.

8. "licentia haeretica"를 직역하면, "이단적 허가"이다. 이 표현은 제15장 1항에 나오는 "licuit ... ex privilegio haeretico"(이단적 특권)와 연관시켜 이해할 필요가 있다. "licentia"(허가)와 "privilegium"(특권)은 법률 용어인데, 이단자들에게 어떠한 특권이나 허가가 있을 수 없고 오히려 불법이라는 것이 떼르뚤리아누스의 일관된 주장이다. 그런데 여기서 "허가"라고 표현하는 것은 이단자들이 불법적으로 만들어 낸 것임을 풍자적으로 강조하는 것이다. 사실 떼르뚤리아누

모양으로 존재했느냐 하는 문제를 다루어야 한다.[5] 그분 (육신의) 실재가 선언될 때 우리의 부활을 위한 기준이 확립되는 것이다.[6]

마르치온은[7] 그리스도의 육신을 부인하기 위해 그분의 탄생까지 부인하였으며, 탄생을 부인하기 위해 육신까지도 부인하였다. 말하자면, 육신 없는 탄생이 있을 수 없고 탄생 없는 육신이 있을 수 없기 때문에, 그는 이로써 양편이 서로에게 논거(論據)를 주지 못하게 하려는 것이다. 〔3〕 그러나 (마르치온) 자신도 이러한 이단을 고집할 수 없게 되자[8], 그의 제자였다가 후에 배신자가 된 아펠레처럼[9], 그분의 육신은 인정하되 탄생은 부인하였다. 한편 (마르치온의) 동료였으며 마찬가지로 배신자가 된 발렌띠누스는[10] (주님의) 육신과 탄생은 인정하되 우리와는 다른 뜻으로 해석하였다. 〔4〕 그런데 (마르치온은) 그리스도 안에 어떤 가상적인 육신을 끌어들이기 위해 그분의 탄생이 하나의 환상에 불과하였다고 조작할 수밖에 없었으며, 그래서 동정녀의 수태와 임신과 출산, 그후 그 아기에 관한 사건들 모두가 생각($\tau\hat{\omega}$ $\delta o\kappa\epsilon\hat{\iota}\nu$)에[11] 불과하다고 주장한다. 그분의 육신이 하나의 상상에 불과하다고 비웃는 그들은 자기들의 눈과 감각들이 기만당한 셈이다.

스는 『마르치온 논박』 1,3,1에서 "licentia haeretica"를 시인이나 화가들의 자의적(恣意的) 생각과 이단자들의 자의적 주장을 풍자적으로 비교하고 있다.
9. 아펠레가 마르치온의 제자였다가 배신자가 된 사실은 『이단자 규정론』 30,4에 자세히 서술되어 있다. 히뽈리뚜스, 『이단 총론』(*Syntagma*) 7,38에는 아펠레의 주장이 잘 나타나 있다: 그리스도는 동정녀에게서 태어나지 않았을 뿐만 아니라 우리와 같은 육신을 지니고 있지 않고 대신 우주를 구성하는 네 가지 본질, 즉 찬 것(冷), 더운 것(溫), 습한 것(濕), 마른 것(乾)의 요소들에서 나온 요소들로 창조된 육신을 가지고 있었다는 것이다.
10. 발렌띠누스의 학설에 대해서는 36-46쪽을 보라.
11. 떼르뚤리아누스는 라틴어 대신 희랍어 "$\tau\hat{\omega}$ $\delta o\kappa\epsilon\hat{\iota}\nu$"(생각하다)을 표기하고 있는데, 바로 이 단어에서 "가현설"(dochetismus)이란 이름이 나왔다. 즉, 그리스도의 육신은 실재의 육신이 아니라 가상적(putativa)인 육신이 하나의 환상(phantasma)에 불과하다는 것이다.

II. 1. Plane nativitas a Gabriele annuntiatur. Quid illi cum angelo creatoris? Et in virginis uterum conceptus inducitur. Quid illi cum Esaia ‹etiam› creatoris? Odit moras, qui subito de caelis Christum deferebat. «Aufer hinc, inquit, molestos semper Caesaris census et diversoria angusta et sordidos pannos et dura praesepia. Viderit angelica multitudo deum suum noctibus honorans. Servent potius pecora pastores et magi ne fatigentur de longinquo: dono illis aurum suum. 2. Melior sit et Herodes ne Jeremias glorietur. Sed nec circumcidatur infans, ne doleat, nec ad templum deferatur, ne parentes suos oneret sumptu oblationis, nec in manus tradatur Simeoni, ne senem moriturum exinde contristet. Taceat et anus illa, ne fascinet puerum.» His opinor

---

1. 이 장에서 떼르뚤리아누스는 마르치온이 그리스도의 유년기를 말살시키기 위해 성서의 일부를 삭제시키는 일도 주저하지 않았음을 먼저 지적한다(1-2항). 그리고 사도들로부터 전해 오는 성서를 제멋대로 삭제하고 변경시킨 처사는 "규정"(prescriptio) 자체에도 위배된다고 지적한다(3-6항).
2. 참조: 루가 1,26-30.
3. 이사 7,14에 "처녀가 잉태하여 아들을 낳고 그 이름을 '임마누엘'이라 하리라"고 예언되어 있다. 구약의 "창조신"과 신약의 "선한 신"을 대립시키고 구약의 창조신을 멸시하는 마르치온에게 구약의 예언이 무슨 상관이 있겠느냐는 반문이다.
4. 이 문제는 『마르치온 논박』 4,7,1에서도 자세히 언급되어 있다. 마르치온은 4복음서 중에서 루가 복음서만을 인정하는데, 예수의 탄생과 유년기에 대해 언급하는 루가 1-2장은 삭제하고 바로 루가 3,1("티베리오 황제의 치세 십오년,

마르치온이 조작한 복음서에 대한 논박[1]

[II,1] 가브리엘 천사는 (주님의) 탄생을 분명히 통보하였었다.[2] 그런데 (마르치온이) 창조주의 천사와 무슨 상관이 있단 말인가?[3] 그리고 (아기가) 동정녀의 태중에 잉태되었다고 소개되어 있다. 그런데 (마르치온이) 창조주의 예언자 이사야와 무슨 상관이 있는가? 창조주가 지체하는 것을 싫어한 나머지 그리스도를 하늘로부터 갑자기 내려보냈단 말인가![4] (마르치온은) 이렇게 지껄여 댄다: ≪언제나 지겹기만 한 체살의 인구조사, 협소한 여관방들, 더러운 기저귀, 딱딱한 구유는 모두 집어치워라.[5] 밤에 자기 하느님을 찬송하는 천사들의 무리가 보였단 말인가. 목자들은 차라리 양떼를 지켰더라면 좋았을 것을. 동방 박사들은 멀리서 오느라고 고생하지 않아도 되었을 텐데.[6] [2] 헤로데 역시 예레미야가 뽐내지 못하게 하였더라면 더 좋았을 것을.[7] 어린애가 고통받지 않도록 할례를 받지 않았어야 했을 것을. 부모가 그 아기를 성전에 데리고 가지 말고, 봉헌에 드는 비용을 부담하지 않아도 되었을 것을. 곧 죽을 노인 시므온을 슬프게 하지 않기 위해 아기를 그의 손에 넘겨주지 않았더라면 좋았을 것을. 노파가 입을 다물고 아기의 운명을 점치지 않았더라

예수는 하늘로부터 갈릴래아의 도시 가파르나움에 내려오셨다")로 시작한다. 50쪽 참조.

5. 참조: 루가 2,1-20. ≪ ≫ 안의 내용은 마르치온의 주장이다. 여기서 마르치온은 예수의 탄생과 유년기에 관한 복음 내용을 비웃고 있다.
6. 참조: 마태 2,11.
7. 이 대목은 마태 2,16-18의 내용을 말하는데, 헤로데 왕은 동방 박사들로부터 속은 것을 알아차리고 베들레헴의 두 살 이하의 사내아이들을 학살하였다. 복음사가는 이 사건을 예레 31,15에 나오는 예언의 성취로 설명한다. 그러나 마르치온에 의하면, 이것은 구약의 예언자들이 창조주의 그리스도 오심을 예언했을 뿐이며, 신약의 그리스도는 아무런 예고도 없이 직접 세상에 오셨다는 것이다. 참조: 『마르치온 논박』 3,3,1.

consiliis tot originalia instrumenta Christi delere, Marcion, ausus es ne caro ejus probaretur.

3. Ex qua, oro te, auctoritate? Exhibe. Si prophetes es praenuntia aliquid: si apostolus praedica publice: si apostolicus cum apostolis senti: si tantum christianus es crede quod traditum est: si nihil istorum es, merito dixerim, morere. 4. Nam et mortuus es, qui non es christianus, non credendo quod creditum christianos facit: et eo magis mortuus es quo magis non es christianus, qui cum fuisti excidisti rescindendo quod retro credidisti, sicut et ipse confiteris in quadam epistula, et tui non negant et nostri probant. 5. Igitur rescindens quod credidisti jam non credens rescidisti. Non tamen quia credere desisti recte rescidisti: atquin rescindendo quod credidisti probas antequam rescinderes aliter fuisse. Quod credidisti aliter, illud ita erat traditum. Porro quod traditum erat, id erat verum, ut ab eis traditum quorum fuit tradere. Ergo quod erat traditum

---

8. 아기 예수의 할례, 시므온 노인, 여예언자 안나에 관한 이야기는 루가 2,21-38에 나온다.

9. 떼르뚤리아누스는 여기서 신앙의 권위는 사도적 전승에 있음을 강조하는데, 『이단자 규정론』 22-23에서 이 사도적 전승을 "신앙의 규범"(regula fidei)이라고 부른다. 즉, 사도적 전승은 가톨릭 교회 안에만 있지 이단자들의 집단에는 없기 때문에, 이단자들은 신앙의 권위를 전혀 가지고 있지 못하다는 것이다. 따라서 그리스도교 신자가 되려면 먼저 사도적 전승을 믿어야 한다는 것이다.

10. 마르치온은 가톨릭 교회가 그리스도의 가르침을 변질시켰기 때문에 이를 원상태로 복구시켜야 한다고 주장하면서 사도적 전승을 거부하였다. 이에 대해 떼르뚤리아누스는, 그리스도의 가르침은 사도적 전승을 통해 전해 오기 때문에 사도적 전승을 거부하는 사람은 그리스도 신자가 되기를 거부하는 것이며 더 이상 그리스도인이 될 수 없다는 논리를 펴고 있다. 여기서 마르치온에게 "죽어

면 좋았을 것을.≫⁸ 마르치온아, 너는 이런 권유들을 함으로써 그분에 관한 사료(史料)들을 말살하려 하였는데, 그 의도는 그리스도의 육신을 입증하지 못하게 하려는 뜻이 숨어 있다고 나는 생각한다.

〔3〕 너는 무슨 권위를 가지고 (그렇게 하는지) 대답해 보아라. 네가 예언자라면 무엇이든지 한번 예언해 보아라. 네가 사도라면 공개적으로 설교해 보아라. 네가 사도들의 추종자라면 사도들과 일치된 생각을 하여라. 네가 최소한 그리스도인이라면 전해 받은 것을 믿어라.⁹ 만일 네가 이 중에 아무것도 아니라면, 차라리 죽어 버리라고 너에게 정중히 말해 주고 싶다. 〔4〕 사실 그리스도인이 되기 위해 믿어야 할 사항을 믿고 있지 않는 너는 그리스도인이라 할 수 없으니 이미 죽은 것이다.¹⁰ 네가 그리스도인이 되지 못하는 그만큼 너는 죽은 것이다. 네가 한 서간에서 공언한 것과 같이¹¹, 너는 전에 믿었던 것을 말살함으로써 그 믿음에서 이탈하였기 때문이다. 너의 추종자들이 이 사실을 부인하지 않고 있으며, 우리편 사람들도 이를 증명하고 있다. 〔5〕 따라서 너는 전에 믿었던 것을 말살하였고, 또 그것을 더 이상 믿지 않음으로써 (또다시) 말살하였다. 그러나 믿기를 거부한다고 해서 그것을 말살하는 일은 정당하지 못한 짓이었다. 그렇지만 네가 믿었던 내용을 말살하는 것은, 네가 그것을 말살하기 이전에는 사정이 달랐다는 사실을 입증하는 것이다. 네가 믿었던 그 다른 것이란 바로 전승의 가르침이다. 게다가 전승된 것은, 그것을 전해 줄 만한 자격을 갖춘 사람들에 의해 전해졌기 때문에 참된 것이다. 그러므로 전승된 것을 말살한 너는 진리를 말살한

버려라" 또는 "죽은 것이다"라고 심하게 말하는 것은 그리스도인이라는 이름을 사용하지 말고 더럽히지도 말라는 뜻이다.

11. "네가 한 서간에서"는 마르치온이 루가 6,43의 주석에 관해 가톨릭 교회에 보낸 편지를 말하는데, 『마르치온 논박』 1,1,6; 4,4,3-4; 5,4,3 그리고 『이단자 규정론』 30,2에도 이에 관한 언급이 있다. J-P.Mahé, *Tertullien et l'Epistula Marcionis*, (Rev. SR 45, 1971), 358-71 참조.

rescindens, quod erat verum rescidisti. Nullo jure fecisti. 6. Sed plenius ejusmodi praescriptionibus adversus omnes haereses alibi jam usi sumus. Post quas nunc ex abundanti retractamus, desiderantes rationem qua non putaveris natum esse Christum.

III. 1. Necesse est, quatenus hoc putas arbitrio tuo licuisse, ut aut impossibilem aut inconvenientem deo existimaveris nativitatem. Sed deo nihil impossibile nisi quod non vult. An ergo noluerit nasci – quia si voluit, et potuit et natus est – consideremus. Ad compendium decurro: si enim nasci se deus noluisset, quacumque de causa, nec hominem se videri praestitisset. Nam quis hominem videns eum negaret natum? Ita quod noluisset esse, nec videri omnino voluisset. 2. Omnis rei displicentis etiam opinio reprobatur, quia nihil interest utrum sit quid an non

---

12. 떼르뚤리아누스의 『이단자 규정론』(*De prescriptione haereticorum*)이라는 저서를 말한다.
1. 그리스도께서 사람으로 태어나고 육화하실 수 없다는 마르치온의 주장에 대항하여 떼르뚤리아누스는, 원하시는 것은 무엇이나 행하실 수 있는 하느님께서 하느님으로 머물러 계시면서 참으로 인간이 되시는 것을 아무도 방해할 수 없다고 강변한다(1-6항 전반부). 그 다음, 천사들이 육신을 입고 아브라함에게 나타났던 예와, 그리스도의 세례 때에 비둘기의 모상으로 내려오셨던 성령의 예를 들면서 자기의 주장을 입증한다(6항 후반부-9항).
2. 그리스도의 육화가 "불가능하며 합당하지 않다"(impossibilem aut inconvenientem)고 하는 마르치온의 주장에 대항하여 떼르뚤리아누스는 제3장에서 불가능

셈이 된다. 너는 아무런 자격도 없이 (그렇게) 하였다. 〔6〕 우리는 이미 다른 저서에서[12] 모든 이단들을 반박하는 규정들에 대해 충분히 다룬 바 있다. 그 저서에 이어 여기서는 그리스도께서 태어나지 않았다고 생각하는 너의 논리를 염두에 두면서 이에 대하여 폭넓게 거론해 보고자 한다.

그리스도의 육화는 하느님에게 불가능한 일이 아니다[1]

〔III,1〕 마음대로 판단할 권리를 가지고 있다고 자처하는 너는 이러한 탄생이 하느님에게 불가능하며 합당하지 않다고[2] 생각할 수밖에 없을 것이다. 그러나 하느님께서 원하시지 않는 것을 제외하고는 그분에게 불가능한 일이란 아무것도 없다. 그러므로 그분이 태어나기를 원하시지 않았는지의 (문제에 대해) 고찰해 보자. 만일 그분이 원하신다면 행하실 수 있으며, 또 실제로 태어나셨기 때문이다. 나는 아주 간략하게 대답해 보겠다.[2] 만일 하느님께서 어떤 이유에서든지 태어나기를 원하시지 않았다고 한다면, 인간의 모습을 빌리지도 않았을 것이다.[3] 그러나 인간이 되신 그분을 보고 있는 사람이 어떻게 그분의 탄생을 부인할 수 있겠는가? 마찬가지로, 만일 그분이 태어나기를 원하시지 않았다고 한다면 어떤 모양으로든지 사람들에게 보여지는 것도 원하지 않았을 것이다. 〔2〕 사실 자기가 되기 싫어하는 것은 무엇이나 이에 관련된 어떠한

성의 문제에 대해, 제4-5장에서는 부당성의 문제에 대해 논박한다.
3. 이 논리는 『마르치온 논박』 1,11,8과 3,8,2 이하에 자세히 서술되어 있다: 실재의 인간으로 태어나시는 것이 하느님께는 더 합당하다는 것이다. 왜냐하면 사람들이 믿는 바를 그대로 확증할 수 있기 때문이다. 그러나 태어나지 않았음에도 태어난 것처럼 나타났다면, 결국 하느님은 자신의 양심을 손상시켜서 얻은 것은 태어난 분이 되지 않기 위한 것밖에는 아무것도 아니기 때문이다.

그리스도의 육신론 95

sit, si cum non sit esse praesumitur. Plane interest illud ut falsum non patiatur quod vere non est. «Sed satis erat illi, inquis, conscientia sua. Viderint homines si natum putabant quia hominem videbant.» 3. Quanto ergo dignius, quo constantius humanam sustinuisset existimationem vere natus, eamdem existimationem etiam non natus subiturus cum injuria conscientiae suae. Quam tu ad fiduciam reputas, ut non natus adversus conscientiam suam natum se existimari sustineret? Quid tanti fuit, edoce, quod sciens Christus quid esset id se quod non erat exhiberet? 4. Non potes dicere: «Ne, si natus fuisset et hominem vere induisset, deus esse desisset, amittens quod erat, dum fit quod non erat.» Periculum enim status sui deo nullum est. «Sed ideo, inquis, nego deum in hominem vere conversum ita ut et nasceretur et carne corporaretur, quia qui sine fine est etiam inconvertibilis sit necesse est. Converti enim in aliud finis est pristini. 5. Non competit ergo conversio ejus cui non competit finis.» Plane, natura convertibilium ea lege est ne permaneant in eo quod

---

4. "하느님의 양심"(conscientiae suae)에 관한 논쟁인데, 마르치온은 하느님의 주관적인 양심을 내세우는 반면, 떼르뚤리아누스는 그분의 주관적인 양심과 함께 객관적인 양심을 강조한다. 즉, 마르치온은 하느님이 태어나지 않았으면 됐지 사람들이 잘못 생각하든 말든 상관없다고 하는 반면, 떼르뚤리아누스는 하느님이 속임수를 써가면서 태어난 것처럼 사람들에게 나타났다고 하는 것은 분명히 잘못된 논리라는 것이다.

5. "말할 수는 없을 것이다"(non potes dicere): ≪ ≫ 안의 말은 마르치온 자신의 말이 아니라, 마르치온이 이렇게 반격할 수도 있으리라고 예상한 떼르뚤리아누스의 말이다. 즉, 떼르뚤리아누스는 예상되는 마르치온의 답변을 미리 언급하여 반격함으로써 그의 말문을 막아버리는 수사학적 방법을 구사하는 것이다.

평판도 배척하게 마련이다. 만일 실제로 있지도 않은 것을 있다고 가정한다면, 그것은 존재 여부에 해당되는 문제가 아니기 때문이다. (하느님은) 실제로 존재하지도 않는 것을 가지고 가식적으로 수난받지 않는다는 것은 자명한 사실이다. 그러나 너는, ≪그분에게는 그분 양심만으로 충분하다. 그런데 사람들은 단지 그분이 인간으로 보였기 때문에 태어나셨다고 생각했을 따름이다≫라고 말한다. 〔3〕그렇다면 그분이 실제로 태어나지 않았는데도 당신 양심을[4] 손상시켜 사람들로 하여금 그렇게 믿게 하는 것보다는 실제로 태어나셔서 사람들의 생각을 더 확실하게 뒷받침해 주는 편이 더 합당하지 않겠는가! 너는 그분이 실제로 태어나지 않았지만 당신 양심을 거슬러가면서 마치 태어난 것으로 사람들이 생각하게 하셨다고 하는데, 그분께 대한 신뢰심에 그 무슨 뻔뻔스런 발상인가! 너는 그리스도께서 사실이 어떠한지 아시면서 실제로 있지도 않은 것을 보여 주셨다고 하는데, 그렇게 하신 이유가 무엇인지 내게 설명해 보아라. 〔4〕이에 대해서 너는, ≪만일 그분이 인성을 실제로 입고 태어나셨다고 한다면, 이전의 신원(身元)을 버리고 전에는 없었던 신원이 되심으로써 하느님이심을 그만두신 것이다≫라고 말할 수는 없을 것이다.[5] 사실 하느님은 당신의 신원에[6] 대해 어떠한 위험도 겪지 않으시기 때문이다. 그런데 너는 이렇게 말한다: ≪이때문에 나는 하느님이 태어나시고 육화하셔서 참 인간으로 변화되셨다는 것을 부인한다. 왜냐하면 무한하신 분은 결코 변화되어서는 안되기 때문이다. 사실 다른 것으로 변화되는 것은 이전의 상태의 끝을 뜻하기 때문이다. 〔5〕그러므로 끝이 적용되지 않는 분에게는 변화도 적용되지 않는 것이다.≫[7] 물론 변화될 수 있는 것들의 본성은 다른 것으로 변화된 것 안에 계속

---

6. "status"(신원)는 "natura"(본성)와 같은 뜻으로 사용되었으며, 여기서는 천주성을 가리킨다. 사실 『마르치온 논박』 1,6,3에서는 "status"를 지존(summo magno)의 천주성(dei statu suo)과 연결시키고 있다: "Non est autem dei desinere de statu suo, id est de summo magno."

convertitur in eis, et ita non permanendo pereant, dum perdunt convertendo quod fuerunt. Sed nihil deo par est; natura ejus ab omnium rerum condicione distat. Si ergo quae a deo distant, a quibus et deus distat, cum convertuntur amittunt quod fuerunt, ubi erit diversitas divinitatis a ceteris rebus nisi ut contrarium obtineat, id est ut deus et in omnia converti possit et qualis est perseverare? 6. Alioquin par erit eorum quae conversa amittunt quod fuerunt, quorum utique deus in omnibus par non est, sic nec in exitu conversionis.

Angelos creatoris conversos in effigiem humanam aliquando legisti et credidisti et tantam corporis veritatem gestasse, ut et pedes eis laverit Abraham et manibus ipsorum ereptus sit Sodomitis Loth, conluctatus quoque homini angelus toto corporis pondere dimitti desideraverit adeo detinebatur. 7. Quod ergo angelis inferioris dei licuit, uti conversi in corpulentiam humanam angeli nihilominus permanerent, hoc tu potentiori deo auferes quasi non valuerit Christus ejus vere hominem indutus deus perseverare? Aut numquid et angeli illi phantasma

---

7. 떼르뚤리아누스는 마르치온의 이 주장을 『헤르모제네스 논박』 12,3과 『영혼론』 21,7에서도 인용하고 있다. 참조: R. Cantalamessa, *La cristologia di Tertulliano*, Friburgo 1962, 73.
8. 참조: 『마르치온 논박』 1,4,2; 『헤르모제네스 논박』 6,1.
9. 참조: 창세 18,4.   10. 참조: 창세 19,10.
11. "무게있는 온전한 육체"(toto corporis pondere)는 인간 육신을 뜻한다. 떼르뚤리아누스는 스토아 철학의 영향을 받아 모든 존재는 물질로 되어 있으며, 천사는 아주 가벼운 물질을 지니고 있어 시간과 공간에 제약을 받지 않는다고 한다.

존재하지 못한다는 법칙은 자명하다. 마찬가지로 계속 존재하지 못하는 것은 사라지게 마련이니, 이전의 존재는 변화로 인해 사라지기 때문이다. 그러나 아무것도 하느님과 같은 존재는 없다.[8] 그분의 본성은 모든 사물이 가지고 있는 조건과는 다르기 때문이다. 모든 사물은 하느님과 다르며 하느님 역시 그것들과 다른데, 그것들은 변화될 때에 이전의 상태를 잃어버리게 된다. 만일 하느님께서 그것들과는 다른 조건, 즉 모든 것으로 변화되실 수 있고 동시에 본래의 상태를 그대로 보존하실 수도 있는 조건을 지니고 있지 않다면 하느님과 다른 사물들 사이에 무슨 차이가 있겠는가? [6] 만일 차이가 없다면, 하느님은 변화됨으로써 이전의 상태를 상실하는 것들과 같은 분이 될 것이다. 그러나 하느님은 어떠한 점에서도 그것들과 같지 않으시며, 변화된 다음에도 그러하다.

너는 창조주의 천사들이 사람의 모습으로 변모되어 실제의 육신을 지니고 행동하였으며, 그래서 아브라함이 천사들의 발을 씻어 주었고[9] 그들의 손을 통해 롯이 소돔 사람들에게서 구출되었다는 이야기[10], 또 무게있는 온전한 육체를[11] 지닌 한 천사가 자기를 붙잡아두려는 사람으로부터 벗어나기 위해 그 사람과 싸웠다는 이야기를[12] 읽고 믿었다. [7] 하위의 신의 천사들이[13] 인간의 육신으로 변화되었음에도 불구하고 온전히 천사로 머물러 있었는데, 하느님의 그리스도가 인간의 육신을 입으셨다고 해서 계속 하느님으로 머물러 계실 수 없다고 한다면, 너는 더 능력있는 신(神)에게[14] 오히려 그러한 능력을 부인하는 셈이 아니냐?

---

12. 참조: 창세 32,27. 야곱이 천사와 다투었고, 이로써 야곱이 이스라엘이라는 이름을 얻게 되었다는 이야기를 말한다.
13. 마르치온에 의하면, 구약의 창조신은 "하위 신"(deus inferior)이며, 구약에 등장하는 천사는 그 하위 신의 천사라는 것이다. 창조신을 하위 신이라 하는 이유는, 창조신이 상위의 신에 대해 무지하며 장소적으로도 상위의 신에 비해 하위의 천국에 있기 때문이라는 것이다. 49-50쪽 참조.
14. "더 능력있는 신"(potentiori deo)은, 마르치온에 의하면 세상에 내려온 그리스도의 아버지, 즉 "신약의 신"이며 "상위 신"을 말한다.

carnis apparuerunt? Sed non audebis hoc dicere. Nam si sic apud te angeli creatoris sicut et Christus, ejus dei erit Christus cujus angeli tales qualis et Christus. 8. Si scripturas opinioni tuae resistentes non de industria alias rejecisses, alias corrupisses, confudisset te in hac specie evangelium Johannis praedicans spiritum columbae corpore delapsum sedisse super dominum. Qui spiritus cum hoc esset, tam vere erat et columba quam et spiritus, nec interfecerat substantiam propriam assumpta substantia extranea. 9. Sed quaeris corpus columbae ubi sit resumpto spiritu in caelum: aeque et angelorum eadem ratione interceptum est qua et editum fuerat. Si vidisses cum de nihilo proferebatur, scisses et cum in nihilum subducebatur. Si non fuit initium visibile, nec finis. Tamen corporis soliditas erat, quoquo momento corpus videbatur. Non potest non fuisse quod scriptum est.

IV. 1. Igitur, si neque ut impossibilem neque ut periculosam deo repudias corporationem, superest ut

---

15. 참조: 요한 1,32-34.
16. "(성서에) 기록된 것은 어느 것이나 참되지 않을 수 없다"라고 번역할 수도 있다.
1. 제3장 1항 첫머리에 제기하였던 문제, 즉 육화가 하느님께 불가능하며 부당한 것이라고 주장하는 마르치온에 대해 떼르뚤리아누스는 제3장에서 "불가능한 일"이 아님을 논증하고 나서, 이 장에서는 "부당한 일"이 아님을 논증한다. 그리스도께서 인간을 구원하실 정도로 사랑하셨기 때문에 육화로 인한 수태와 출산에서 겪게 되는 여러 가지 흉측스러운 일들까지도 개의치 않으셨다(1-4항). 그리고 하느님께서 비록 짐승의 몸을 택하셨다 하더라도 이를 비난할 권리가 우리에게는 없으며, 게다가 하느님은 지혜로운 자들을 부끄럽게 하시기 위해

아니면 그 천사들 역시 육신의 허깨비로 나타났단 말이냐? 그러나 너는 그렇다고 대답하지는 못할 것이다. 사실 너의 주장에 따르면, 창조주의 천사들은 그리스도와 같은 성질에 속하며, 그리스도와 동일한 성질의 천사들이 속해 있는 하느님에게 그리스도 역시 속해 있기 때문이다. [8] 네 생각에 반대된다고 하여 성서들 중에서 어떤 것을 고의적으로 배척하거나 변질시키지 않았더라면, 성령께서 비둘기 형상으로 주님 위에 내려오셨다고 전하는 요한 복음이[15] 바로 이 문제에 있어 너를 부끄럽게 만들었을 것이다. 그런 모습으로 나타나신 성령은 참으로 비둘기였고 동시에 참으로 성령이셨다. 성령께서 다른 실체(實體)를 취하셨다고 해서 본래의 실체를 잃어버린 것은 아니었다. [9] 그러나 너는, "성령이 다시 하늘로 올라간 다음에 비둘기의 몸은 어디로 가버렸는가?"라고 의문을 제기한다. 그것은 천사들의 경우와 마찬가지로, 생겨났던 때와 같은 방법으로 사라진 것이다. 만일 네가 그 몸이 무(無)에서부터 생겨났던 때를 보았더라면 무로 돌아간 때도 알게 되었을 것이다. 시작이 가시적이 아니었다면 마침도 가시적이 아니다. 그러나 그분의 육체가 나타났을 때마다 모두 단단한 육체였다. 따라서 (성서에) 기록된 것은 어느 것이나 존재하지 않을 수 없다.[16]

육화는 하느님께 부당한 일이 아니다[1]

[IV,1] 그러므로 만일 육화(肉化)가[2] 하느님께 불가능하지 않으며, 위험스런 일도 아니기 때문에 네가 이를 부인하지 못한다면, 육화가 그분께

세상 사람들에게 어리석게 보이는 것을 택하셨다는 것이다(5-7항).

2. "corporationem"은 corporari(몸이 되다)의 명사형으로, 그리스도의 "육화"를 의미한다. 참조: R. Cantalamessa, *La Cristologia di Tertulliano* (Paradosis 13: Friburgo, 1962), 66.

quasi indignam reicias et accuses. Ab ipsa quidem exorsus odio habita nativitate, perora, age, jam spurcitias genitalium in utero elementorum, humoris et sanguinis foeda coagula, carnis ex eodem caeno alendae per novem menses. Describe uterum de die insolescentem, gravem, anxium, nec somno tutum, incertum libidinibus fastidii et gulae. Invehere jam et in ipsum mulieris enitentis pudorem, vel pro periculo honorandum vel pro natura religiosum. 2. Horres utique et infantem cum suis impedimentis profusum; utique et ablutum dedignaris, quod pannis dirigitur, quod unctionibus formatur, quod blanditiis deridetur. Hanc venerationem naturae, Marcion, despuis, et quomodo natus es? Odisti nascentem hominem, et quomodo diligis aliquem? Te quidem plane non amasti, cum ab ecclesia et fide Christi recessisti. Sed videris, si tibi displices, aut si aliter es natus. 3. Certe Christus dilexit hominem illum in immunditiis in utero coagulatum, illum per pudenda prolatum, illum per ludibria nutritum. Propter eum descendit, propter eum praedicavit, propter eum omni se humilitate dejecit usque ad mortem, et mortem crucis. Amavit utique quem magno redemit.

---

3. 태아의 생성 과정과 출산에 대한 묘사는 『마르치온 논박』 3,11,7에도 나오지만, 여기의 대목은 수사학적 측면에서 이를 더욱 발전시킨 것이다.

4. 자연에 대한 존경(venerationem naturae): 『영혼론』 27,4 ("natura veneranda est non erubescenda"); 『월계관』 5,4 참조. 자연은 하느님의 작품이기 때문에 존경받고 존중되어야 한다는 확신에서 떼르뚤리아누스는 물질세계를 경멸하는 영지주의적 이단자들을 통렬히 반박한다.

5. 똑같은 반박을 제19장 2항에서도 발렌띠누스에게 하고 있다.

부당한 것이기 때문에 배척하고 비난한다는 문제가 남아 있다. 그러면 네가 혐오하는 그 일반적인 출산 문제부터 거론해 보자. 모태에는 액체와 피로 엉켜 있는 부모의 더러운 물질들이 있고, 태아가 9개월 동안 그 더러운 것을 통해 양육되는 과정을 한 번 설명해 보아라.[3] 또 모태가 날로 망측스럽게 커지고 무거워지고 요동하며 잠자는 동안에도 내내 불편을 주고, 때로는 (왕성한) 식욕과 식욕부진 사이를 오락가락하며 변덕을 부리는 사실을 서술해 보아라. 적어도 산모가 출산시에 겪게 되는 위험 때문에 존경해야 하며, 또 그 본성상 경건하게 대해야 할 터인데, 여인의 그 수치심을 굳이 들추어 보아라. [2] 물론 너는 탯줄과 함께 쏟아져 나온 태아를 더럽다고 혐오할 것이다. 또 태아를 씻겨주고, 기저귀로 감싸주고, 기름을 발라주며, 얼러서 웃게 하는 것 모두를 너는 못마땅하게 여긴다. 마르치온아, 존경해야 할 자연의[4] 이런 것들을 경멸하는 너는 어떻게 태어났느냐? 인간의 출생을 혐오하는 너는 어떻게 다른 사람을 사랑할 수 있겠느냐? 네가 교회에서 또 그리스도께 대한 믿음에서 떠났을 때부터 네 자신을 사랑하지 않게 된 것이 분명하다. 너는 네 자신이 싫어졌든지 아니면 통상적인 방법과는 다른 방법으로 태어났다고 여기고 있는 모양이구나![5] [3] 그러나 그리스도는 모태 안에 더러운 것으로 엉켜 있던 그 인간, 부끄러운 곳을 통해 태어난 그 인간, 우스꽝스러운 행위들을 통해 양육된 그 인간을 사랑하신다는 것이 분명하다. 그분은 인간을 위해 강림하셨고, 인간을 위해 설교하셨으며, 인간을 위해 죽기까지, 아니 십자가에 죽기까지 당신 자신을 내맡기어 온전히 낮추셨다.[6] 그분은 많은 값을 치르고 산 인간을[7] 분명히 사랑하셨다. 그리

---

6. 참조: 필립 2,8.

7. 참조: 1고린 6,20("여러분은 값을 내고 사들인 사람들이기 때문입니다"); 7,23 ("여러분은 값을 내고 사들인 사람들입니다"). 구원의 의미인 "속량"(贖良, redemptio)을 뜻한다. 인간(아담)은 하느님으로부터 받은 자유의지를 잘못 사용하여 악마의 노예가 되었는데, 노예 신분에서 벗어나기 위한 값을 치를 능력

Si Christus creatoris est, suum merito amavit; si ab alio deo est, magis amavit quando alienum redemit. Amavit ergo cum homine etiam nativitatem, etiam carnem ejus. Nihil amari potest sine eo per quod est id quod est. 4. Aut aufer nativitatem et exhibe hominem, adime carnem et praesta quem deus redemit. Si haec sunt homo quem deus redemit, tu haec erubescenda illi facis quae redemit, et indigna quae nisi dilexisset non redemisset? Nativitatem reformat a morte regeneratione caelesti, carnem ab omni vexatione restituit, leprosam emaculat, caecam reluminat, paralyticam redintegrat, daemoniacam expiat, mortuam resuscitat, et nasci in illam erubescit?
  5. Si revera de lupa aut sue aut vacca prodire voluisset et ferae aut pecoris corpore indutus regnum caelorum praedicaret, tua, opinor, illi censura praescriberet: «turpe hoc deo et indignum hoc dei filio, et stultum propterea qui ita credat». Sit plane stultum si de nostro sensu judicemus deum. Sed circumspice, Marcion, si tamen non delesti: *Stulta mundi elegit*

이 없기 때문에 하느님께서 당신 아들의 고귀한 죽음을 통하여 그 값을 대신 치르게 하시어 우리를 속량하셨다는 뜻이다. 『마르치온 논박』 5,7,4-5 참조.

8. 흥미로운 대목이다. 떼르뚤리아누스는 여기서 논쟁적 이유로 적대자인 마르치온의 주장, 즉 지극히 선한 그리스도는 자기와 전혀 상관이 없는 인간을 구원하셨다는 주장을 수용하는 것처럼 말하고 있다. 그러나 이러한 수용은 단지 자신의 논리를 강화하기 위한 방법으로서, 만일 그리스도가 인간에게 자비로운 분이셨다면 인간 육신에게도 자비로웠을 것이고, 따라서 그런 그리스도가 인간 육신을 혐오했다거나 또는 육신을 입기를 원하지 않았다는 논리는 옳지 않다는 점을 역설하기 위한 것이다.

9. 직역하면, "존재하게 하는 것 없이 존재하는 것을 사랑할 수 없다"이다. 이에 대한 설명은 이어서 나오는데, 여기서 "존재하는 것"은 "인간"을 말하고, "존재

스도가 창조주에 속한다면, 당신에게 속한 (인간을) 마땅히 사랑하신다. 그러나 만일 그리스도가 다른 신에게서 왔다면, (당신의 것이 아닌) 다른 인간을 구속하셨다는 점에서 더욱 사랑하신 것이 된다.[8] 그러므로 그분은 인간과 함께 그 탄생과 육신까지도 사랑하셨다. 존재하는 것과, 그것을 존재하게 하는 것을 분리시켜 사랑할 수는 없다.[9] 〔4〕 그렇지 않다면, 탄생을 없애고 나서 인간을 제시해 보아라. 그리고 육신을 제거하고 나서 하느님이 속량하신 인간을 제시해 보아라. 만일 이런 것들이 하느님께서 속량하신 인간에 속한다면, 너는 그분에서 속량하신 것들을 그분께 수치스런 일들로 만들려 하며, 그분이 사랑하시지 않으셨다면 속량하지 않았을 바로 그것들을 그분께 부당한 것들로 만들 작정이냐? 그리스도는 천상 재생을 (우리에게 주시기 위해) 죽음을 탄생으로 변화시키셨고, 온갖 고통에서부터 육신을 치유하셨으니, 즉 나병에 걸린 육신을 깨끗이하셨고, 맹인의 육신에게 빛을 주셨으며, 불구의 육신을 고쳐주셨고, 귀신들린 육신을 해방시키셨고, 죽은 육신을 살리셨다.[10] 그런데도 그분께서 육신 안에 태어나는 것을 부끄러워하셨겠느냐?

〔5〕 만일 그리스도께서 늑대나 돼지나 소에게서 참으로 태어나기를 원하셨고, 또 들짐승이나 길짐승의 몸을 입고 하늘나라에 대해 설교하셨다면, 너는 그분에 대해 이렇게 비난하였을 것이라고 여겨진다: ≪이것은 하느님께 수치스러운 일이고, 이것은 하느님의 아들에게 부당한 일이고, 게다가 그것을 믿는다는 것은 더욱 어리석은 짓이다.≫ 우리 느낌에 따라 하느님을 판단하는 것은 확실히 어리석은 일이다. 그러나 마르치온아, "하느님께서는 지혜로운 자들을 부끄럽게 하시려고 오히려 세상의 어리석은 것들을 택하셨습니다"라고[11] 한 구절을 네가 삭제해 버

하게 하는 것"은 탄생을 말한다. 즉, 인간을 태어나게 하는 탄생을 경멸하면서 어떻게 인간을 사랑할 수 있겠느냐는 반문이다.

10. 참조: 마태 11,5; 이사 35,5-6.   11. 1코린 1,27.

deus ut confundat sapientia. 6. Quaenam haec stulta sunt? Conversio hominum ad culturam veri dei, rejectio erroris, disciplina justitiae, pudicitiae, misericordiae, patientiae, innocentiae omnis? Haec quidem stulta non sunt. Quaere ergo de quibus dixerit; et si praesumpseris invenisse, num erit tam stultum quam credere in deum natum, et quidem ex virgine, et quidem carneum, qui per illas naturae contumelias volutatus sit? 7. Dicat haec aliquis stulta non esse, et alia sint quae deus in aemulationem elegerit sapientiae saecularis? Et tamen apud illam facilius creditur Juppiter taurus factus aut cycnus quam vere homo Christus penes Marcionem.

V. 1. Sunt plane et alia tam stulta quae pertinent ad contumelias et passiones dei. Aut prudentiam dicant deum crucifixum. Aufer hoc quoque, Marcion, immo

---

12. 『마르치온 논박』 5,5,9에 의하면, 마르치온의 신약성서에 이 성서 구절(1고린 1,27)이 들어 있다. 여기서 떼르뚤리아누스는 마르치온이 선별하여 삭제하지 않고 남겨둔 성서 구절을 인용하면서 그를 반박하고 있다. 즉, "삭제해 버리지 않았는지 살펴보아라"는 표현은, 혹시 실수로 삭제하지 않고 그냥 남겨두었느냐고 비웃는 것이다.
13. "주피터"는 희랍의 제우스 신을 말하며, 여기서 떼르뚤리아누스는 마르치온 이단이 희랍의 이교적 미신보다 더 어리석은 것임을 지적하고 있다. 『호교론』 21, 8 참조.

리지 않았는지 살펴보아라.¹² 〔6〕 여기서 "어리석은 것들"이란 무엇을 뜻하는가? 그것은 참된 하느님께 드리는 예배에로 사람들을 돌아오게 하고, 오류를 배격하고, 모든 점에 있어서 정의와 순결과 자비와 인내를 가르치는 것이 아니겠느냐? 이것들은 결코 어리석은 것들이 아니다. 그러므로 (사도께서) 무슨 뜻에서 그렇게 말씀하셨는지 살펴보아라. 네가 그 의미를 찾았다고 자신하면, 하느님께서 태어나셨다는 사실, 더 나아가 동정녀에게서 육신을 취하시고 자연의 수치스러운 것들과 융합되신 하느님을 믿는 것이 그처럼 어리석은 일이란 말이냐? 〔7〕 누가 이런 것들을 어리석은 것이 아니라고 주장할 수 있으며, 그리고 하느님께서 세상의 지혜를 대적하기 위해 택하신 것들이 이와는 다른 것들이라고 주장하겠느냐? 그런데 마르치온 편에서는, 세상의 지혜에 따라 주피터가 소나 백조가 되었다고 믿는 것이 그리스도께서 참으로 사람이 되셨음을 믿는 것보다 더 쉬운 일인 모양이다.¹³

육화의 어리석음을 능가하는
십자가의 어리석음¹

〔V,1〕 하느님이 당하신 수난과 모욕들에 속하는 또 다른 형태의 어리석음도 분명히 있다. 그렇지 않다면 하느님께서 십자가에 못박히신 것을 지혜로운 일이라고 말해야 할 것이다. 그러니 마르치온아, 이것 역시,

---

1. 마르치온이 주장하는 그리스도의 육화의 부당성 문제를 제4장부터 논박하면서, 떼르뚤리아누스는 이 장에서 수준 높은 신학을 개진한다. 먼저 논리적인 측면에서, 그리스도의 육신을 부인하는 마르치온은 그의 신약성서에서 그리스도의 수난과 부활에 관한 대목 모두를 삭제했어야 했다는 것이다. 그러나 그리스도교의 신앙은 십자가의 어리석음을 확실히 믿는 데에 기초한다고 강변한다(1-4항). 그리고 온갖 거짓에 근거한 가현설로 그리스도를 갈라놓을 수 없고, 오히려 그리스도는 참 하느님이며 참 인간이시라는 사실을 역설한다(5-9항).

hoc potius. Quid enim indignius deo, quid magis erubescendum, nasci an mori? Carnem gestare an crucem? Circumcidi an suffigi? Educari an sepeliri? In praesepe deponi an in monimento recondi? Sapientior eris si nec ista credideris. Sed non eris sapiens nisi stultus in saeculo fueris dei stulta credendo. 2. An ideo passiones a Christo non rescidisti, quia ut phantasma vacabat a sensu earum? Diximus retro aeque illum et nativitatis et infantiae imaginariae vacua ludibria subire potuisse. Sed jam hic responde, interfector veritatis, nonne vere crucifixus est deus? Nonne vere mortuus ut vere crucifixus? Nonne vere suscitatus ut vere scilicet mortuus? 3. Falso statuit inter nos scire Paulus tantum Jesum crucifixum, falso sepultum ingessit, falso resuscitatum inculcavit? Falsa est igitur et fides nostra, et phantasma erit totum quod speramus a Christo. Scelestissime hominum, qui interemptores excusas dei! Nihil enim ab eis passus est Christus si nihil vere est passus. Parce unicae spei totius orbis. Quid destruis necessa-

---

2. 마르치온은 그리스도의 육화가 부당한 것이라고 하여 그의 복음서에서 탄생 부분을 모두 삭제하였다. 그런데 그리스도께서 그런 육신을 가지고 수난받으시고 죽으신 것이 육신을 입으신 탄생보다 더 수치스럽고 부당한 일인데도 불구하고, 마르치온이 그리스도의 탄생 부분만 삭제하고 수난과 죽음에 관한 부분을 남겨둔 것은 논리적으로 맞지 않다는 뜻이다. "이것 역시", "특별히 이것을", 즉 수난 부분을 먼저 삭제했어야 했다는 것이다. 이와 비슷한 내용은 오리게네스, 『에제키엘서에 관한 강론』 1,4에도 나온다.

3. 아래 열거된 일련의 대립되는 표현들은 『마르치온 논박』 3,11,7에도 나온다.

4. 앞의 제1장 4항에 나오는 "그런데 (마르치온은) 그리스도 안에 어떤 가상적인 육신을 끌어들이기 위해서 그분의 탄생이 하나의 환상에 불과하였다고 조작할 수밖에 없었다"는 대목을 말한다.

(아니) 특별히 이것을 삭제하여라.² 어느 쪽이 하느님에게 더 부당한 것이며 그분에게 더 수치스런 일인지 가려 보아라:³ 그분의 탄생이냐 아니면 죽음이냐? 육신을 입은 것이냐 아니면 십자가를 지신 것이냐? 할례를 받으신 것이냐 아니면 십자가에 못박히신 것이냐? 양육되신 것이냐 아니면 묻히신 것이냐? 구유에 눕히신 것이냐 아니면 무덤에 안장되신 것이냐? 이런 것들을 아예 믿으려 하지 않으면, 너는 더욱 지혜로운 자가 되겠지. 그렇지만 네가 하느님의 어리석음을 믿음으로써 세상에 대해 어리석은 사람이 되지 않고서는 지혜로운 사람이 되지는 못할 것이다. 〔2〕 유령으로서는 고통을 느낄 감각이 없게 마련인데, 너는 어찌하여 그리스도에게서 수난을 제거하지 않았느냐? 그분은 (당신의) 탄생과 유년기가 허상에 불과하다고 하는 근거없는 조롱을 참아받으실 수 있었다고 우리는 이미 앞에서⁴ 말한 바 있다. 진리의 파괴자야, 한번 대답해 보아라: 주께서 참으로 십자가에 못박히지 않으셨단 말이냐? 그분이 참으로 못박히셨는데도 참으로⁵ 죽지 않으셨단 말이냐? 그분이 참으로 죽으셨는데도 참으로 부활하지 않으셨단 말이냐? 〔3〕 바울로가 부활하신 예수 외에는 아는 바가 없다고⁶ 우리에게 선포한 것이 거짓이며, 그분이 묻히셨다고⁷ 한 것도 거짓이고, 그분이 부활하셨다고 설파한 것도⁸ 거짓이란 말이냐? 그렇다면 우리의 믿음도 헛된 것이고, 우리가 그리스도께 바라는 모든 것도 환상에 불과한 것이 된다. 하느님을 죽인 자들을 변호하는 너는⁹ 사람들 중에 가장 흉악한 자이다! 왜냐하면 만일 그리스도께서 실제로 아무런 수난도 받지 않았다고 한다면, 그들로부터 아무런 고통도 받지 않은 셈이 되기 때문이다. 온 세상의 유일한 희망을 보존

---

5. "참으로"(vere)라는 표현이 계속해서 나오는데, 이것은 마르치온의 가현설을 강조해서 반박하기 위한 것이다. 참조: 1고린 15,4-17.
6. 참조: 1고린 2,2.　　7. 참조: 1고린 15,4.　　8. 참조: 1고린 15,16-19.
9. "하느님을 죽인 자들을 변호하는 너는": 마르치온의 가현설에 의하면, 그리스도 (= 하느님)의 육신은 허상에 불과하므로 그리스도는 실제로 죽은 것이 아니다.

rium dedecus fidei? Quodcumque deo indignum est mihi expedit. Salvus sum si non confundar de domino meo. *Qui me,* inquit, *confusus fuerit, confundar et ego ejus.* 4. Alias non invenio materias confusionis quae me per contemptum ruboris probent bene impudentem et feliciter stultum. Crucifixus est dei filius; non pudet quia pudendum est. Et mortuus est dei filius; credibile est quia ineptum est. Et sepultus resurrexit; certum est quia impossibile.

5. Sed haec quomodo vera in illo erunt, si ipse non fuit verus, si non vere habuit in se quod figeretur, quod moreretur, quod sepeliretur et resuscitaretur, carnem scilicet hanc sanguine suffusam, ossibus structam, nervis intextam, venis implexam? Quae nasci et mori novit, humana sine dubio ut nata de homine ideoque mortalis, haec erit in Christo *homo* et *filius hominis.* 6. Aut cur homo Christus et hominis filius si nihil hominis et nihil ex homine? Nisi si aut aliud est homo quam caro, aut aliunde caro

---

따라서 그리스도를 십자가에 못박은 자들은 그분을 죽인 것이 아닌 셈이다. 이에 대해 떼르뚤리아누스는, 그리스도의 죽음을 통해 인류가 속량되었다는 그리스도교의 핵심적 가르침을 부인하는 마르치온은 가장 흉악한 진리의 파괴자이며, 동시에 그리스도를 죽인 자들의 탓을 면해 주는 자임을 웅변적으로 강조한다. 이 표현은 제2항의 "진리의 파괴자야"(interfector veritatis)와 상통한다.

10. 루가 9,26: 마태 10,33: 마르 8,38.
11. 이 대목은, 그리스도의 십자가가 세상 사람들에게 수치요 어리석음이요 걸려넘어짐이 되지만 하느님은 이를 통해 세상을 구원하셨다고 하는 1고린 1,18-31을 기초로 하고 있다.
12. "credibile est quia ineptum est": 중세 철학자들은 이 구절을 "Credo quia absurdum"(어리석은 일이기 때문에 나는 믿는다)으로 변형시켜, 떼르뚤리아누스가 마치 이성과 신앙 사이, 철학과 신학 사이를 대립시키는 대표적인 인물인

하여라. 왜 너는 신앙에 필수적인 이 수치를 없애려 하느냐? (네가) 하느님께 부당한 것이라고 하는 것은 모두 다 나에게는 유익한 것이다. 내 주님께 대해 어떤 것도 부끄러워하지 않으면 나는 구원받게 된다. 그분께서 "나를 부끄럽게 여기는 자는 나도 그를 부끄럽게 여길 것이다"라고[10] 말씀하셨기 때문이다. 〔4〕 내가 수치에 개의치 않을 때, 미련함이 내게는 선이 되고, 어리석음이 내게는 행복이 된다는 사실을 입증해 보이는 것말고는 부끄러워할 것이 내게는 달리 없다.[11] 하느님의 아들이 십자가에 못박히셨다는 사실은 부끄러워할 일이기 때문에 나는 그것을 부끄럽게 여기지 않는다. 하느님의 아들이 죽으셨다는 사실은 어리석은 일이기 때문에 믿을 만한 것이다.[12] 묻히신 분이 부활하셨다는 사실은 불가능한 일이기 때문에 확실한 것이다.

〔5〕 만일 그리스도께서 실제로 계시지 않았다면, 또 그분이 못박히시고 죽으시고 묻히시고 부활하신 몸, 즉 피를 흘리시고 뼈들로 골격을 이루고 신경들로 엮어져 있고 혈관들로 얽혀져 있는 육신을 지니고 계시지 않았다면, 어떻게 이런 일들이 그분 안에서 실제로 일어났겠느냐? 탄생과 죽음을 맛본 그분의 육신은 의심없이 인간의 육신이며, 인간에게서 태어났기 때문에 죽을 육신이었다. 그리스도는 이 육신으로 말미암아 "사람"이 되시고 "사람의 아들"이 되시는 것이다. 〔6〕 만일 그리스도께서 사람에 속한 것, 사람으로부터 오는 것을 하나도 지니고 있지 않았다고 한다면, 그분이 어떻게 사람이 되며 사람의 아들이 되겠느냐? 그렇지 않다면 그 사람은 육신과는 다른 것이었거나, 그 사람의 육신은

양 부각시켰다. 그러나 이 구절을 문맥에서 분리시켜 따로 볼 때에는 떼르뚤리아누스의 본래의 의도를 충분히 이해하지 못한다. 그는 제4장 5항에 인용한 1고린 1,27("하느님께서는 지혜로운 자들을 부끄럽게 하시려고 세상의 어리석은 것들을 택하셨습니다")과 제5장 3항에 인용한 루가 9,26("나를 부끄럽게 여기는 자는 나도 그를 부끄럽게 여길 것이다")의 말씀을 토대로, 인류 구원을 위해 행하신 하느님의 놀라운 사랑과 업적이 인간의 이성을 초월하는 것임을 역설적으로 강조한 것이다.

hominis quam ex homine, aut aliud Maria quam homo, aut homo deus Marcionis. Aliter non diceretur homo Christus sine carne nec hominis filius sine aliquo parente homine, sicut nec deus sine spiritu dei nec dei filius sine deo patre. 7. Ita utriusque substantiae census hominem et deum exhibuit, hinc natum, inde non natum, hinc carneum, inde spiritalem, hinc infirmum, inde praefortem, hinc morientem, inde viventem. Quae proprietas condicionum, divinae et humanae, aequa utique naturae cujusque veritate dispuncta est, eadem fide et spiritus et carnis: virtutes spiritus dei deum, passiones carnem hominis probaverunt. 8. Si virtutes non sine spiritu, perinde et passiones non sine carne. Si caro cum passionibus ficta, et spiritus ergo cum virtutibus falsus. Quid dimidias mendacio Christum? Totus veritas fuit. 9. Maluit, crede, nasci quam ex aliqua parte mentiri – et quidem in semetipsum – ut carnem gestaret sine ossibus duram, sine musculis solidam, sine sanguine cruentam, sine tunica vestitam, sine fame esurientem, sine dentibus edentem, sine lingua loquentem, ut phantasma auribus fuerit sermo ejus per imaginem vocis. Fuit

---

13. "두 개의 본체"(utriusque substantiae)는 그리스도 안의 신성과 인성을 말한다.
14. 그리스도 안에 있는 신성과 인성이 구별되면서도 공존한다는 사실을 말하는 대목이다. 여기서 "영"(spiritus)은 신성을, "육신"(caro)은 인성을 말한다. 후기 그리스도론에서 논란이 되는 그리스도의 인성 안에 "영혼"(anima)과 "육신"(caro)이 있다는 점이 여기서는 거론되어 있지 않다.
15. 아래에 열거되어 있는 예들은, 마르치온이 주장하는 가현설의 허구성을 지적하는 것들이다.

사람 외에 다른 것에서 왔거나, 마리아는 사람이 아닌 다른 존재였거나, 아니면 마르치온의 신이 사람이었을 것이다. 마치 하느님의 영을 지니지 않은 하느님이 계시지 않고, 하느님 아버지 없는 하느님의 아들이 없듯이, 그리스도 역시 육신 없이는 사람으로 불리지 못하며, 인간의 부모 없이는 사람의 아들로 불리지 못한다. 〔7〕 이처럼 두 개의 본체의[13] 기원은 그분이 사람이며 동시에 하느님이시라는 것을 입증해 준다: 한편으로 태어나셨으나 다른 편으로는 태어나지 않으셨고, 한편으로는 육적인 존재이나 다른 편으로는 영적인 존재이며, 한편으로는 연약하시나 다른 편으로는 전능하시며, 한편으로는 죽을 존재이나 다른 편으로는 생명의 존재이시다. 두 가지 조건, 즉 신적인 것과 인간적인 것의 이러한 특성은 각 본성이 동등하게 실재한다는 (사실을) 통해, 그리고 (그분 안에 있는) 영과 육신의 같은 진실을 통해 구별된다.[14] 하느님의 영에서 오는 기적들은 그분이 하느님이심을 입증하며, 수난들은 그분의 인간 육신을 입증하였다. 〔8〕 영이 없는 기적들이 없듯이, 마찬가지로 육신 없는 수난도 없는 것이다. 육신이 그 수난과 함께 허구적인 것이라 한다면, 영 역시 그 기적들과 함께 거짓된 것이 된다. 너는 왜 그리스도를 거짓으로 갈라놓느냐? 그분 안에는 모든 것이 진실하였다. 〔9〕 그분은 어떤 점에 있어서도, 특히 당신 자신에 대해 속이기보다는 오히려 태어나기를 더 원하셨다는 사실을 믿어라.[15] 즉, 그분은 뼈 없이도 굳건한 육신을, 근육 없이도 단단한 육신을, 피 없이도 살아 있는 육신을, 피부 없이도 옷을 입는 육신을[16], 배고픔 없이도 먹는 육신을, 치아 없이도 씹어 먹는 육신을 가지지 않으셨고, 또 혀 없이도 말함으로써 (사람의) 목소리를 흉내내어 사람들의 귀에 당신의 말씀을 들리게

---

16. "sine tunica vestitam": 직역하면, "속옷 없이도 옷을 입은 (육신)"인데, 여기서 "tunica"(속옷)는 『발렌띠누스 논박』 24,3에서 말하고 있듯이, 사람의 피부를 "속옷"으로 상징화한 것이다. 따라서 우리는 "피부 없이도 옷을 입은"으로 번역하였다.

itaque phantasma etiam post resurrectionem cum manus et pedes suos discipulis inspiciendos offert: *Aspicite,* dicens, *quod ego sum, quia spiritus ossa non habet sicut me habentem videtis.* 10. Sine dubio manus et pedes et ossa quae spiritus non habet sed caro. Quomodo hanc vocem interpretaris, Marcion, qui a deo simplici et bono et optimo tantum infers Jesum? Ecce fallit et decipit et circumvenit omnium oculos, omnium sensus, omnium accessus et contactus. Ergo jam Christum non de caelo deferre debueras sed de aliquo circulatorio coetu, nec deum praeter hominem sed magum hominem, nec salutis pontificem sed spectaculi artificem, nec mortuorum resuscitatorem sed vivorum avocatorem. Nisi quod et si magus fuit natus est.

하는 그런 속임수의 육신을 가지지 않으셨다. 그렇다면 부활하신 후에 그분께서 제자들에게 당신 손과 발을 보이시면서 "보아라, 바로 나다. 영은 뼈가 없지만 보는 바와같이 나에게는 있지 않으냐?"고[17] 말씀하셨는데, 이 경우도 유령이[18] 되는 것이다. 〔10〕 영은 손과 발과 뼈들을 가지고 있지 않지만, 육신은 그것들을 분명히 지니고 있다. 마르치온아, 예수께서 단순하고 선하시며 매우 좋기만 하신 하느님으로부터[19] 오신 분이라고 생각하는 너는 이 (성서) 말씀을 어떻게 설명하겠느냐? 보라, 그가 모든 이의 눈, 모든 이의 감각, 모든 이의 접근, 모든 이의 접촉을 속이고 기만하면서 혼란에 빠뜨리고 있다. 그러므로 너는 너의 그리스도를 하늘에서 내려보내지 말고 차라리 요술사 집단에 끼워 넣었어야 했다. 그리고 인성(人性)이 없는 신이 아니라 차라리 인성을 지닌 마술사로, 구원을 이루는 대사제가 아니라 차라리 구경거리를 만들어 내는 (광대로), 죽은 이들을 부활시키는 분이 아니라 차라리 산 이들을 현혹하는 자로 만들었어야 했다. 그가 비록 마술사라 하더라도 태어나기만 했더라면 좋았을 것을!

---

17. 루가 24,39.

18. 부활하신 예수께서 제자들에게 당신이 유령이 아님을 증명하기 위해 손과 발을 제자들에게 보여 주셨다(루가 24,39). 마르치온은 4복음서 중에 루가 복음서만을 인정하는데, 떼르뚤리아누스는 그리스도의 육신이 한낱 유령에 불과하다는 마르치온의 가현설에 대항하여 그가 인정하는 루가 복음서의 구절을 인용함으로써 그 모순성을 공박하고 있는 것이다.

19. 마르치온에 의하면, "선한 하느님"(**Deus bonus**)은 구약의 창조신에 대립되는 신약의 "구원의 신"을 말한다.

VI. 1. Sed quidam jam discentes Pontici illius, supra magistrum sapere compulsi, concedunt Christo carnis veritatem sine praejudicio tamen renuendae nativitatis. «Habuerit, inquiunt, carnem dum omnino non natam.» Pervenimus igitur de calcaria, quod dici solet, in carbonariam, a Marcione ad Apellen, qui posteaquam a disciplina Marcionis in mulierem carne lapsus, dehinc in virginem Philumenen spiritu eversus est, solidum Christi corpus sed sine nativitate suscepit ab ea praedicare. 2. Et angelo quidem illi Philumenes eadem voce apostolus respondebit qua ipsum illum jam tunc praecinebat dicens: *Etiam si angelus de caelis aliter evangelizaverit vobis quam nos evangelizavimus, anathema sit.* His vero quae

---

1. 제6장부터 9장까지는, "그리스도의 육신이 어디서 왔는가"(unde est)에 대한 문제를 거론하는데 주로 아펠레의 이단을 논박한다. 논박을 시작하기에 앞서 떼르뚤리아누스는 아펠레와, 그의 정부(情婦)이며 충동자였던 필루메네의 주장을 요약한다(1-3항 전반부). 그 다음 구약성서를 부인하는 아펠레가 구약성서에 인간의 모습으로 나타난 천사들의 예를 들어 그리스도의 육신이 별에서 온 것으로 입증하려는 데 대해 법적 측면에서 그 부당성을 지적한 다음(3항 후반부-4항), 이에 대한 논리적이며 신학적인 논박을 한다(5-13항).
2. "본도 사람"은 마르치온을 말하는데, 그는 혹해 연안의 본도 출신이었다(참조: 『마르치온 논박』 1,3-4; 2,1). 그리고 아펠레는 마르치온의 제자였다.
3. 루가 6,40("제자가 스승보다 높지 않습니다. 그러나 누구든지 다 배우고 나면 제 스승처럼 될 것입니다")을 암시하는데, 마르치온의 제자였던 아펠레가 스승으로부터 분리되어 독자적인 교단을 만들어 스승과 경쟁하였다. 이에 대해서는

아펠레 논박:
그리스도의 육신과 천사들의 육신[1]

[VI,1] 그런데 그 본도 사람의[2] 몇몇 제자들은 스승보다 더 지혜롭게 되려는 욕심에서[3] 편견 없이 그리스도에게 육신의 실재(實在)를 인정하지만 그분의 탄생은 거부하면서, ≪그분은 육신을 가지고 있기는 하되 결코 태어나지 않은 육신을 가지고 있다≫라고 주장한다. 따라서 우리는, 말하자면 석회 더미에서 빠져나와 석탄 더미에로[4], 즉 마르치온에서 빠져나와 아펠레에 이르게 된 셈이다. 이 아펠레라는 인물은 마르치온의 가르침에서 떨어져 나와 어떤 여자와 육체적으로 죄를 짓고, 그 다음 필루메네라는 처녀한테 다시 정신이 팔렸는데[5], 그 여인의 영향을 받아 그리스도는 태어남 없이도 단단한 육체를[6] 지니고 있다고 설교하기 시작하였다. [2] 사도께서는 생전에 이런 자를 이미 예견하시고 말씀하셨는데, 같은 말씀을 통해 필루메네의 천사에게도 이렇게 대답하실 것이다: "하늘에서 온 천사라 할지라도 우리가 여러분에게 전한 것과 다른 복음을 전한다면 응당 저주를 받아야 합니다."[7] 그러면 위에서 언급한 그들

---

1. 『마르치온 논박』 3,11,1-2; 4,17,11에 자세히 언급되어 있다.
4. 석회 더미와 석탄 더미는 별로 큰 차이가 없으며, 여기서는 단지 문제의 초점만 바뀌었다는 뜻이다. 사실 마르치온은 그리스도의 육신을 부인하기 때문에 그분의 탄생 자체를 부인하는 반면, 아펠레는 그리스도의 탄생을 인정하지만 그분의 육신이 우리와는 전혀 다른 육신이라고 주장한다. 따라서 두 이단자들은 모두 인간 육신의 구원을 배제한다는 점에서 일치한다.
5. 아펠레와 필루메네의 관계는 『이단자 규정론』 30,6에 상세히 언급되어 있다. 필루메네는 천사의 계시를 받아 "에네르게마"를 썼다고 하는데, 아펠레는 필루메네로부터 많은 영향을 받아 자기 설을 정립하였다. 60쪽 참조.
6. "단단한 육체"(solidum corpus)는, 가현설과는 달리, 손으로 감지할 수 있는 실재의 육체라는 뜻이다.
7. 갈라 1,8. 떼르뚤리아누스는 이 성서 구절을 필루메네가 천사로부터 받았다고

insuper argumentantur, nos resistemus. 3. Confitentur vere corpus habuisse Christum. Unde materia si non ex ea qualitate in quia videbatur? Unde corpus si non caro corpus? Unde caro si non nata? Quia nasci haberet ea futura quae nascitur. «De sideribus, inquiunt, et substantiis superioris mundi mutuatus est carnem.»

Et utique proponunt non esse mirandum corpus sine nativitate, cum et apud nos angelis licuerit nulla uteri opera in carne processisse. 4. Agnoscimus quidem ita relatum, sed tamen quale est ut alterius regulae fides ab ea fide quam impugnat instrumentum argumentationibus suis mutuetur? Quid illi cum Moyse, quae deum Moysi reicit? Si alius deus est, aliter sint res ejus. Sed utantur haeretici omnes scripturis ejus cujus utuntur etiam mundo: erit illis hoc quoque in testimonium judicii, quod de exemplis ipsius blasphemias suas instruunt. Facile est veritati etiam nihil tale adversus eos praescribenti obtinere.

하는 예언을 단죄하기 위해 세 번 인용하였다: 『그리스도의 육신론』 6,2; 24,2; 『이단자 규정론』 6,5.

8. 아펠레의 학설은 『마르치온 논박』 3,9,6-7에 제시되어 있다. "빌려왔다" (mutuatus)는 말은 순전히 풍자적인 표현이 아니다. 아펠레에 의하면, 그리스도께서 입은 육신은 별에서 온 육신으로서 단지 사람들에게 나타나기 위해 보조적인 수단에 불과할 뿐 그분에게 본질적인 요소가 아니라는 것이다. 그래서 그분이 구원행업을 마치고 승천할 때 별들에게 그 육신을 되돌려주었다고 한다. 다시 말해 그리스도는 임시로 빌려왔던 육신을 본래의 임자에게 되돌려준 셈이 되는 것이다.

9. 창세 19,1 이하에 나오는 세 천사가 아브라함에게 나타난 일화를 말한다.

10. 여기에 떼르뚤리아누스의 "신앙의 규범"(regula fidei)의 원칙이 엿보인다: 이단자들은 "신앙의 규범"인 성서를 인용할 자격이 없다는 것이다. 왜냐하면 우리는

의 주장에 대해 논박해 보자. 〔3〕 그들은 그리스도께서 육신을 참으로 지니셨다는 것을 인정한다. 그런데 그분의 육신이 사람들에게 보여진 것과 같은 성질의 육신이 아니었다면 그 소재(素材)는 어디서 왔단 말인가? 그분의 몸이 참 육신이 아니었다면 그 몸은 어디서 왔단 말인가? 태어난 육신이 아니었다면 그 육신은 어디서 왔단 말인가? 태어난 존재가 되려면 실제로 태어나야 하기 때문이다. 그러나 그들은, ≪그분께서 별들과 상위 세계의 실체에서부터 육신을 빌려왔다≫고[8] 주장한다.

더 나아가 그들은 태어나지 않은 몸에 대해 놀랄 필요가 없다고 하는데, 그것은 우리 측에서도 천사들이 모태의 어떠한 작용도 거치지 않은 육신을 입고 활동하셨다고[9] (가르치고 있기) 때문이라는 것이다. 〔4〕 우리는 이에 관련된 (성서의) 증언들을 알고 있다. 그러나 (우리와는) 다른 규범의 (토대 위에 세운) 신앙이 논쟁의 (상대방인) 다른 신앙으로부터 자기 주장을 입증하기 위해 도구들을 빌려다 쓰는 것이 될 법한 일인가?[10] 모세의 하느님을[11] 배격하면서 모세와 더불어 무엇을 하겠단 말인가? 만일 (그들이 말하는 신이) 다른 신이라고 한다면, 그 신에 속한 일들도 달라야 할 것이다. 그런데도 이단자들은 모두 하느님의 성서를[12] 이용하고 그분이 만드신 세상도 이용하고 있다. 하느님께서 (행하신) 실례(實例)들을 가지고 그분께 대한 모독을 가르친다는 사실은 그들이 단죄받아야 한다는 것을 입증한다. 그런 규정 없이라도 진리가 그들을 제압하는 것은 쉬운 일이다.[13]

구약의 하느님과 구약성서를 믿고 있기 때문에 구약성서를 인용할 자격이 있지만, 이단자들은 이를 모두 부인하고 배척하고 있기 때문에 그 배척한 구약성서를 가지고 자기들의 주장을 입증하려는 것 자체가 모순이라는 것이다. 『마르치온 논박』 3,15,3; 4,6,4 참조.

11. "모세의 하느님"은 구약의 하느님을 말하며, 아펠레는 구약성서 자체를 부인한다.
12. 여기서 "하느님의 성서"는, 이단자들이 특별히 배척하는 구약성서를 말한다. 참조: 『마르치온 논박』 1,14,3.
13. 여기서 "규정"(praescribenti)은 법적 원칙을 말한다. 떼르뚤리아누스는 이 "규

5. Igitur qui carnem Christi ad exemplum proponunt angelorum non natam dicentes, licet carnem, comparent velim et causas tam Christi quam et angelorum ob quas in carne processerint. Nullus umquam angelus ideo descendit ut crucifigeretur, ut mortem experiretur, ut a morte suscitaretur. Si numquam ejusmodi fuit causa angelorum corporandorum, habes causam cur non nascendo acceperint carnem: non venerant mori ideo nec nasci. 6. At vero Christus mori missus, nasci quoque necessario habuit ut mori posset; non enim mori solet nisi quod nascitur. Mutuum debitum est nativitati cum mortalitate. Forma moriendi causa nascendi est. 7. Si propter id quod moritur mortuus est Christus, id autem moritur quod et nascitur, consequens erat, immo praecedens, ut aeque nasceretur propter id quod nascitur, quia propter idipsum mori habebat quod, quia nascitur, moritur. Non competebat non nasci pro quo mori competebat. Atquin tunc quoque inter angelos illos ipse dominus apparuit Abrahae, sine nativitate, cum carne, scilicet pro eadem causae diversitate. 8. Sed vos hoc non recipitis, non eum Christum recipientes, qui jam tunc et alloqui et liberare et judicare humanum genus ediscebat in carnis

---

정"적 논박을 한 다음 "진리"(veritati), 즉 사실에 입각한 예들을 통해 논리적인 논박을 개진할 것을 예고하고 있다.

14. 그리스도 육화의 근본적인 이유를 설명하고 있다. 그분의 육화는 죽을 육신을 입기 위함이며, 그분의 죽음을 통해 우리를 속량하셨고, 그분의 부활을 통해 우리에게 영원한 생명을 주셨다는 빠스카의 신비가 모두 육화에 기초를 두고 있기 때문이다. 이 대목은 이레네우스의 『사도적 가르침의 증명』 38-39를 거의

[5] 그러므로 그리스도의 육신이 육신이긴 하지만 태어나지 않은 육신이라고 주장하는 자들에게, 천사들의 예를 들어서 그리스도께서 육신 안에 나타나신 동기와 천사들의 동기 사이를 비교해 보라고 권하고 싶다. 어떤 천사도 십자가에 못박히기 위해, 죽음을 맛보기 위해, 죽음에서 부활하기 위해 (하늘에서) 내려오지는 않았다. 천사들이 육체를 지니게 된 동기가 결코 그러하지 않다면, 그들이 태어나지 않고서도 육신을 지니게 된 이유가 바로 여기에 있는 것이다. 즉, 그들은 죽으러 오지 않았기 때문에 태어나지도 않은 것이다. [6] 그러나 죽으시기 위해 보냄을 받은 그리스도는 죽을 수 있기 위해서 태어나실 필요가 있었다.[14] 일반적으로 태어난 존재만이 죽을 수 있기 때문이다. 따라서 탄생과 죽음은 서로 필연관계에 있다.[15] 사실 죽어야 하는 법칙은 태어났다는 이유에서 나온다. [7] 만일 그리스도께서 죽어야 할 이유가 있었기 때문에 죽으셨고, 또 죽을 것은 태어난 것이어야 한다면, 같은 논리에서, 그리스도께서 태어나신 것은 태어나셨기 때문에 죽어야 한다는 그 이유로 인하여 죽기 위해 태어나셨다는 결론이 나온다. 따라서 (그리스도께서) 죽으시기에 적합한 육신으로 태어나지 않았다고 하는 것은 옳지 않다. 주님 친히 그 천사들 중에 (한 분으로) 육신을 지니고 아브라함에게 나타나셨을 때[16], 그분의 육신이 태어난 육신이 아니었던 이유는 그 동기가 달랐기 때문이다. [8] 그러나 너희는 이 점을 인정하지 않는데, 그리스도께서 이미 그 당시에 육신을 입고 나타나셔서 (사람들에게) 말을 걸고 (그들을) 해방시키시고 판단하셨다는[17] 사실을 인정하지 않기 때문

글자대로 인용한 것이다.
15. 직역하면, "탄생은 죽음에 대해 서로 부채(負債)를 지고 있다"이다.
16. 참조: 창세 18,1. 아브라함에게 세 명의 천사가 나타났다고 하는데, 떼르뚤리아누스는 여기서 세 천사들 중에 한 분이 그리스도였다고 한다. 한편 교회의 일반적인 전통은 성삼위께서 세 천사의 모습으로 나타났다고 해설한다.
17. 참조: 창세 18,5.20; 19,16.24.

habitu, non natae adhuc quia nondum moriturae nisi prius et nativitas ejus et mortalitas annuntiarentur. Igitur probent angelos illos carnem de sideribus concepisse. 9. Si non probant quia nec scriptum est, nec Christi caro inde erit cui angelorum accommodant exemplum. Constat angelos carnem non propriam gestasse, utpote natura substantiae spiritalis – etsi corporis alicujus, sui tamen generis –, in carnem autem humanam transfigurabiles ad tempus, ut videri et congredi cum hominibus possent. 10. Igitur cum relatum non sit unde sumpserint carnem, relinquitur intellectui nostro non dubitare hoc esse proprium angelicae potestatis ex nulla materia corpus sibi sumere. «Quanto magis, inquis, ex aliqua.» Certum est. Sed nihil de hoc constat quia scriptura non exhibet. 11. Ceterum qui valent facere semetipsos quod natura non sunt, cur non valeant et ex nulla substantia facere? Si fiunt quod non sunt, cur non ex eo fiant quod non est? Quod autem non est, cum fit, ex nihilo est. Propterea nec requiritur nec ostenditur quid postea factum sit corporibus illorum. Quod de nihilo fuit, nihil factum est. Possunt nihil ipsum convertere in carnem, qui semetipsos potue-

---

18. "자기 자신을 자기 본성이 아닌 다른 것으로 변화시킬 수 있는 분"은, 아래에 설명되어 있듯이, 무(無)에서 만물을 창조하신 하느님을 말한다. 떼르뚤리아누스는 창조 능력을 지니신 그리스도께서 다른 어떤 것에서 육신을 빌려올 필요 없이 직접 육화하실 수 있음을 설명하고 있다. 한편 천사들은 하느님의 사자(使者)로서 인간에게 나타날 때에 자기 스스로 육신을 취하는 것이 아니라 하느님께서 그들에게 무에서 육신을 만들어 주셨다. 따라서 사명을 끝내고 나면 무에서 온 천사들의 육신은 무로 돌아가게 된다는 것이다.

이다. 그때의 육신이 태어난 육신이 아니었던 것은, 그분의 탄생과 죽음이 사전에 예고되지 않았으며 아직 죽어야 할 육신이 아니었기 때문이다. 그러므로 (이제) 그 천사들이 별에서 온 육신을 지니고 있었다는 것을 (한번) 입증해 보아라. [9] 만일 이것이 성서에 기록되어 있지 않기 때문에 입증할 수 없다고 한다면, 천사들의 예와 연관시켜 그리스도의 육신 역시 별에서 온 것이라고 주장할 수는 없을 것이다. 따라서 영적 실체의 본성을 지닌 천사들은 자기 본래의 것이 아닌 육신, 즉 일종의 육체이긴 하지만 독특한 형태의 육체를 가지고 행동하였다는 것이 분명하다. 이 육신은, 사람들에게 보이고 그들과 교제할 수 있기 위해서 일시적으로 사람의 육신으로 변모될 수 있는 것이었다. [10] 그들이 육신을 어디에서 취했는지에 대해 (성서에) 언급되어 있지 않기 때문에 (확실히 모르지만), 천사가 (기존의) 어떤 물질에서 육신을 취해 오지 않은 것은 천사들의 능력의 특성에 속하는 것이며, 이 사실을 의심하지 않는 것은 우리 인간 이성에 맡겨진 몫이다. 그런데 너는, ≪천사들이 기존의 어떤 것에서 (육신을 취하는 것이) 훨씬 더 타당하다≫고 반박한다. 물론 그렇다. 그렇지만 성서가 이에 대해 언급하고 있지 않기 때문에 확실히 (알 수 있는) 것은 아무것도 없다. [11] 한편 자기 자신을 자기 본성이 아닌 다른 것으로 변화시킬 수 있는 분이 어떤 실체의 도움 없이도 왜 변화될 수 없겠는가?[18] 만일 존재하지 않는 것으로 될 수 있다면, 왜 존재하지 않는 것의 도움 없이도 그렇게 되지 못하겠는가? 존재하지 않는 것이 생겨날 때에는 무(無)에서 생겨나는 것이다. 따라서 무엇이 후에 천사들의 몸이 되었느냐 하는 점에 대해 (성서가) 문제 삼지 않고 설명하지도 않는 이유가 여기에 있다. 무에서 나온 것은 무로 돌아가게 마련이다.[19] 자신을 육신으로 변화시킬 수 있는 존재는 무

---

19. 천사들의 육신은 무에서 왔으니 무로 되돌아간다는 논리는, 제3장 8-9항에 언급되어 있듯이, 성령께서 비둘기의 형상으로 나타났던 경우와 같다. 그런데 아펠레는 같은 논리를 그리스도와 천사들에게 적용시켜, 별에서 온 육신을 취했

runt convertere in carnem. Plus est naturam demutare quam facere materiam. 12. Sed et si de materia necesse fuit angelos sumpsisse carnem, credibilius utique est de terrena materia quam de ullo genere caelestium substantiarum, cum adeo terrenae qualitatis exstiterit ut terrenis pabulis pasta sit. Fuerit nunc quoque siderea, eodem modo terrenis pabulis pasta, quando terrena non esset, quo terrena caelestibus pasta est, quando caelestis non esset – legimus enim manna tum esui populo fuisse: *Panem*, inquit, *angelorum edit homo* – non tamen infringitur semel separata condicio dominicae carnis ex causa alterius dispositionis. 13. Homo vere futurus usque ad mortem eam carnem oportebat indueret, cujus et mors. Eam porro carnem, cujus et mors, nativitas antecedit.

던 그리스도와 천사들은 육신을 지니고 상위 천국에 직접 올라간 것이 아니라 올라가는 도중에 육신을 취했던 별들에 두고 올라갔다고 주장하였다. 68-69쪽 참조.

20. 하느님의 창조 능력은 "무"(無)에서부터(ex nihilo) 창조로 특징지어진다. 따라서 하느님이신 그리스도는 그 창조 능력으로 당신 육신을 "무"에서부터 만들어 낼 수 있다는 뜻이다.

(無) 자체를 육신으로 변화시킬 수도 있다.[20] (어떤) 물질을 만들어 내는 것보다는 본성을 바꾸는 편이 더 (어렵다).[21] [12] 그런데 만일 천사들이 어떤 물질에서 육신을 취할 필요가 있었다면, 그들이 지상의 음식을 먹을 정도로[22] 지상적인 성격을 드러냈다는 점에서 그 육신은 천상 실체의 어떤 종류에서 왔다기보다는 지상의 물질에서 왔다고 보는 편이 더 신빙성 있다. 우선 별에서 온 육신이라는 가정하에, 지상적 육신이 아니었음에도 불구하고 지상의 음식을 먹었다고 한다면, (같은 논리로), 지상적 육신도 천상적 육신이 아님에도 불구하고 천상의 음식을 먹을 수 있게 된다. "인간이 천사의 빵을 먹었다"고[23] 하는데, 사실 우리는 만나가 (이스라엘) 백성의 양식이 되었다고 하는 (성서) 말씀을 읽고 있다. 그런데 주님 육신의 조건은, 한 번 분리된다 하더라도 다른 조처로 인해 소멸되지 않는다.[24] [13] 그분은 죽음까지도 받아들일 만큼 참으로 인간이 되기 위해 육신을 입으셔야 했는데, 죽음은 바로 그 육신의 속성인 것이다. 그런데 죽음이 종속되어 있는 그 육신이 있기 위해서는 탄생이 선행되어야 한다.[25]

---

21. 본문에서 "물질을 만들어 내는 것보다는 본성을 바꾸는 편이 더" 어떠하다는 말이 없다. 문맥상으로는 "어렵다"(difficile)로 보아야 할 것이다. 사실 제12항에 설명되어 있듯이, 천사들이 천사적 본성 자체를 바꾼 것이 아니라, 본성을 간직한 채 인간의 모습으로 나타났다고 말하고 있기 때문이다.
22. 참조: 창세 18,8; 19,3.   23. 시편 78,25.
24. 무척 난해한 문장이다. 육신의 "조건"(condicio)은 육신의 속성을 뜻하며, 다른 "조처"(dispositio)는 죽음을 암시한다. 즉, 그리스도께서 육화에서 지니신 육신은 죽음으로 인해 속성 자체가 없어질 수 없다는 뜻이다.
25. 여기에 그리스도의 육화의 신학적인 의미가 잘 요약되어 있다. 즉, 그리스도의 탄생이 있어야 육신이 있고, 그분의 육신이 있어야 죽음이 있으며, 죽음이 있어야 부활이 있는 것이다.

VII. 1. Sed quotiens de nativitate contenditur, omnes qui respuunt eam ut praejudicantem de carnis in Christo veritate ipsum dominum volunt negasse ‹se› natum quia dixerit: *Quae mihi mater et qui mihi fratres?* Audiat igitur et Apelles quid jam responsum sit a nobis Marcioni eo libello quo ad evangelium ipsius provocavimus, considerandam scilicet materiam pronuntiationis istius.

2. Primo quidem numquam quisquam annuntiasset illi matrem et fratres ejus foris stantes, qui non certus esset et habere illum matrem et fratres et ipsos esse, quos tunc nuntiabat, vel retro cognitos vel tunc ibidem compertos, licebit propterea abstulerint haereses ista de evangelio, quod et creditum patrem

---

1. 이 장은 "누가 내 어머니이며 누가 내 형제들입니까?"(마태 12,48)라고 하신 주님의 말씀에 대한 주석 문제를 다루고 있다. 이단자들은 주님께서 이 말씀을 통해 당신의 탄생을 부인하신 것이라고 주석하였다(1항). 이에 대해 떼르뚤리아누스는, 이 말씀은 유대인들이 예수의 탄생 여부를 시험해 보기 위해 거짓으로 통보한 내용을 반박하기 위한 응답이 아니라(2-7항), 예수께서 실제로 어머니와 형제들을 가지고 있었으며, 당신 말씀을 들으려 하지 않는 그들을 꾸짖기 위한 표현이라고 설명한다(8-13항).

2. 여기서 구체적 인물, 즉 마르치온이나 아펠레의 이름을 직접 거명하지 않고 "모두"(omnes)라고 하는 이유는, 그리스도의 탄생을 부인하는 모든 영지주의자들이 이 성서 구절을 자기들의 이단의 근거로 제시하고 있기 때문이다. 참조:『마르치온 논박』4,19,6.

3. 마태 12,48; 마르 3,33. 참조: 루가 8,21. 루가 복음서에는 "누가 내 어머니이며 누가 내 형제들입니까?"라는 의문문이 없고, "이들이 내 어머니요 내 형제들

마태오 12,48에 대한 주석[1]

〔VII,1〕 그리스도의 탄생에 대해 논쟁을 벌일 때마다 탄생을 배척하는 자들은 모두[2], 주님 친히 "누가 내 어머니이며 누가 내 형제들입니까?"[3] 라고 말씀하심으로써 당신 자신의 탄생을 부인하셨다고 하면서 그분 육신의 진실에 대해 그릇된 판단을 한다. 마르치온이 조작해 낸 복음을 반박한 책에서[4] 우리는 주께서 이 성서 구절을 말씀하신 동기를 먼저 숙고해야 한다고 그에게 답변한 바 있는데, 그 내용을 아펠레도 귀담아들어야 할 것이다.

〔2〕 무엇보다 먼저, 문 밖에 어머니와 형제들이 서 있다고[5] 주님께 알려준 사람이 주님께 어머니와 형제들이 있고, 이들이 바로 그들이라는 사실을 확신하지 않았더라면 결코 그런 식으로 통보하지는 않았을 것이다. 그는 이 사실을 이미 전부터 알고 있었거나, 아니면 당시 그 자리에서 알게 되었을 것이다. 그러나 이단자들은, 그분의 가르침을 듣고 경

입니다"라는 말만 있는 반면, 마태오 복음서와 마르코 복음서에는 두 말이 다 들어 있다. 마르치온은 물론 그의 제자 아펠레 역시 루가 복음서만 인정하여 사용하였기 때문에, 떼르뚤리아누스가 여기서 영지주의자들이 논증으로 사용하였다고 제시한 이 성서 구절에 문제가 있다. 이에 대해 두 가지 가능성을 생각할 수 있다. 영지주의자들이 유일하게 사용하는 루가 복음서에 이 구절을 특별히 삽입하였거나, 아니면 떼르뚤리아누스가 그들을 논박하면서 그들의 논점을 글자대로 인용하지 않고 내용을 고려하여 자유롭게 인용하였을 가능성이 있다.

4. 떼르뚤리아누스의 『마르치온 논박』은 마르치온 이단을 논박한 방대한 저서로서, 특히 제4권은 마르치온이 루가 복음서를 토대로 조작하여 만들어 낸 복음성서를 조목조목 반박한다. 여기에 직접 해당되는 부분은 『마르치온 논박』 4,19,6 이하(참조: 4,26,13)인데, 떼르뚤리아누스는 마르치온과 아펠레를 함께 논박하고 있다.

5. 루가 8,21; 마태 12,47; 마르 3,32. 제2항과 3항에 서술되어 있는 내용은 『마르치온 논박』 4,19,7의 내용과 거의 일치한다.

ejus Joseph fabrum et matrem Mariam et fratres et sorores ejus optime notos sibi esse dicebant qui mirabantur doctrinam ejus. 3. «Sed temptandi gratia nuntiaverant ei matrem et fratres quos non habebat.» Hoc quidem scriptura non dicit, alias non tacens cum quid temptationis gratia factum est erga eum: *Ecce*, inquit, *surrexit legis doctor temptans eum*; et alibi: *Et accesserunt ad eum pharisaei temptantes eum*. Quod nemo prohibebat hic quoque significari temptandi gratia factum: non recipio quod extra scripturam de tuo infers. 4. Dehinc materia temptationis debet subesse. Quid temptandum putaverunt in illo? Utique natusne esset an non. Si enim hoc negavit responsio ejus, hoc captavit nuntiatio temptatoris. Sed nulla temptatio tendens ad agnitionem ejus de quo dubitando temptat, ita subito procedit ut non ante praecedat quaestio quae dubitationem inferens cogat temptationem. 5. Porro si nusquam de nativitate Christi volutatum est, quid tu argumentaris voluisse illos per temptationem sciscitari quod numquam produxerunt in quaestionem? Eo adicimus: etiam si temptandus esset de nativitate, non utique hoc modo temptaretur, earum personarum annuntiatione quae poterant etiam nato Christo non fuisse. Omnes nascimur et tamen nos omnes aut fratres habemus aut matrem. 6. Adhuc potest et

---

6. 참조: 루가 3,23.

7. 참조: 마태 13,55-56; 마르 6,2-4. 유의할 점은, 루가 복음서에는 예수의 형제와 자매에 대한 언급이 없다.

탄한 군중들이 자기네들끼리 그분의 양(養)아버지 목수 요셉과[6] 어머니 마리아와 그분의 형제 자매들을 잘 알고 있었다고[7] 하는 구절을 복음서에서 제멋대로 삭제해 버렸다. 〔3〕 (그런데 너는) ≪그분께 실제로 있지도 않은 어머니와 형제들을 사람들이 그분에게 통보한 것은 그분을 시험해 보기 위해서이다≫라고 (주장한다). 그러나 성서는 여기서 그런 (시험에) 대해 언급하고 있지 않은 반면, 다른 구절들에서는 사람들이 그분을 시험하려 했던 일화들을 숨김없이 언급하고 있다: "마침 어떤 율법학자가 일어서서 그분을 시험하였다"[8]라고 하고, 또 다른 곳에서는 "바리사이들이 그분께 다가와서 그분을 시험하려 하였다"[9]라고 한다. (이와같이 성서에서는), 주님을 시험하고자 했다는 것을 밝히지 못하게 방해하는 사람은 아무도 없다. 나는 성서에 있지도 않은 사실을 멋대로 끌어들인 너를 용납할 수 없다. 〔4〕 그 다음, 시험의 동기가 반드시 있었느냐 하는 문제에 대해 살펴보자. 사람들이 그분에게 무엇을 기대하고 그렇게 시험하였겠는가? (동기가 있었다고 한다면), 그것은 물론 그분의 탄생 여부였을 것이다. 만일 그분의 탄생을 부인하는 대답을 유도하려는 시험이었다면, 시험하는 사람의 통보 방식도 그것을 밝혀내는 쪽으로 하였을 것이다. 의심을 밝혀내려 하는 시험이라면, 먼저 의문을 제기하는 질문을 함으로써 시험에 걸려들도록 할 것이지 그처럼 급작스럽게 시작하지는 않았을 것이다. 〔5〕 게다가 만일 그리스도의 탄생 여부가 결코 논란의 대상이 아니었다고 한다면, 너는 어찌하여 그들이 묻지도 않은 점을 가지고 그분을 시험하려 하였다고 논증하려느냐? 부언하고 싶은 것은, 만일 탄생에 대해 시험하려 했다면, 비록 그리스도께서 태어나신 분이라 하더라도 존재할 수도 없는 인물들에 대해 통보하는 식으로 시험하지는 않았을 것이다. 우리 모두가 태어났지만 모두 형제들이나 어머니를 가지고 있는 것은 아니다. 〔6〕 현재 아버지만 계시

---

8. 루가 10,25.   9. 마태 19,3.

patrem magis habere quam matrem et avunculos magis quam fratres. Adeo non competit temptatio nativitatis quam licebat et sine matris et sine fratrum nominatione constare. Facilius plane est ut certi illum et matrem et fratres habere divinitatem potius temptaverint ejus quam nativitatem, an intus agens sciret quid foris esset, mendacio petitus praesentiae annuntiatae eourm qui in praesentia non erant. Nisi quod et sic vacuisset temptationis ingenium. 7. Poterat enim evenire ut, quos illi nuntiabant foris, ille eos sciret absentes esse, vel valetudinis vel negotii vel peregrinationis nota ei jam necessitate. Nemo temptat eo modo quo sciat posse se ruborem temptationis referre.

8. Nulla igitur materia temptationis competente liberatur simplicitas enuntiationis, quod vere mater et fratres ejus supervenissent. Sed quae ratio responsi matrem et fratres ad praesens negantis, discat etiam Apelles. 9. Fratres domini non crediderant in illum, sicut in evangelio ante Marcionem edito continetur. Mater aeque non demonstratur adhaesisse illi, cum Martha et Mariae aliae in commercio ejus frequententur. Hoc denique in loco apparet incredulitas eourm: cum Jesus doceret viam vitae, cum dei regnum praedicaret, cum languoribus et vitiis medendis operaretur, extraneis defixis in illum tam

---

10. 마르치온은 루가 복음서를 자기 나름대로 변형시켜 출간하고 나머지 다른 3복음서들을 무시하였는데, 여기서 "(우리의) 복음서"란 본래의 4복음서를 포함한 완전한 복음서를 말한다.

11. 참조: 요한 7.5.

고 어머니와 삼촌들과 형제들은 없을 수 있다. 그러므로 어머니와 형제들을 거명하지 않고서도 확인이 가능한 탄생에 대해 (그런 식으로) 시험하였다고 하는 것은 이치에 맞지 않다. 그분에게 어머니와 형제들이 있다는 것을 확신하고 있던 사람들이 그분의 탄생에 대해 시험해 보았다기보다는, 차라리 (밖에) 실제로 있지도 않은 사람들이 그분을 만나고 싶어한다고 거짓되이 전해 주었음에도 불구하고 집안에서 일하고 있는 그분이 밖에서 벌어지고 있는 일을 알고 계신지 살펴봄으로써 그분의 신성(神性)에 대해 시험해 보았다고 가정하는 편이 훨씬 더 쉬울 것이다. 이런 경우라도 시험의 계략은 무의미하다. 〔7〕 밖에 있다고 그분께 통보된 사람들이 건강 문제나 용무로 인해, 또는 그분도 알고 있는 어떤 필요에 따라 여행중이기 때문에 실제로 밖에 없다는 사실을 그분이 이미 알고 있을 가능성도 있기 때문이다. 창피당할지도 모를 방식으로 어설프게 시험하는 이는 아무도 없다.

〔8〕 그러므로 시험의 어떠한 동기도 (여기에) 성립되지 않기 때문에 그분의 어머니와 형제들이 참으로 와 계시다고 하는 단순한 전갈이 그분에게 전해졌던 것이다. 그러나 주께서 어머니와 형제들을 즉석에서 부인하신 그 대답의 이유를 아펠레도 알아들어야 할 것이다. 〔9〕 마르치온 이전에 출간된 (우리의) 복음서에[10] 나타나 있듯이, 주님의 형제들은 그분을 믿지 않았다.[11] 그리고 마르타와, 마리아 이름을 가진 다른 여인들이 자주 그분을 동행하였을 때에도[12] 어머니가 그분 곁에 있었다는 말이 (복음서에) 없다. 게다가 여기에 그들의 불신앙이 나타나 있다. 예수께서 생명의 길을 가르치시고 하느님의 나라를 설교하시고 병자들과 불구자들을 치유하시기 위해 기적을 행하고 계셨을 때에, 다른 이들은 그분께 집중하였지만 친척들은 그분을 멀리하였다. 〔10〕 드디어 그

---

12. 참조: 루가 8,2-3; 10,38-41; 요한 11,5; 11,19-37; 마태 27,56; 마르 16,1. 복음서에는 예수의 어머니 마리아 외에, "마리아"라는 이름을 가진 여인들이 여럿 있다.

proximi aberant. 10. Denique superveniunt et foris subsistunt: nec introeunt, non computantes scilicet quid intus ageretur, nec sustinent saltem, quasi necessarius aliquid afferrent eo quod ille cum maxime agebat, sed amplius interpellant et a tanto opere avocatum volunt. Oro te, Apelle, vel tu, Marcion, si forte tabula ludens vel de histrionibus aut aurigis contendens tali nuntio avocareris, nonne dixisses: «Quae mihi mater, aut qui fratres»? 11. Deum praedicans et probans Christus, legem et prophetas adimplens, tanti retro aevi caliginem dispargens, indigne usus est hoc dicto ad percutiendam incredulitatem foris stantium vel ad excutiendam importunitatem ab opere revocantium? Ceterum ad negandam nativitatem alius fuisset ei locus et tempus et ordo sermonis, non ejus qui possit pronuntiari etiam ab eo cui et mater esset et fratres: cum indignatio parentes negat, non negat, sed objurgat. 12. Denique potiores fecit alios et meritum praelationis ostendens audientiam scilicet verbi, demonstrat qua condicione negaverit matrem et fratres. Qua enim alios sibi adoptavit qui ei adhaerebant, ea abnegavit illos qui ab eo absistebant. Solet etiam adimplere Christus quod alios docet. 13. Quale ergo erat, si docens non tanti facere matrem aut patrem aut fratres quanti dei verbum, ipse dei verbum annuntiata matre et fraternitate desereret? Negavit itaque parentes quomodo docuit

---

13. 참조: 마태 12,50; 마르 3,34-35; 루가 8,21.

들이 와서는 안으로 들어오지도 않은 채 문 밖에 버티고 서 있었다. 그들은 안에서 무슨 일이 일어나고 있는지 고려하지 않았고, 예수께서 그 순간에 행하시는 일보다 더 긴박한 일을 가지고 온 것인 양 조금도 기다리려 하지 않고 오히려 그분을 당장에 불러내어 그처럼 중요한 일을 중단시키려 하였다. 너 아펠레야, 또 너 마르치온아, 말해 보아라. 만일 네가 장기를 두고 있거나, 배우나 마차 경기자들에 대해 열띤 토론을 한창 벌이고 있을 때에 그런 전갈이 와서 호출받게 된다면, ≪누가 내 어머니며 누가 내 형제이냐≫라고 대답하지 않았겠느냐? 〔11〕 하느님에 대해 설교하고 이를 입증하고 계시며, 율법서와 예언서를 완성하시고 지난 세대들의 그처럼 짙은 어둠을 없애고 계시는 그리스도께서 밖에 서 있는 이들의 불신앙을 꾸짖으시고, 당신 일을 계속하지 못하게 성가시게 불러내는 이들을 멀리하기 위해 그런 표현을 쓰신 것이 부당하단 말이냐? 게다가 그분의 탄생을 부인하기 위해서라면, 장소와 때와 어순이 이와는 달랐어야 했다. 사실 그분은 어머니와 형제가 있는 사람이나 할 수 있는 그런 어투로 말씀하시지는 않았을 것이다. 그분께서 부모를 부인하기까지 분노하셨다면, 그것은 그들의 존재를 부인한 것이 아니라 그들을 비난한 것이다. 〔12〕 끝으로, 그분은 당신 말씀을 귀담아들으려 하는 다른 이들의 가상한 마음을 지적하시면서[13] 그들을 선호하셨는데, 어머니와 형제들을 부인하신 것과 같은 기준에서 그렇게 하신 것이다. 이와 마찬가지로 그분은 당신을 따르려는 이들을 당신 제자로 택하셨고, 당신을 멀리하려는 이들은 배척하셨다. 그리스도는 다른 이들을 가르칠 때에도 이와 같은 기준을 따르셨다. 〔13〕 그분은 하느님의 말씀보다 어머니나 아버지나 형제들을 더 중히 여기지 말라고[14] 가르치셨는데, 당신 스스로 어머니와 형제들을 알리기 위해 하느님의 말씀을 저버리시는 일이 어떻게 있을 수 있겠는가? 그러므로 그분은 하느님의 말씀을

---

14. 참조: 마태 10,37; 루가 14,26.

negandos: pro dei opere. Sed et alias: figura est synagogae in matre abjuncta et Judaeorum in fratribus incredulis. Foris erat in illis Israel, discipuli autem novi, intus audientes et credentes, cohaerentes Christo ecclesiam deliniabant, quam potiorem matrem et digniorem fraternitatem recusato carnali genere nuncupavit. Eodem sensu denique et illi exclamationi respondit, non matris uterum et ubera negans, sed feliciores designans qui verbum dei audiunt.

VIII. 1. Solis istis capitulis, quibus maxime instructi sibi videntur Marcion et Apelles, secundum veritatem integri et incorrupti evangelii interpretatis satis esse debuerat ad probationem carnis humanae in Christo per defensionem nativitatis.

2. Sed quoniam et isti Apelleiaci carnis ignominiam praetendunt maxime, quam volunt ab igneo illo praeside mali sollicitatis animabus adstructam, et

---

15. 마리아와, 예수의 형제들의 불신앙은 『마르치온 논박』 4,19,11에도 나오지만 여기에 더 심도있게 서술되어 있다. 떼르뚤리아누스 이전의 어떤 교부 문헌에서도 마리아를 이런 식으로 서술하지 않았다. 유스띠누스는 야곱의 두 아내를 시나고가와 교회로 비유하여 해설한 바 있다: 『트리폰과의 대화』 134,3 참조. 그런데 우리의 대목에서, 떼르뚤리아누스의 격정적인 성격과 문맥상의 논쟁적인 목적을 함께 고려해야 한다. 주님과의 육적인 관계가 중요한 것이 아니라 하느님의 뜻을 따르는 것이 더욱 중요하다는 점을 역설하고 있는 것이다.

16. 참조: 루가 11,27-28.

위해 부모를 버려야 한다고 가르치신 것과 같은 뜻에서 그들을 거부하신 것이다. 달리 말하자면, 그분께서 멀리한 어머니 안에 시나고가가 비유되어 있으며, 불신하는 형제들 안에 유대인들이 비유되어 있는 것이다.[15] 문 밖에 서 있는 사람들은 이스라엘을 표상하고 있는 반면, 집 안에서 그리스도의 말씀을 듣고 믿으며 그분과 결합되어 있는 새로운 제자들은 교회를 표상한다. 그분은 육적인 친척들을 거부한 대신 더 바람직한 어머니와 더 합당한 형제들인 교회를 부르신 것이다. 그리고 같은 의미에서, 그분은 어머니의 모태와 품을 부인하지 않으셨지만 하느님의 말씀을 듣는 사람들이 더 복되다고 말씀하심으로써 저 여인의 외침에 응답하셨다.[16]

아펠레 이단의 우주론[1]

[VIII,1] 마르치온과 아펠레가 자기들의 교설을 내세우기 위해 최대의 무기로 삼고 있는 몇몇 구절들만을 선별하여 (우리의) 완전하고 변질되지 않은 복음서에[2] 따라 그것들을 소상히 논박한 것은, 그리스도의 탄생을 변호하고 그분 안에 인간 육신이 있다는 사실을 입증하기 위해서였다.

[2] 그런데 저 아펠레 추종자들은 육신에 대한 혐오감을 매우 부각시킨다. 육신은 악의 우두머리인 저 불[火]의 (천사에) 충동받은 영혼과

---

1. 떼르뚤리아누스는 이 장에서 아펠레의 우주론과 그리스도론 사이의 모순을 부각시키려 한다. 그런데 1항은 제7장에 대한 결론에 해당된다. 그리고 제5항 후반에서부터 7항까지는 제6장부터 9장까지의 내용에 대한 전반적인 결론을 1고린 15,47에 대한 주석을 통해 제시하는 대목이다.

2. "완전하고 변질되지 않은 복음서"(integri et incorrupti evangelii): 여기 사용된 두 형용사("완전하고"와 "변질되지 않은")는 가톨릭 교회에서 통용하고 있는 4복음서의 특징을 나타낸다. 사실 마르치온과 아펠레는 4복음서 중에 루가 복음서만 인정하며, 게다가 루가 복음서 안에서도 자기들의 교설에 부합되지 않는 부분을 삭제하거나 변질시켰다. 떼르뚤리아누스는 『이단자 규정론』 7,1-2; 『수

idcirco indignam Christo et idcirco de sideribus illi substantiam competisse, debeo eos de sua paratura repercutere. Angelum quemdam inclitum nominant, qui mundum hunc instituerit et, instituto, ei paenitentiam admiscuerit. 3. Et hoc suo loco tractavimus – nam est nobis et adversus illos libellus – an qui spiritum et voluntatem et virtutem Christi habuerit ad ea opera dignum aliquid paenitentia fecerit. Eum angelum etiam de figura erraticae ovis interpretantur: teste igitur paenitentia institutoris sui peccatum erit mundus, siquidem omnis paenitentia confessio est delicti, quia locum non habet nisi in delicto. 4. Si mundus delictum est – qua corpus et membra – delictum erit perinde et caelum et caelestia cum caelo; si caelestia, et quidquid inde conceptum prolatumque est: mala arbor malos fructos edat necesse

---

치론』 16,24에서 이단자들은 자기들의 학설을 뒷받침한다고 생각되는 성서 한 구절을 가지고 나머지 성서 전체를 거기에 맞추어 해설한다고 지적하였다.

3. "악의 우두머리인 저 불[火]의 천사"(igneo illo praeside mali)는 이스라엘의 신이며 인간을 타락시킨 악한 존재이다. 아펠레파의 이러한 교설은, 『이단자 규정론』 34,4; 『죽은 이들의 부활』 5,2; 『영혼론』 23,3에도 언급되어 있다. "아펠레가 말하기를, 이스라엘의 하느님이며 우리의 하느님인 불의 천사가 천상의 좌(座)에 있던 영혼들을 지상 음식을 미끼로 꾀어낸 다음 그들에게 죄많은 육신을 덮어 씌웠다고 한다"(『영혼론』 23,3).

4. 아펠레의 교설에 따르면, "고명한 천사"(angelum inclitum)는 물질세계를 만든 창조신(Demiurgus)이며, 이 창조신은 악한 존재가 아니고 그가 만든 물질세계도 악한 것이 아니었다. 그러나 "불의 천사"가 이 지상세계를 타락시킴으로써 악하게 만들었다는 것이다. 64-65쪽 참조.

5. 떼르뚤리아누스는 『아펠레 논박』(Adversus Apelleiacos)을 저술하였는데, 상실되어 우리에게 전해지지 않고 있다. 참조: J-P. Mahé, *Le traite perdu de Tertullien <Adversus Apelleiacos> et la chronologie de sa triade antignostique*, (Rev. Etudes August. 16, 1970) 3-24.

결합되어 있기 때문에 그리스도께서 그런 육신을 취하시는 것은 부당하며[3], 따라서 별에서 온 실체(實體)를 취하시는 것이 그분에게 합당하다는 것이다. 나는 그들이 내세우는 체계에 (정면으로) 대항해 논박해야 할 줄로 본다. 그들은 "고명한 천사"라는[4] 이름을 가진 천사가 이 세상을 만들었는데, 만들고 나서는 이를 후회하게 되었다고 한다. [3] 적대자들을 논박하는 한 저서에서[5] 우리는 이 문제를 본격적으로 거론한 바 있다. 그리스도의 영과 의지와 능력을 지녔던 천사가 이 작업을 적절히 수행하고 나서 후회하였다는 것인가? 또 그들은 그 천사를 잃어버린 양에 비유하여 해설하였다.[6] 따라서 그 창조주가[7] 후회하였다고 하는 그들의 증언에 따르면, 세상은 모두 죄가 된다. 왜냐하면 모든 후회는 잘못에 대한 고백이며, 잘못 이외에는 (후회할) 다른 이유가 없기 때문이다. [4] 만일 세상이 죄라면, 몸과 지체의 관계에서처럼[8] 하늘과 더불어 천상에 속한 것들도 모두 죄가 된다. 만일 천상에 속한 것들이 그러하다면, 그들로부터 잉태되고 생성된 것 역시 모두가 그러할 것이다. 나쁜 나무는 필연적으로 나쁜 열매밖에 맺을 수 없기 때문이다.[9] 그러므로 천상의 요소들에서 나온 그리스도의 육신은 죄의 요소들로 구성되어 있으며, 죄에 기원을 두었다는 점에서 죄스런 것이다.[10] 따라서 그리스도께

---

6. 잃은 양의 비유는 마태 18,12-14와 루가 15,4-7에 나오는데, 아펠레는 물론 루가 복음서에 따라 해설했을 것이다. 아펠레는 여기서 "그 천사", 즉 "고명한 천사"(= 데미울구스)를 잃은 양에 비유하고 있는데, 그 이유가 분명히 제시되어 있지 않다. 주인이 잃은 양을 찾아 기뻐하듯이, 선한 신이 고명한 천사가 후회하고 있는 것을 보고 기뻐하고 있기 때문인가?
7. "창조주"는 "고명한 천사"를 말한다.
8. 참조: 1고린 12,12. 9. 참조: 마태 7,18; 12,33; 루가 6,43.
10. 아펠레에 의하면, "불의 천사"는 "고명한 천사"가 창조한 하늘과 땅 중에 땅만 타락시켰기 때문에, 세상을 구원할 그리스도가 하늘의 별들에서 취한 육신은 지상의 우리 육신과는 다르다는 것이다. 그러나 떼르뚤리아누스는 몸과 지체, 나쁜 나무와 나쁜 열매 사이의 연대성을 말하면서 아펠레의 이론 체계의 비논리성을 반박하고 있는 것이다.

est. Caro igitur Christi de caelestibus structa de peccati constat elementis, peccatrix de peccatorio censu et par jam erit ejus substantiae, id est nostrae, quam ut peccatricem Christo dedignantur inducere. 5. Ita si nihil de ignominia interest, aut aliquam purioris notae materiam excogitent Christo quibus displicet nostra, aut eam agnoscant qua etiam caelestis melior esse non potuit.

Legimus plane: *Primus homo de terrae limo, secundus homo de caelo.* 6. Non tamen ad materiae differentiam spectat, sed tantum terrenae retro substantiae carnis primi hominis, id est Adae, caelestem de spiritu substantiam opponit secundi hominis, id est Christi. Et adeo ad spiritum, non carnem, caelestem hominem refert ut quos ei comparat constet in hac carne terrena caelestes fieri, spiritu scilicet. 7. Quodsi secundum carnem quoque caelestis Christus, non compararentur illi non secundum carnem caelestes. Si ergo qui fiunt caelestes, qualis et Christus, terrenam carnis substantiam gestant, hinc quoque confirmatur ipsum etiam Christum in carne terrena fuisse caelestem, sicut ii sunt qui ei adaequantur.

---

11. 1고린 15,47. 제5항 후반부부터 7항까지는 1고린 15,47에 대한 주석을 통해 논박하는 대목이다. 첫째 사람(아담)과 둘째 사람(그리스도)에 관한 신학은 로마 5,12-21에 잘 제시되어 있다.

12. 여기서 둘째 사람인 그리스도는 "영"(spiritus)에서 온 실체, 즉 천주성을 지니고 있는 반면, 첫째 사람인 아담은 흙에서 나온 실체, 즉 인간성을 지니고 있다는 점에서 둘 사이에 존재론적인 차이를 말하고 있다.

13. "영"(spiritus)을 지니고 있는 천상 인간인 그리스도는 본성적으로 신성을 지니고 있지만, 흙에서 나온 육신을 지니고 있는 지상 인간들은 원래 신성을 지니지

서 지니고 계신 실체는, 그들이 죄스러운 것이라 하여 그리스도에게 적용시키기를 기피하는 실체, 즉 우리의 실체와 같은 것이어야 한다. 〔5〕혐오스런 것이라는 점에서 둘 사이에 아무런 차이가 없다면, 우리의 (인간 육신을) 싫어하는 그들은 그리스도를 위해 더 순수한 물질을 새로 만들어 내든지, 아니면 하늘에서 온 육신이 우리 육신보다 더 나을 수 없다는 점을 인정해야 할 것이다.

사실 우리는 "첫 사람은 땅에서 나서 흙으로 빚어졌지만 둘째 사람은 하늘에서 났습니다"라고[11] 읽고 있다. 〔6〕그런데 이것은 소재(素材)의 차이에 관해 말하는 것이 아니라, 흙에서 나온 첫째 사람인 아담이 지니고 있는 육신의 실체가 영에서 나온 둘째 사람인 그리스도의 천상적 실체와 대치된다는 사실을 지적하는 말이다.[12] 그러므로 천상 인간은 육이 아니라 영과 연관되어 있으며, 이분과 비교되어 있는 지상 인간들은 이 지상의 육신 안에서 영의 은총을 받아 천상 존재들이 된다는 사실을 말하고 있음이 분명하다.[13] 〔7〕만일 그리스도께서 육신 안에서도 천상적 존재라면, 육신에 따라 천상적 존재가 되지 못하는 인간들을 그분과 비교해서는 안된다.[14] 그러므로 그리스도처럼 천상적 존재가 된 인간들이 흙에서 온 육신의 실체를 (그대로) 지니고 있다면, 그리스도 역시 당신과 닮은 인간들처럼 지상의 육신 안에서도 천상적 존재이셨다는 확증을 얻게 된다.[15]

못하고 다만 성령의 은총을 받아 신성에 참여하게 된다는 뜻이다.

14. "그리스도께서 육신 안에서도 천상적 존재"라는 말은, 그리스도께서 육화하신 다음에도 신성을 지니신 하느님으로 계속 남아 계시다는 뜻이다. 반면 흙에서 온 육신을 지닌 인간들은 원래 신성을 지닐 수 없는 존재라는 점에서, 그리스도와 인간들 사이의 본성적인 차이가 있다는 것이다.

15. 이 대목은 1고린 15,49를 기초로 하는데, 인간들은 인간 본성을 그대로 지닌 채 영의 은총을 받아 신성에 참여할 수 있듯이, 그리스도는 육화하신 다음에도 신성을 그대로 간직하고 계시다는 뜻이다. 즉, 그리스도 안에는 신성("천상적 존재")과 인성("지상의 육신")이 공존할 수 있다는 것이다.

IX. 1. Praetendimus adhuc nihil quod ex alio acceptum sit, ut aliud sit quam id de quo est acceptum, ita in totum aliud esse ut non suggerat unde sit acceptum. Omnis materia sine testimonio originis suae non est, etsi demutetur in novam proprietatem. 2. Ipsum certe corpus hoc nostrum, quod de limo figulatum etiam ad fabulas nationum veritas transmisit, utrumque originis elementum confitetur, carne terram, sanguine aquam. Nam licet alia sit species qualitatis – hoc est quod ex alio aliud fit –, ceterum quid est sanguis quam rubens humor? Quid caro quam terra conversa in figuras suas? 3. Considera singulas qualitates, musculos ut glebas, ossa ut saxa, etiam circum papillas calculos quosdam;

---

1. 그리스도의 육신은 천상적 기원을 둔 육신이 아니라는 결론을 내린 다음, 떼르뚤리아누스는 이 장에서 모든 존재는 유래된 기원의 흔적을 지니고 있다는 일반적인 원칙을 제시하면서 특히 육신의 지상적 기원을 선언한다(1-3항). 그 다음, 그리스도의 지상생활의 구체적인 예들을 통해 그분의 육신에 천상적 기원의 아무런 흔적도 찾아볼 수 없다는 사실을 논증함으로써 지상적 기원을 입증한다(4-8항).

2. "여러 나라의 신화들"(fabulas nationum)은 이교 신화들을 말한다. 떼르뚤리아누스는 여기서 희랍 신화에 나오는 프로메테우스 신화를 염두에 두고 있는 듯하다. 사실 그는 『호교론』 18,2에서 직접 언급하고 있다: "(deus), qui hominem de humo struxerit: hic enim est verus Prometheus". 한편 이교 철학자들과 시인들은 유대교로부터, 결과적으로는 그리스도교로부터 영향을 받아 그들의 학설을 세웠다고 하는 확신은 호교 교부들의 문헌에 자주 등장하며, 교부들은 이를 통해 이교 철학에 대한 그리스도교의 우월성을 강조하였다: 유스띠누스, 『제1호교론』 44,59-60; 따지아누스, 『희랍인들에게 고함』 40; 테오필루스, 『아우토

그리스도의 육신의 지상적(地上的) 기원[1]

[IX,1] 게다가 다른 것에서 유래된 것은 그 출처의 것과 다를 바 없으며, 유래된 출처를 가늠할 수 없을 정도로 완전히 다른 것은 하나도 없다고 우리는 주장한다. 비록 어떤 물질이 변화되어 새로운 특성을 가지게 된다고 하더라도 그 기원을 입증할 수 없는 물질은 하나도 없다. [2] 전해 오는 여러 나라의 신화들에[2] 의하면, 흙에서 빚어 만들어진 우리의 육체 자체는 두 가지 기원의 요소, 즉 살 안에 있는 흙의 요소와 피 안에 있는 물의 요소로 되어 있다는 것이다.[3] 사실 어떤 본질의 형태가[4] 달라졌다는 것은 (본래의) 것에서 다른 것으로 변화되었다는 것을 뜻한다. 그러니 피는 결국 붉은 액체가 아니고 무엇이겠는가? 육신은 자기에게 (속한) 형태들 (중의 하나로) 변화된 흙이 아니고 무엇이겠는가?[5] [3] 각각의 성질들, 예를 들면 흙덩어리 같은 근육, 돌덩어리 같은 뼈들 그리고 자갈 더미 같은 젖 부위를 생각해 보라. 그리고 원뿌리에

리꾸스에게』 1,14. 이러한 내용은 떼르뚤리아누스의 저서들인 『이교인들에게』 2,2; 『호교론』 47,14; 『영혼론』 28; 『마르치온 논박』 2,17에서도 나온다.

3. 떼르뚤리아누스가 스토아 철학으로부터 영향을 받았다는 것은 주지의 사실이다. 스토아 철학에 의하면, 존재하는 모든 것은 물질로 되어 있는데, 물질의 네 가지 기본 요소는 불, 공기, 물, 흙이라는 것이다. 떼르뚤리아누스는 여기서 사람의 살과 피를 흙과 물의 요소에 연관시켜 설명하고 있는데, 오늘의 발전된 과학에 비하면 매우 유치하지만, 그는 당시의 학문에 따라 과학적인 설명을 시도하고 있는 것이다. 참조: **J-P. Mahe, Tertullien, *La chair du Christ II*, 362.**

4. "species qualitatis": 여기서 "qualitas"는 존재의 기초가 되는 "본질"을 말하며, "species"는 외적 형태를 말한다. 앞에서 예를 들었듯이, 살(육신)은 흙이라는 본질에서 나온 외적 형태이며, 피는 물이라는 본질에서 나온 외적 형태이다.

5. 직역하면, "육(肉)은 자기 형태들로(in figuras suas) 변화된 흙이 아니고 무엇이겠는가?"이다. 여기에 복수형으로 사용된 "figura"는 앞에서 언급된 "species" (본질의 "형태")와 같은 의미로 사용되었다. 즉, 흙은 본질(qualitas)이고, 육신은 그 흙이 변화되어 나타날 수 있는 여러 형태들 중에 하나라는 뜻이다.

aspice nervorum tenaces conexus ut traduces radicum, et venarum ramosos discursus ut ambages rivorum, et lanugines ut muscos, et comam ut caespitem, et ipsos medullarum in abdito thesauros ut metalla carnis.

4. Haec omnia terrenae originis signa et in Christo fuerunt, et haec sunt quae illum dei filium celaverunt, non alias tantummodo hominem existimatum quam extantem humana substantia corporis. Aut edite aliquid in illo caeleste de Septentrionibus et Virgiliis et Suculis emendicatum; nam quae enumeravimus, adeo terrenae testimonia carnis sunt ut et nostrae: sed nihil novum, nihil peregrinum deprehendo. 5. Denique verbis et factis tantum, doctrina et virtute sola, Christum homines obstupescebant. Notaretur autem etiam carnis in illo novitas miraculo habita. Sed carnis terrenae non mira condicio ipsa erat, quae cetera ejus miranda faciebat, cum dicerent: *Unde huic doctrina et signa ista?* 6. Etiam despicientium formam ejus haec erat vox: adeo nec humanae honestatis corpus fuit, nedum caelestis claritatis. Tacentibus apud vos quoque prophetis de ignobili aspectu ejus, ipsae passiones ipsaeque contumeliae loquuntur: passiones quidem humanam

---

6. 여기서 "하느님의 아들"(dei filium)은 그리스도의 신성을, "인간적인 실체"(humana substantia)는 그분의 인성을 나타낸다.

7. "구걸해 온"(emendicatum)이란 표현은 제6장 3항(주 8 참조)에 나오는 "빌려 온"(mutuatus)의 표현과 연관된다. 아펠레에 의하면, 그리스도께서 육화하실 때 별들에 가서 육신을 빌려왔다가 후에 승천하면서 돌려주었다고 한다.

8. "어떤 여행"은, 그리스도께서 육화하실 때 별들에 가서 육신을 "빌려왔다"고 하

서 나온 잔뿌리들처럼 촘촘히 연결되어 있는 신경들, 구불구불 흐르는 개울들과 같은 여러 가닥의 혈관들, 이끼 같은 잔털들, 잔디 같은 모발(毛髮), 육신의 광산처럼 뇌(腦) 안에 숨겨진 보물들을 보아라.

〔4〕땅에 기원을 둔 이 모든 특징들이 그리스도 안에도 있었다. 이것은 그 안에 하느님의 아들을 숨겨두고 있는 것들인데, 그분을 인간으로 여기는 것은 단지 그분의 육체가 인간적인 실체라는 사실 외의 다른 이유 때문이 아니다.[6] 그렇지 않다면, 그분이 큰곰자리 별이나 묘성(昴星)이나 히아데스 별들에 가서 구걸해 온[7] 천상적 요소가 그분 안에 있는지 제시해 보라. 사실 우리가 앞에서 열거한 것들은, 그분의 육신이 우리의 육신과 마찬가지로 땅에서 왔음을 입증해 주는 것들이기 때문이다. 그런데 나는 그분에게서 어떤 새로운 것이나 어떤 여행도[8] 찾아보지 못했다. 〔5〕끝으로, 사람들이 그리스도에게서 놀랐던 것은 오로지 그분의 말씀이나 행적 또는 그분의 가르침이나 능력 때문이었다.[9] 그래서 그분 안에 기묘한 방법으로 생겨난 어떤 새로운 육신이 있다고 여기게 된 것 같다. 그러나 그분은 하나도 이상하게 여길 바 없는 지상적 육신의 조건을 지니고 있으면서 모든 기적들을 행하신 것은 실로 놀랄 만한 일이었다. 그래서 그들은 "어디서 이 사람한테 이런 가르침과 기적들이 (내렸을까)?"[10] 하고 서로 물어보았던 것이다. 〔6〕또 그분의 모습을 비웃는 자들은, "그의 몸에는 인간적인 풍채도 없고 천상적인 광채도 없었다"[11]고 말한다. 너희에게는 예언자들조차 그분의 볼품없는 모습에 대해 침묵하였던 모양이구나.[12] 그러나 예언자들은 그분이 받으실 수난과 겪으실 능욕에 대해 예언하였는데, 수난은 그분의 육신이 인간의 육신

는 아펠레의 주장을 비웃는 것이다.
9. 참조: 마르 1,22; 루가 4,32.
10. 마태 13,54.　　11. 참조: 이사 53,3.
12. 아펠레와 그의 추종자들은 마르치온과 마찬가지로 구약성서를 배척하였다. 여기서 예언자들이 침묵했다는 말은 그들의 이러한 교설을 풍자하는 표현이다.

carnem, contumeliae vero inhonestam. 7. An ausus esset aliqui ungue summo perstringere corpus novum, sputaminibus contaminare faciem nisi merentem? Quid dicis caelestem carnem, quam unde caelestem intellegas non habes? Quid terrenam negas, quam unde terrenam agnoscas habes? Esuriit sub diabolo, sitiit sub Samaritide, lacrimatus est super Lazarum, trepidat ad mortem: *Caro* enim, inquit, *infirma,* sanguinem fundit postremo. 8. Haec sunt, opinor, signa caelestia! «Sed quomodo, inquitis, contemni et pati posset sicut et dixit, si quid ex illa carne de caelesti generositate radiasset?» Ex hoc ergo convincimus nihil in illa de caelis fuisse, propterea, ut contemni et pati posset.

---

13. "새로운 (형태의) 육신"(corpus novum)은, 아펠레의 주장에 따라, 별들에서 온 그리스도의 육신을 의미한다. 여기서 떼르뚤리아누스는, 만일 그리스도의 육신이 그처럼 특별하고 고귀한 육신이었다면 누가 감히 그 육신에 상처를 내며 침을 뱉을 수 있겠는가 하고 반문하고 있다.

임을 말해 주고, 능욕은 천상적 광채 없는 육신임을 말해 준다. 〔7〕 누가 감히 손톱 끝으로 새로운 (형태의) 육체에[13] 상처를 내겠으며, 또 그렇게 당할 만하게 보이지 않았다면 어떻게 감히 그 얼굴에 침을 뱉어 더럽혔겠는가?[14] 너는 그분의 육신이 천상적인 것이라고 인정할 만한 아무런 근거도 제시하지 못하면서 어떻게 천상적인 것이라고 주장하느냐? 또 너는 그분의 육신이 지상적인 것으로 알아들을 만한 근거를 가지고 있으면서도 왜 이를 부인하느냐? 그분은 악마 앞에서 굶주리셨으며[15], 사마리아 여인 앞에서 목말라하셨으며[16], 라자로 때문에 눈물을 흘리셨고[17], 그분 친히 "육신은 연약하다"[18]고 말씀하셨듯이 죽음을 앞두고 두려워하셨으며[19], 피를 마지막까지 흘리셨다.[20] 〔8〕 그래, 이것들이 천상적 육신의 표지들이란 말이냐! ≪그러나 만일 그 육신이 천상의 고귀함에서 나오는 (빛을) 발하기만 했더라면, 그분이 예고하신 것과 같이 모욕과 수난을 그 육신이 어떻게 당할 수 있었겠는가?≫[21]라고 너희는 주장한다. 우리는 바로 이때문에, 그분의 육신 안에는 하늘에서부터 온 어떤 것도 있지 않았으며, 그래서 모욕과 수난을 받으실 수 있었다고 확신한다.[22]

---

14. 참조: 마태 27,30; 마르 15,19; 루가 22,64.
15. 참조: 마태 4,2-4.   16. 참조: 요한 4,7.
17. 참조: 요한 11,35.   18. 마태 26,41.
19. 참조: 마르 14,33.   20. 참조: 요한 19,34.
21. 참조: 마태 16,21; 마르 8,31; 루가 9,22. 아펠레의 주장에 따르면, 그리스도께서 수난을 예고하신 대로(루가 9,22) 실제로 수난을 받았다고 한다. 그런데 수난을 받은 그리스도의 육신은 우리와 같은 육신이 아니라 천상의 별들에서 온 육신이었으며, 그리스도는 그 육신의 천상적 특성을 감추었기 때문에 사람들로부터 수난을 받으셨지, 만일 그 특성을 드러냈더라면 사람들이 감히 그 육신을 해치지 못하였을 것이라는 뜻이다.
22. 떼르뚤리아누스는, 그리스도께서 실제로 수난을 받으셨다는 사실에서 그분의 육신이 수난받을 수 있는 우리와 똑같은 육신이라고 강조하면서 아펠레의 우화적인 설명을 근본적으로 배격한다.

X. 1. Convertor ad illos alios aeque sibi prudentes qui carnem Christi animalem affirmant, quod anima caro sit facta. Ergo et caro anima, et sicut caro animalis, ita et anima carnalis. Et hic itaque causas requiro. Si, ut animam salvam faceret, in semetipso suscepit animam Christus, quia salva non esset nisi per ipsum, dum in ipso, non video cur eam carnem fecerit animalem induendo carnem, quasi aliter animam salvam facere non posset, nisi carneam factam. 2. Cum enim nostras animas non tantum non carneas sed etiam a carne disjunctas salvas praestet, quanto magis illam quam ipse suscepit,

---

1. 여기서부터 제24장까지는 셋째 주제인 "그리스도의 육신은 어떤 종류의 (cujusmodi est) 육신인가"에 대해 길게 거론된다. 이 대주제의 테두리 안에서 떼르뚤리아누스는 여기서부터 제15장까지, 그리스도께서 영혼의 요소로 구성된 육신을 입었다고 하는 서방계 발렌띠누스파의 이단을 논박한다. 발렌띠누스의 주장대로, 만일 그리스도의 육신이 영혼의 요소로 되어 있다면 그리스도의 영혼은 육신의 요소로 되어 있어야 하며, 또 만일 구원이 영혼에만 적용되지 육신에게는 해당되지 않는다면 그리스도께서 왜 영혼의 요소로 된 육신을 입고 육신의 요소로 된 영혼을 구원하려 하는지 논리적인 설명이 되지 않는다고 공박한다(1-2항). 또 만일 그리스도께서 우리의 영혼을 구원하러 오셨다면 우리 영혼과 같은 영혼을 취하셨을 터인데 우리 영혼은 육신의 요소로 되어 있지 않으며, 그분의 육신 역시 영혼의 요소로 되어 있지 않다고 설명한다(3-4항).
2. 본문에 구체적인 이름이 언급되어 있지 않지만, 발렌띠누스 이단을 상대하고 있다. 사실 여기에 거론된 내용은, 떼르뚤리아누스 자신의 저서『발렌띠누스 논박』(Adversus Valentinianos) 26-27장에 나오는 내용과 비슷하다.
3. 참조: 로마 11,25; 12,16; 잠언 3,7.

발렌띠누스 논박:
그리스도의 육신은 영혼에서 온 것이 아니다[1]

[X,1] 이제 나는 다른 부류의 사람들에게도[2] (논점을) 돌려보겠다. 슬기로운 자라고 자처하는 그들은[3] 그리스도의 육신이 영혼의 (요소로 되어) 있다고 주장하는데, 영혼이 육신이 되었기 때문이라는 것이다.[4] 따라서 육신 (자체가) 영혼이며, 육신이 영혼의 (요소로 되어) 있듯이 영혼은 육신의 (요소로 되어) 있다는 것이다.[5] 그렇다면 여기서 그 이유들을 물어보겠다. 영혼은 그리스도를 통하지 않고서 구원받지 못하기 때문에 그분께서 영혼을 구원하기 위해 당신 안에 영혼을 취하셨다고 하자. 그렇다면 마치 영혼이 육신으로 되지 않고서는 영혼을 구원할 수 있는 방도가 달리 없는 것처럼, 그분께서 영혼의 요소로 된 육신을 왜 입으셔야만 했는지 나는 그 까닭을 알아듣지 못하겠다. [2] 그분은 우리 영혼이 육적인 것이 아닐 때뿐만 아니라 육신과 분리되어 있을 때에도 구원하신다면[6], 육신에서 온 것이 아닌 영혼을 친히 취하여 구원하시는 것이

---

4. 그리스도의 육신에 관한 발렌띠누스의 대표적인 주장을 요약한 대목인데, 이 주장 이면에는 다음의 내용이 함축되어 있다: 인간은 운명적으로 세 가지 부류로 분류되는데, 영적인 요소를 지니고 태어난 사람(*pneumatikon* = spiritalis)은 자동적으로 구원되고, 물질적인 요소를 지니고 태어난 사람(*hylikon* = materialis)은 절대로 구원받을 수 없으며, 영혼적인 요소를 지니고 태어난 사람 (*psychikon* = animalis)은 그리스도에 의해 구원받을 가능성을 지니고 있다는 것이다. 따라서 그리스도의 구원활동의 대상은 영혼적 요소를 지닌 사람들에게만 국한되며, 그리스도가 이들을 구원하기 위해 이 세상에 오셨을 때 입은 육신은 영혼에서 온 육신이라는 것이다. 38-41쪽 참조.

5. "caro animalis ... anima carnalis": 여기에 사용된 형용사 "animalis"와 "carnalis"를 "영혼의 요소로 되어 있는"과 "육신의 요소로 되어 있는"으로 번역하였다. 발렌띠누스의 주장에 의하면, 그리스도의 육신은 영혼이 육신으로 변화된 것이라고 한다.

6. 떼르뚤리아누스에 의하면, 사람이 죽으면 육신과 분리된 영혼은 세상 종말까지

etiam non carneam redigere potuit in salutem! Item cum praesumant non carnis sed animae nostrae solius liberandae causa processisse Christum, primum quam absurdum ut, animam solam liberaturus, id genus corporis eam fecerit quod non erat liberaturus!

3. Deinde, si animas nostras per illam quam gestavit liberare susceperat, illam quoque quam gestavit, nostram gestasse debuerat, id est nostrae formae, cujuscumque formae est in occulto anima nostra, non tamen carneae. Ceterum non nostram animam liberavit, si carneam habuit: nostra enim carnea non est. 4. Porro si non nostram liberavit, quia carneam liberavit, nihil ad nos, quia non nostram liberavit. Sed nec liberanda erat quae non erat nostra, ut scilicet carnea. Non enim periclitabatur si non erat nostra, id est non carnea. Sed liberatam constat illam. Ergo non fuit carnea, sed fuit nostra, si ea fuit quae liberaretur quoniam periclitabatur. Jam ergo si anima non fuit carnalis in Christo, nec caro potest animalis fuisse.

지하 명부에 머물지만(『영혼론』 55,3), 종말 이전에도 살아온 공적에 따라 보상을 받는다고 한다(『영혼론』 58,4-5).

7. 발렌띠누스에 의하면, 육신의 구원은 근본적으로 불가하다는 것이다. 왜냐하면 구원은 영적인 로고스를 입기 위해 육신적인 요소(*hylikon*)를 모두 제거하는 데에 있기 때문이라는 것이다.

8. 발렌띠누스의 학설에 따르면, 그리스도의 육신은 그분의 영혼이 변화된 육신이기 때문에 물질로 된 우리 인간의 육신과는 다르며, 우리 육신과는 상관이 없다

오히려 더 쉽지 않겠는가! 또 그들은 그리스도께서 우리의 육신을 구원하러 오신 것이 아니라[7] 영혼만을 구원하러 오셨다고 주장하는데, 오로지 구원해야 할 영혼을 구원받지 못할 육체의 한 종류로 만들었다는 것 자체가 얼마나 어리석은 일인가!

〔3〕 그 다음, 만일 그분이 취하신 영혼을 통해 우리 영혼을 구원하셨다면, 이왕 취하실 바에야 우리의 영혼, 즉 우리 형태와 같은 영혼을 취하셔야 했을 것이다. 우리 영혼이 어떤 형태의 것인지 (비밀로) 가려져 있다 하더라도 육신에서 온 것은 분명히 아니다. 만일 그분이 육신에서 온 영혼을 지니셨다면 우리 영혼을 구원하지 못할 것이다. 사실 우리 영혼은 육신에서 온 것이 아니기 때문이다. 〔4〕 게다가 그분이 육신에서 온 영혼을 구원했기 때문에 결국 우리 영혼을 구원하신 것이 아니라면, 우리 영혼을 구원하지 않았다는 점에서 우리와는 아무 상관이 없게 된다.[8] 그런데 육신에서 온 영혼은 우리의 영혼이 아니니 구원될 필요가 없었다. 사실 (그 영혼이) 우리의 영혼, 즉 육신에서 온 영혼이 아닌 그런 영혼이었다면, (구원받아야 할) 위험에 처해 있지도 않았을 것이다. 그런데 영혼이 구원받은 것은 분명하다. 영혼이 위험에 처해 있었기 때문에 구원받았다면, 그 영혼은 육신에서 온 영혼이 아니라 우리의 것과 같은 영혼이었다.[9] 따라서 그리스도 안에 있는 영혼이 육신에서 온 것이 아니듯이, (그분의) 육신 역시 영혼에서 온 것일 수 없다.

는 것이다. 여기서 떼르뚤리아누스는, "그리스도께서 친히 취하신 것만을 구원하셨다"(salvatum, quod assumptum est)는 원칙에 따라, 발렌띠누스의 그리스도는 우리 인간 영혼과 육신을 모두 구원하실 수 없다는 논리이다.

9. "si non erat nostra, id est non carnea": "id" 이하는 "nostra"를 설명하는 말이다. 즉, 우리 영혼은 육신에서 온 영혼이 아니라는 뜻이다. 따라서 이 문장 전체의 뜻은, "그리스도의 영혼이 육신에서 온 영혼이 아닌 우리의 영혼이 아니었다면, 구원받을 필요가 없었다"는 것이다.

XI. 1. Sed aliam argumentationem eorum convenimus, exigentes cur animalem carnem subeundo Christus animam carnalem habuisse videatur. «Deus enim, inquiunt, gestivit animam visibilem hominibus exhibere, faciendo eam corpus, quae retro invisibilis extiterit, natura nihil sed nec semetipsam videns prae impedimento carnis hujus, ut etiam disceptaretur natane sit anima an non, mortalis an non. Itaque animam corpus effectam in Christo ut eam et nascentem et morientem et, quod sit amplius, resurgentem videremus.»

2. Et hoc autem quale erit, ut per carnem demonstraretur anima sibi aut nobis, quae per carnem non poterat agnosci, ut sic ostenderetur dum id fit cui latebat, id est caro? Tenebras videlicet accepit ut lucere possit. Denique adhuc prius retractemus an isto modo ostendenda fuerit anima, ‹quam› in totum

---

1. 하느님은 비가시적인 영혼을 육체로 변화시킴으로써 그리스도를 가시적인 분으로 만드셨다고 하는 발렌띠누스의 주장에 대해(1항), 떼르뚤리아누스는 영혼은 본래 고유의 본체(corpus)를 지니고 있다고 역설하고(2-4항 전반부), 만일 하느님이 영혼을 가시적인 것이 되게 하기를 원하셨다면, 겉으로만 육신으로 보이게 하는 그런 속임수를 쓰지 않았을 뿐만 아니라 이를 원하지도 않으셨다는 점을 논증한다(4항 후반부-6항).

2. 발렌띠누스파의 본래의 주장은, 그리스도께서 인간 영혼을 구원하기 위해 "영혼에서 온 육신"(caro animalis)을 지니고 이 세상에 오셨다는 것이다. 떼르뚤리아누스는 이 문제("영혼에서 온 육신")에 대해 제10장에서 이미 논박하였다

하느님은 영혼을
가시적인 것이 되게 하는 것을 원하지 않으셨다[1]

〔XI,1〕 우리는 이단자들의 또 다른 주장을 접하게 되는데, 그들이 왜 그리스도께서 영혼에서 온 육신을 입으심으로써 육적인 영혼을 지니신 것처럼 보이셨다고 하는지[2] 그 이유를 설명해 주기를 요구하는 바이다. 사실 그들은 이렇게 주장한다. ≪하느님은 전에 비가시적인 것으로 존재하던 영혼을 육체로 만드심으로써 사람들에게 가시적인 것이 되게 하셨다. 영혼은 본성상 보여지는 것이 아니며, 이 육신의 방해를 받기 때문에 그 자체가 보이지 않는 것이다. 그래서 영혼이 태어난 것이냐 아니냐, 사멸할 것이냐 아니냐 하는 논란이 생기게 된다. 영혼이 그리스도 안에서 육체가 된 것은, 그 영혼이 태어나고 죽고 더 나아가 부활하는 것을 우리가 볼 수 있도록 하기 위해서이다.≫[3]

〔2〕 그러나 육신 때문에 인지될 수 없었던 영혼이 바로 그 육신을 통해 자신에게나 우리에게 보여진다는 것이 어떻게 있을 수 있으며, 또 자기를 드러나지 못하도록 방해하던 바로 그 육신이 됨으로써 자신을 드러내게 하는 일이[4] 어떻게 있을 수 있단 말이냐? (그렇다면 영혼이) 빛을 발할 수 있기 위해 어둠을 받아들인 셈이 된다. 그러므로 전에는 전혀 보여질 수 없던 영혼이 지금 본체(本體) 없이 나타나야 했는지, 아

고 보고, 이 장에서는 "이단자들의 다른 주장", 즉 그리스도의 "육신에서 온 영혼"(anima carnalis) 문제를 논박하려는 것이다.

3. ≪ ≫ 안에 서술된 발렌띠누스의 주장은 앞장에서 논박되었던 내용의 요약이며, 떼르뚤리아누스가 이어서 제기하는 질문의 대상이 된다. 즉, 발렌띠누스의 주장의 핵심은, 그리스도께서 영혼에서 온 육신(caro animalis)을 입은 것은 단지 사람들에게 가시적인 존재, 즉 보여지기 위해서라는 것이다.

4. "ut sic …"(또 자신을 …) 이하의 문장은 그 의미가 매우 압축되어 있기 때문에 풀어서 번역하였다. 직역하면 "(영혼이) 자신을 감추어지게 하였던 것, 즉 육신

invisibilem retro allegant: utrum quasi incorporalem an etiam habentem aliquod genus corporis proprii. 3. Et tamen, cum invisibilem dicant, corporalem constituunt habentem quod invisibile sit. Nihil enim habens invisibile quomodo invisibilis potest dici? Sed nec esse quidem potest, nihil habens per quod sit. Cum autem sit, habeat necesse est aliquid per quod est. 4. Si habet aliquid per quod est, hoc erit corpus ejus. Omne quod est, corpus est sui generis; nihil est incorporale, nisi quod non est.

Habente igitur anima invisibile corpus, qui visibilem eam facere susceperat utique dignius id ejus visibile fecisset, quod invisibile habebatur, quia nec hic mendacium aut infirmitas deo competit: mendacium, si aliud animam quam quod erat demonstravit, infirmitas, si id quod erat demonstrare non valuit. 5. Nemo ostendere volens hominem cassidem aut personam ei inducit. Hoc autem factum est animae, si in carne conversa alienam induit superficiem. Sed et si incorporalis anima deputetur, ut aliqua vi rationis occulta sit quidem anima, corpus tamen non sit quidquid est anima, proinde et impossibile deo

---

이 됨으로써 드러나게 되는 일이 (어떻게 일어날 수 있겠는가?)"이다.

5. 스토아 철학에 따라 떼르뚤리아누스는 존재하는 모든 것, 즉 하느님과 영혼까지 포함한 모든 존재는 고유한 자기 "본체"(本體, corpus)를 지니고 있다고 한다(『영혼론』 9; 『마르치온 논박』 5,15,8 참조). 이 본체는 어떤 존재를 존재하게 하는 기본 요소이고 일종의 물질로 되어 있다. 영혼은 아주 가볍고 비가시적인 본체를 지니고 있는데, 하느님은 영혼의 이 비가시적인 본체를 가시적인 것이 되게 할 수 있다는 것이다.

6. 본문은 이중적(二重的)인 부정형으로 되어 있다. 직역하면 "그리고 존재하지 않는 것 외에는 아무것도 비본체적일 수 없다"이다.

니면 고유한 어떤 종류의 본체를 지닌 채 나타나야 했는지에 대해 여기서 먼저 따져보자. 〔3〕 그런데 그들은 영혼이 비가시적인 것이라 주장할 때에도, 그 영혼은 비가시적인 것이지만 본체적인 것을 지니고 있다고 한다. 비가시적인 것은 아무것도 지니고 있지 않은데도 어떻게 비가시적인 것이라 할 수 있겠는가? 존재하게 하는 어떤 것도 지니고 있지 않다면 결코 존재할 수 없다. 그러나 무엇이 존재할 때에는 존재할 수 있게 하는 어떤 것을 반드시 지니고 있어야 한다. 〔4〕 만일 존재할 수 있게 하는 무엇을 지니고 있다면, 그것은 그의 본체일 것이다.[5] 존재하는 모든 것은 고유한 자기 본체이다. 그리고 존재하는 모든 것은 자기의 본체를 지니고 있다.[6]

그러므로 영혼이 비가시적인 본체를 지니고 있기 때문에[7] 영혼을 가시적인 것이 되게 하시려는 하느님에게는, (사람들이) 비가시적인 것이라고 여기고 있는 영혼을 가시적인 것으로 되게 하는 것이 확실히 더 타당한 일이다. 왜냐하면 하느님께서는 거짓이나 무능이 적용되지 않기 때문이다.[8] 만일 그분께서 영혼을 있는 것과는 다르게 드러내 보여 주었다면 그것은 거짓에 해당되며, 만일 있는 것을 그대로 드러내 보여 줄 수 없었다면 그것은 무능에 해당되기 때문이다. 〔5〕 어떤 사람을 소개하려 할 때 그에게 투구나 가면을 씌우는 이는 아무도 없다. 그런데 만일 영혼을 육신으로 변화시키고 나서 (거기에 전혀) 다른 겉옷을 입힌다면, 이런 일이 바로 영혼에게 일어나는 것이다. 그러나 만일 영혼이 비본체적인 것이라 하고, 또 어느 영혼이나 모두 본체를 지니고 있지 않기 때문에 영혼은 알 수 없는 어떤 이성의 능력에 의해 존재하게 된다고 가

---

7. 영혼이 비가시적인 본체(corpus)로 되어 있다는 것은 『영혼론』 5-8에 상세히 서술되어 있다.

8. 이 대목은, 제3장 1-2항에 언급된 것을 반복·요약한 것이다. "무능" (infirmitas) = "불가능"(inpossibilem, 3장 1항); "거짓"(mendacium) = "가식적으로 수난받지 않는다는 것"(ut falsum non patiatur, 3장 2항).

non erat, et proposito ejus congruentius competebat, nova aliqua corporis specie eam demonstrare quam ista communi omnium, alterius jam notitiae, ne sine causa visibilem ex invisibili facere gestisset animam, justis scilicet quaestionibus oportunam per carnis in illam humanae defensionem. 6. «Sed non poterat Christus inter homines nisi homo videri.» Redde igitur Christo fidem suam ut qui homo voluerit incedere animam quoque humanae condicionis ostenderit, non faciens eam carneam, sed induens eam carne.

XII. 1. Ostensa sit nunc anima per carnem, si constiterit illam ostendendam quoquo modo fuisse, id est incognitam sibi et nobis. Quamquam in hoc vana distinctio est, quasi nos seorsum ab anima simus,

---

9. 이 표현은, 마르치온(『마르치온 논박』 10,2)과 아펠레(『그리스도의 육신론』 9,8)의 주장처럼, 가현설의 대표적인 내용이다. 즉, 그리스도는 환상에 불과한 인간 모습으로 나타나셨지, 참으로 육신을 입고 오시지 않았다는 것이다.

10. "fidem suam": 그리스도의 "신뢰"를 말하는데, 다른 이에 대한 그리스도의 신뢰가 아니라, 다른 이들의 그리스도께 대한 신뢰를 말한다. 즉, 그리스도께서 허상의 육신을 입고 나타나셔서 사람들의 눈을 속였다고 하는 가현설로 인해 그분께 대한 신뢰심을 손상시키지 말고 사실 그대로의 그리스도를 말함으로써 그분의 진실성을 지켜 드려야 한다는 뜻이다.

1. 떼르뚤리아누스는 제11장에 이어 이 장에서도 영혼의 성격과 기능을 규명함으로써 발렌띠누스파를 논박한다. 영혼은 그리스도의 육신이나 다른 방법으로 나타날 필요가 없었으니, 영혼은 자기 자신을 인식하고 있기 때문이다(1-3항). 특

정해 보자. 이런 경우라 하더라도, 모든 것에 공통되며 다른 것을 통해 이미 잘 알려진 형태의 본체가 아닌 새로운 형태의 본체를 통해 영혼을 드러내 보여 주는 것이 하느님에게는 불가능한 일이 아니라, 오히려 그분의 의도에 더 적절하게 어울리는 일인 것이다. 그리고 하느님은, 영혼에 대해 인간 육신을 올바로 수호하려는 사람들이 의당히 의문들을 품게 될 정도로 아무 이유없이 영혼을 비가시적인 것에서부터 가시적인 것으로 되게 하지는 않으셨다. [6] 그런데 그들은, ≪그리스도께서 인간의 (형태)와는 달리 사람들 사이에 나타나실 수 없었다≫고[9] 주장한다. 그렇다면 그리스도께 적어도 그분의 진실성을[10] 돌려드려라. 사실 그분이 인간으로 오시길 원하셨다면 영혼을 육적인 것으로 변화시키지 않고, 대신 인간의 조건 안에서 육신을 입은 채 영혼을 보여주셨을 것이다.

영혼은 자기 자신과 하느님을 인식하고 있다[1]

[XII,1] 자기 자신에게나 우리에게 인식되지 않던 영혼이 어떤 방법으로든지 나타날 필요가 있었다고 한다면, 그 영혼이 이제서야 육신을 통해 드러났다고 치자.[2] 그러나 이 문제에 있어, 우리를 존재하게 하는 것은 전적으로 영혼인데도[3] 불구하고 우리를 영혼과 따로 분리시키려는 그런

히 이성적인 존재인 인간 영혼은 자기 창조주와 운명을 스스로 알고 있다(4-5항). 따라서 그리스도는 영혼이 어떻게 창조되었는지를 가르쳐 주기 위해 오신 것이 아니라, 당신의 부활과 라자로의 부활의 예를 통해 영혼들에게 구원의 길을 가르쳐 주기 위해 이 세상에 오셨다(6-7항).

2. 떼르뚤리아누스의 주장은, 인간 영혼이 본성적으로 자기 자신과 하느님을 인식하고 있다는 것이다. 그러나 이단자들은, 인간 영혼이 자기 자신은 물론 하느님을 모르고 있었고 그래서 그리스도께서 영혼에서 온 육신을 입고 나타날 필요가 있었다고 주장한다.

3. 참조: 『영혼의 증명』 1,5; 6,1; 『마르치온 논박』 1,10,4. 인간은 영혼과 육신으

cum totum quod sumus anima sit. Denique sine anima nihil sumus, neque hominis quidem sed cadaveris nomen. Si ergo ignoramus animam, ipsa se ignorat. 2. Ita superest hoc solummodo inspicere: an se anima sic ignoret ut nota quoquo modo fieret. Opinor, sensualis est animae natura. Adeo nihil animale sine sensu, nihil sensuale sine anima: et ut impressius dixerim, animae anima sensus est. 3. Igitur cum omnibus anima sentire praestet et ipsa sentiat omnium etiam sensus, nedum qualitates, cui verisimile est ut ipsa sensum sui ab initio sortita non sit? Unde illi scire quid interdum sibi sit necessarium ex naturalium necessitate, si non scit suam qualitatem, cui quid necessarium est? Hoc quidem in omni anima recognoscere est, notitiam sui dico, sine qua notitia sui nulla anima se ministrare potuisset.

4. Puto autem magis hominem, animal solum rationale, compotem et animam esse sortitum quae illum faciat animal rationale, ipsa in primis rationalis. Porro quomodo rationalis quae efficit hominem rationale animal, si ipsa rationem suam nescit igno-

---

로 구성되어 있는데도 불구하고(『그리스도의 육신론』 14,4; 『죽은 이들의 부활』 17,4; 40,3; 『마르치온 논박』 4,37,3), 떼르뚤리아누스는 여기서 영혼이 인간의 전적인 구성 요소라고 일방적으로 선언하고 있는 것은 이단자들의 주장에 정면으로 대결하기 위한 논쟁적인 이유 때문이다.

4. 떼르뚤리아누스는 "sentire"(느끼다), "scire"(알다), "recognoscere"(인식하다), "sensus sui"(자아인식), "notitia sui"(자신에 대한 지식) 등을 같은 수준의 것으로 평가하고 있다. 게다가 "감각"(sensus)을 영혼의 주된 기능으로 여겨, "감각은 영혼의 영혼이다"(animae anima sensus est)라고 말한다. 이러한 주장은 스토아 철학의 깊은 영향이다. 이에 관해서는 『영혼론』 38,3-4에 자세히 서술되어 있다. P-J. Mahé, Tertullien, *La chair du Christ II*, 375 참조.

구분은 망상에 불과하다. 사실 우리는 영혼 없이 절대로 존재하지 못하고 인간이라는 이름을 붙일 수도 없으며, 시체라고 부를 수밖에 없다. 그러므로 우리가 영혼을 모르고 있다면, 그것은 영혼이 자기 자신을 모르고 있다는 것을 뜻한다. 〔2〕 따라서 영혼이 어떤 방법으로든지 알려지게 되기까지 자신을 그처럼 모르고 있었느냐에 대해 검토해야 할 과제만이 남았다. 영혼의 본성은 감각적인 것이라고 나는 생각한다.[4] 그러므로 감각이 없는 영혼은 존재하지 않으며, 영혼이 없는 감각적인 존재도 없다. 더 강조하여 말하자면, 감각은 영혼의 영혼인 것이다. 〔3〕 그러므로 모든 존재에게 감각을 부여하는 것은 영혼이며, 모든 것의 본질까지는 아니라 하더라도 감각을 느끼게 하는 것 역시 영혼이라 할 때, 그런 영혼이 자기 자신에 대해 처음부터 인식하지 못하였다는 말을 누가 믿겠는가? 만일 영혼이 자기 본질을 알지 못하고, 또 이에 필요한 것이 무엇인지조차 깨닫지 못했다면, 타고난 본성의 요구에 따라 그때그때 자신에게 필요한 것을 알게 하는 기능이 어디에서 온단 말인가? 영혼이 자신을 인식하고 있다는 사실이 모든 영혼에게서 확인된다고 나는 단언하는 바인데, 어떠한 영혼도 자신에 대해 이런 인식이 없이는 자신에게 봉사할 수 없는 것이다.

〔4〕 게다가 유일하게 이성적인 동물인 인간은 영혼을 지니고 있고 그 영혼이 인간을 이성적인 동물이 되게 하는데, 그 이유는 영혼이 가장 뛰어난 이성적 존재이기 때문이라고 나는 생각한다.[5] 그러나 만일 영혼이 자신에 대해 무지하여 자기 이성(理性)을 인식하지 못한다면, 인간을 이성적인 존재가 되게 하는 그 영혼이 어떻게 이성적인 존재가 될

---

5. 떼르뚤리아누스는, 인간이 이성적 동물(animal rationale)이 되는 이유를 다음 세 가지로 들고 있다. ① 인간은 이성적 존재인 하느님의 피조물이다. ② 인간 영혼은 창조주의 본성에서 나온 특별한 피조물이다(참조: 『영혼론』 11,2; 22,2; 24,2; 『마르치온 논박』 9,1). ③ 하느님의 모상(imago Dei)에 따라 창조된 이 영혼에게 이성은 그 필수적인 요소가 된다(참조: 『마르치온 논박』 9,4).

rans semetipsam? Sed adeo non ignorat ut auctorem et arbitrum et statum suum norit. 5. Nihil adhuc de deo discens deum nominat. Nihil adhuc de judicio ejus admittens deo commendare se dicit. Nihil magis audiens quam spem nullam esse post mortem et bene et male defuncto cuique imprecatur. Plenius haec prosequitur libellus quem scripsimus *De testimonio animae*.

6. Alioquin si anima semetipsam ignorans erat ab initio, nihil a Christo cognovisse debuerat nisi qualis esset. Nunc autem non effigiem suam didicit a Christo, sed salutem. Propterea dei filius descendit et animam subiit, non ut ipsa se anima cognosceret in Christo sed ut Christum in semetipsa. Non enim se ignorando de salute periclitabatur, sed dei verbum. 7. *Vita*, inquit, *manifestata est*, non anima. Et *Veni*, inquit, *animam salvam facere*, non dixit ostendere. Ignorabamus nimirum animam, licet invisibilem, nasci et mori non incorporaliter, ut nobis nascens et moriens corporaliter exhiberetur? Ignoravimus plane resurrecturam cum carne. Hoc erit quod

---

6. 영혼은 선험적(先驗的)으로 하느님을 알고 있는데, 이 선험적 인식은 영혼의 본성에서 나온다는 것이다. 이와 유사한 내용은 『호교론』 17,4-6; 『마르치온 논박』 1,10,2에도 나온다. 특히 『호교론』 17,6에서, 영혼은 본성적으로 하느님을 알고 있으며, 그래서 "영혼의 증명은 본성적으로 그리스도교적이다"(Testimonium animae naturaliter christianae)라고 선언하는데, 떼르뚤리아누스는 이 표현을 토대로 『영혼의 증명』(*De testimonio animae*)을 저술하였다.

7. "모습"(effigiem): 발렌띠누스파에 의하면, 그리스도는 영혼에서 온 육신을 지니고 이 세상에 오셨는데, 구원을 받을 수 있는 부류의 사람들, 즉 영혼적인 요소를 지닌 사람들은 그리스도의 모습을 보고 타락하기 전 플레로마의 세계에 있던 자신의 모습을 깨달음으로써 구원받게 된다는 것이다. 이에 대해 떼르뚤

수 있겠는가? 그러나 영혼은 자신을 모르고 있지 않으며, 자신의 창조주와 심판관 그리고 자기 신원(身元)을 모를 정도로 무지하지는 않다. 〔5〕 영혼은 하느님에 대해 아직 아무것도 배우지 않았음에도 불구하고 하느님의 이름을 부른다.[6] 하느님의 심판에 대해 아직 아무것도 승복하지 않았음에도 불구하고 그분께 자신을 의탁한다. 사후에는 아무런 희망도 없다는 말밖에 들은 것이 없으면서도 죽은 이들에게 복을 빌어주거나 저주를 한다. 이 점에 관해서는 우리가 저술한 『영혼의 증명』이란 저서에서 충분히 거론한 바 있다.

〔6〕 한편 영혼이 처음부터 자신을 알지 못하였다고 한다면, 자신이 어떤 존재였느냐 하는 것 외에는 그리스도로부터 배워야 할 것이 아무것도 없었을 것이다. 그러나 영혼이 그리스도께 배운 것은 자신의 모습에[7] 대해서가 아니라 구원에 대해서였다. 이때문에 하느님의 아들이 내려오셔서 영혼에 들어오셨는데, 이는 영혼이 그리스도 안에 있는 자기 자신을 알기 위해서가 아니라 자기 안에 계시는 그리스도를 알게 되기 위해서였다. 구원을 위태롭게 하는 것은 자기 자신에 대한 무지가 아니라 하느님의 말씀에 대한 무지인 것이다. 〔7〕 "생명이 나타났다"[8]고 하였지 "영혼이 나타났다"고 말하지 않았다. 또 그분은, "나는 영혼을 구원하러 왔다"[9]고 하셨지 "그것을 보여주러 왔다"고 말씀하시지 않았다. 영혼이 비록 비가시적인 존재이긴 하지만 비본체적이 아닌 상태로 태어나고 죽는다는 사실을 우리는 이전에 분명히 몰랐으며, 그래서 영혼이 본체적으로 태어나고 죽는다는 것이 (그리스도에 의해) 우리에게 밝혀지지 않았는가?[10] 사실 우리는 영혼이 육신과 함께 부활하리라는 사실

리아누스는, 영혼이 구원받는 것은 그리스도의 구체적인 구원행업, 즉 수난과 부활을 통해 구원받게 된다고 역설한다.

8. 요한 1,4; 2고린 4,10.   9. 루가 9,56.

10. 내용 자체와 표현이 매우 어렵게 되어 있다. 떼르뚤리아누스가 여기서 설명하고자 하는 바는 이렇다. 영혼이 사람들의 눈에 보이지 않는 비가시적인 존재이

Christus manifestavit: sed et hoc non aliter in se quam in Lazaro aliquo cujus caro non erat animalis ita nec anima carnalis. Quid ergo amplius innotuit nobis de animae ignoratae retro dispositione? Quid invisibile ejus fuit quod visibilitatem per carnem desideraret?

XIII. 1. «Caro facta est anima ut anima ostenderetur.» Numquid ergo et caro anima facta est ut caro manifestaretur? Si caro anima est, jam non anima est sed caro. Si anima caro est, jam non caro est sed anima. Ubi ergo caro et ubi anima, si alterutro alterutrum

---

지만 자신의 고유한 본체를 지니고 있다는("비본체적이 아닌 상태": non incorporaliter) 원칙에 근거하여, 그리스도께서 영혼과 육신을 지닌 인간으로 태어나시고 죽으심으로써 그분의 영혼이 자기 본체 안에 태어나고 죽는다는 사실이 우리에게 보여지기 전에는 우리가 이 사실을 몰랐었다는 것이다.

11. 참조: 요한 11,23-25.
12. 이 대목은 그리스도께서 영혼을 육신으로 변화시켜 육화하셨다고 하는 발렌띠누스파의 주장에 대한 떼르뚤리아누스의 결론적인 반박이다. 즉, 그리스도의 인성(人性)은 분명히 구별되는 영혼과 육신으로 구성되어 있으며, 라자로의 부활과 그리스도 자신의 부활은 육신 부활이라는 관점에서 서로 다른 것이 아니라는 점을 분명히하고 있다. 그러나 발렌떼누스는 죽을 육신 안에서의 라자로의 부활은 영적 부활의 모상에 불과하다고 주장한다(참조: *Exc. Theod.* 7,5). 즉, 라자로의 부활은 다시 죽을 육신의 부활에 불과하지만, 그리스도의 부활과 영적 인간들의 부활은 그 부활의 주체가 영혼에서 온 육신이라는 점에서 라자로의 부활과는 근본적으로 다르다는 것이다.

을 분명히 몰랐었다. 그리스도께서 보여주신 것은 이러하다. 즉, 그분
께서 당신 자신을 통해 보여주신 것이 라자로 안에서 보여주신 것과[11]
다르지 않다는 사실과, 그분의 육신은 영혼에서 온 것이 아니며, 이와
마찬가지로 (그분의) 영혼도 육신에서 온 것이 아니라는 사실이다.[12] 그
러므로 전에는 알려지지 않았던 영혼의 성향에 대해 무엇이 우리에게
더 알려지게 되었는가? 육신을 통해 보여질 수 있는 존재가 되기를 갈
망하는 (영혼 안에) 무슨 비가시적인 (요소가) 있었는가?[13]

그리스도의 영혼과 육신은 서로 구별되는 두 개의 종류이다[1]

[XIII,1] 그들은 ≪영혼이 보여질 수 있기 위해 육신이 되었다≫고 주장
한다. 그렇다면 육신도 드러날 수 있기 위해 영혼이 될 수 있지 않겠는
가?[2] 만일 영혼이 육신이 되었다고 한다면, 더 이상 영혼이 아니라 육신
인 것이다. 그리고 만일 육신이 영혼이 되었다고 한다면, 더 이상 육신
이 아니라 영혼인 것이다. 따라서 만일 양쪽이 서로 다른 것으로 변하

---

13. 여기서, 그리스도께서 영혼을 육신으로 변화시켜 육화하셨다고 주장하는 발렌
띠누스의 모순을 지적하고 있다. 즉, 영혼이 육신으로 변할 때의 주체는 결국
영혼인데, 영혼이 가시적인 존재가 되었다면 그 영혼 안에 무슨 비가시적인 요
소가 있다고 할 수 있겠느냐는 뜻이다.

1. 제10장부터 계속 거론되고 있는 발렌띠누스파의 "영혼에서 온 육신"(caro
animalis) 문제에 대한 논박의 마지막 장에 해당된다. 떼르뚤리아누스는, 사물
들이 다른 것으로 변화되면 그 사물들이 지니고 있던 이름에 상관하지 말고 변
화된 것의 이름에 충실해야 한다고 강조한다(1-4항 전반부). 그리고 그리스도
의 육신과 영혼은 서로 구별되는 이름들에 상응한 두 개의 서로 다른 실재라는
것이다(4항 후반부-6항).

2. 이 장 전체에서 이단자들을 논박하기 위한 수사학적 말장난이 돋보인다. 여기
서 떼르뚤리아누스는 "영혼에서 온 육신"(caro animalis)을 주장하는 발렌띠누

그리스도의 육신론 161

facta sunt, immo si neutrum sunt dum alterutro alterutrum fiunt? Certe perversissimum, ut carnem nominantes animam intellegamus et animam significantes carnem interpretemur. 2. Omnia periclitabuntur aliter accipi quam sunt et amittere quod sunt dum aliter accipiuntur, si aliter quam sunt cognominantur. Fides nominum salus est proprietatum. Etiam cum demutantur qualitates accipiunt vocabulorum possessiones. Verbi gratia argilla excocta testae vocabulum suscipit, nec communicat cum vocabulo pristini generis quia nec cum ipso genere. 3. Proinde et anima Christi caro facta non potest non id esse quod facta est, et id non esse quod fuerat, aliud scilicet facta. Et quoniam proximum adhibuimus exemplum, plenius eo utemur. Certe enim testa ex argilla unum est corpus unumque vocabulum unius scilicet corporis. 4. Nec potest testa dici et argilla, quia quod fuit non est, quod autem non est et ‹nomen› non adhaeret. Ergo et anima caro facta, uniformis solidata, et singularitas tuta est et indiscreta substantia.

In Christo vero invenimus animam et carnem simplicibus et nudis vocabulis editas – id est animam animam et carnem carnem, nusquam animam

---

스파를 향해 역으로 "육신에서 온 영혼"(anima carnalis)도 가능하지 않겠느냐고 반문하면서 이 문제에 대해 논박한다.

3. 떼르뚤리아누스는 사물의 이름들은 그 실재와 동일한 것이라고 생각한다(『프락세안 논박』 9,4). 특히 신학적인 문제에서는, 하느님께서 인간 언어로 말씀하신 명칭들은 신적 제정의 대상이 되기 때문에 더욱 그러하다는 것이다(『죽은 이들의 부활』 18,4; 『영혼론』 11,3).

였다거나, 게다가 만일 양쪽이 서로 다른 것이 됨으로써 이것도 저것도 아닌 것이 되었다고 한다면, 육신은 어디에 있으며 영혼은 어디에 있는가? 우리가 육신이라 지칭하면서 영혼으로 알아듣거나, 또는 영혼이라 지칭하면서 육신으로 설명한다면 분명히 왜곡된 것이다. 〔2〕 본래 있는 것과는 다르게 이름 부른다면, 모두 본래 존재하는 것과는 다르게 인식되며, 또 다르게 인식됨과 동시에 본래 있는 것도 상실하게 될 위험이 있다.³ 명칭들에 충실하는 것은 본래 지니고 있는 특성들을 살리는 길이다.⁴ 그리고 성질이 변화될 때에는 새로운 명칭을 부여받게 된다. 예컨대 구워진 찰흙은 질그릇이라는 이름을 받게 된다. 이것은 이전의 종류의 이름과 통하는 점이 없으니, 그 종류 자체의 본질과는 공통된 점이 없기 때문이다. 〔3〕 마찬가지로, 그리스도의 영혼이 육신이 되고 나면 전에 있었던 것이 아니라 변화된 것으로 존재할 수밖에 없으니 이미 다른 것이 되어버렸기 때문이다. 앞에서 든 예를 더 심도있게 다루어 보자. 찰흙에서 (구워진) 질그릇은 하나의 형체와, 그 형체에 걸맞은 이름을 가지게 된다는 것은 분명하다. 〔4〕 그러나 질그릇을 찰흙이라 부를 수는 없다. 왜냐하면 전에 존재하던 것이 이제는 사라졌으니, 지금 존재하지도 않는 것에다 그 이름을 붙일 수는 없기 때문이다. 따라서 영혼이 육신이 되면서 유일한 형태를 지니게 되면, 완전히 고유한 특성은 (다른 것과) 혼동될 수 없는 하나의 실체가 되는 것이다.⁵

한편 우리는 그리스도 안에 단순하고 분명한 단어들로 지칭되는 영혼과 육신을 접하게 되는데, 즉 영혼은 영혼이고 육신은 육신이지 영혼-육신 또는 육신-영혼은 없으며, 또 존재하였던 그대로 거기에 맞는 명

---

4. 참조: 『죽은 이들의 부활』 19,1.
5. 영혼과 육신은 각기 고유한 실재인데, 둘이 결합되어 어떤 중간 형태로 될 수 없다는 뜻이다. 떼르뚤리아누스는, 만일 영혼이 육신이 되었다면 이미 육신이 된 것이지 "육신의 요소로 된 영혼"(anima carnalis) 또는 "영혼의 요소로 된 육신"(caro animalis)이 될 수 없다고 반박한다.

carnem aut carnem animam, quando ita nominari debuissent si ita fuissent –, sed etiam sibi quamque substantiam divise pronuntiatas ab ipso, utique pro duarum qualitatum distinctione, seorsum animam et seorsum carnem. 5. Quid? *Anxia est,* inquit, *anima mea usque ad mortem,* et: *Panis quem ego dedero pro salute mundi caro mea est.* Porro si anima caro fuisset, unum esset in Christo: carnea anima aut caro animalis. At cum dividit species, carnem et animam, duo ostendit. 6. Si duo, jam non unum; si non unum, jam nec anima carnalis nec caro animalis. Unum enim est anima caro aut caro anima. Nisi si et seorsum aliam gestabat animam praeter eam quae caro erat, et aliam circumferebat carnem praeter illam quae anima erat. Quodsi una caro et una anima, illa *tristis usque ad mortem* et illa *panis pro mundi salute,* salvus est numerus duarum substantiarum in suo genere distantium, excludens carneae animae unicam speciem.

---

6. "ab ipso": 간단한 표현이지만 풍부한 의미를 내포하고 있다. 그리스도의 인성에 해당되는 영혼과 육신은, 성자의 제2 "위격"과는 구별해서 거론되어야 한다는 뜻이다.

7. 마태 26,38; 마르 14,34. 이 성서 구절은 영지주의자들의 가현설을 반박하기 위해 인용되는 전형적인 구절이다: 이레네우스, 『이단 반론』 3,22,2 참조.

8. 요한 6,51.

칭들이 붙여져야 하는 것이다. 또 (영혼과 육신의) 각 실체는 그분의 (위격과는)[6] 구별되어 이름 붙여지며, 또 두 개의 성질이 서로 구별된다는 점에서 영혼 따로, 육신 따로 이름 부르게 되는 것이다. [5] 그리스도께서 "내 영혼이 근심에 싸여 죽을 지경입니다"[7]라고 말씀하셨고, 또 "내가 세상의 구원을 위해 줄 빵은 곧 내 살입니다"[8]라고 하셨는데 이는 무엇을 뜻하는가? 만일 영혼이 육신이 되었다고 한다면, 그리스도 안에는 육신에서 온 영혼이 아니면 영혼에서 온 육신 하나밖에 있지 않을 것이다. 그러나 그분은 육신과 영혼 두 종류를[9] 구별하셨을 때에도 두 가지가 있다는 사실을 보여주신 것이다. [6] 두 가지가 있다면 더 이상 하나가 아니며, 하나가 아니라면 육적인 영혼도 아니고 영혼적인 육신도 아니다. 사실 영혼-육신 혹은 육신-영혼은 하나이기 때문이다. 그분께서 육신이었던 영혼말고도 또 다른 어떤 영혼을 따로 입고 처신하셨다거나, 또는 영혼이었던 육신말고도 또 다른 어떤 육신을 입고 다니셨다고 하는 가정은 배제되어야 한다.[10] 육신도 하나요 영혼도 하나라면, "죽을 지경까지 슬퍼하신" 것은 전자이며, "세상의 구원을 위한 빵"이 된 것은 후자이다. 따라서 육적인 영혼이라고 하는 단일의 종류를 배제하면, 서로 구별되는 두 개의 실체는 각기 고유한 종류가 되는 것이다.

---

9. 여기서 "종류"(species)는 "실체"(substantia)와 같은 뜻으로 사용되었다. 제6항 끝부분 참조: "단일의 종류(speciem)를 배제한다면, 서로 구별되는 두 개의 실체(substantiarum)는 각기 고유한 종류가 되는 것이다."

10. 발렌띠누스파에서는 여러 형태의 그리스도를 말하는데, 때에 따라 영혼에서 온 비가시적 실체를 지니고 있는가 하면, 영혼에서 온 가시적인 실체를 지니고 있을 때도 있다는 것이다: 『발렌띠누스 논박』 26,2; 이레네우스, 『이단 반론』 1, 7,2.

XIV. 1. «Sed et angelum, aiunt, gestavit Christus.» Qua ratione? Qua et hominem? Eadem ergo sit et causa. Ut hominem gestaret Christus, salus hominis fuit causa, scilicet ad restituendum quod perierat: homo perierat, hominem restitui oportuerat. Ut angelum gestaret Christus nihil tale de causa est. 2. Nam et si angelis perditio reputatur *in ignem praeparatum diabolo et angelis ejus*, numquam tamen illis restitutio repromissa est. Nullum mandatum de salute angelorum suscepit Christus a patre. Quod pater neque repromisit neque mandavit, Christus administrare non potuit. Cui ergo rei angelum quoque gestavit, nisi ut satellitem fortem cum quo salutem hominis operaretur? 3. Idoneus enim non erat dei filius qui solus hominem liberaret a solo et singulari serpente dejectum? Ergo jam non unus dominus nec unus salutificator, sed duo salutis

---

1. 이 장의 주요 논점은 그리스도께서 "탁월한 경륜의 천사"(이사 9,5)로 예언되어 있는 데 대한 해설이다. 떼르뚤리아누스는 그리스도께 "천사"의 명칭이 붙여진 것은 그분께서 천사의 본성을 지닌 존재론적 의미에서가 아니라, "angelus" 단어 자체가 말하듯 하느님의 뜻을 전해주고 실천하는 기능적인 의미에서의 "사자"(使者)라는 점을 역설한다(1-3항 전반부). 곁들여, 그리스도를 단순한 한 인간으로 보는 에비온 이단을 논박하고 있다(3항 후반부-6항).
2. "천사의 (본성)도"(et angelum)라는 표현에는 문맥상 "영혼과 육신 외에"라는 말이 내포되어 있다. 그리스도가 천사의 본성을 지니고 있다는 이 주장은 당시 영지주의자들, 특히 발렌띠누스파 안에 널리 유포되어 있었다. A. Orbe, *Hacia*

그리스도는 천사의 본성을 지닌 것이 아니라 성부의 사자(使者)이다[1]

[XIV,1] (이단자들은) ≪그리스도께서 천사의 (본성)도 지니고 계시다≫[2]라고 주장한다. 무슨 까닭에서인가? 또 그분께서 인간의 (본성)도 지니신 것은 무슨 까닭에서인가? 그렇다면 그 이유가 같아야 할 것이다. 그리스도께서 인간 (본성)을 지니신 것은 인간 구원이라는 이유, 즉 인간이 잃어버린 것을 복원시키기 위해서였다.[3] 인간이 잃어버렸으니 인간 자신이 이를 복원시켜야 했다. 그런데 그리스도께서 천사로 처신하셨다고 하는 데는 이런 이유가 전혀 없다. [2] "악마와 그 심부름꾼들을 위해 마련된 영원한 불 속으로 가라"[4]는 표현에서 (볼 수 있듯이), 천사들에게도 멸망이 적용되지만, 그들에게는 복원(復元)에 대한 약속이 전혀 없었다. 그리스도는 아버지로부터 천사들을 구원하라는 어떤 명령도[5] 받지 않았다. 아버지께서 약속하시지 않았고 명령하시지도 않은 것을 그리스도께서 수행하실 수 없다. 그렇다면 그리스도께서 천사로 처신하신 것은 그분이 인간을 구원하기 위해 (천사를) 강력한 조수로 삼기 위해서가 아니고 무엇 때문이겠는가? [3] 오직 한 마리의 뱀에 의해 굴복당한 인간을[6] 구원하는 일을 하느님의 아들 혼자서[7] 할 수 없었기 때문인가? 그렇다면 한 분의 주님, 한 분의 구원자가[8] 있는 것이 아니라 구

---

la primera teologia de la procesion del Verbo, Roma 1958, 408-10.
3. 참조: 루가 19,10.   4. 마태 25,41.   5. 참조: 요한 10,18.
6. 창세 3,1-7에 나오는 원조(元祖)의 범죄 이야기를 암시한다.
7. 그리스도와 뱀의 탈을 쓴 악마와의 대비는 제17장에서 폭넓게 개진되어 있다.
8. 앞 문장("하느님의 아들 혼자서")에서는 "solus"(혼자서)를 사용하고, 여기서는 "unus"(하나의)를 사용하고 있는데, 두 형용사가 의도하는 뉘앙스가 다르다. "solus"는 무엇을 이루기 위해 다른 도움을 필요로 하지 않고 그 자체로서 충분한 조건을 지니고 있다는 것을 뜻한다. 반면 "unus"는 "alius"(다른)에 대비되

artifices et utique alter altero indigens. An vero ut per angelum liberaret hominem? Cur ergo ipse descendit ad id quod per angelum erat expediturus? Si per angelum quid et ipse? Si per se quid et angelus?

Dictus est quidem *Angelus magni cogitatus*, id est nuntius, officii non naturae vocabulo. Magnum enim cogitatum patris super hominis scilicet restitutionem annuntiaturus saeculo erat. Non ideo tamen sic angelus intellegendus ut aliqui Gabriel aut Michael. 4. Nam et filius a domino vineae mittitur ad vinitores, sicut et famuli, de fructibus petitum; sed non propterea unus ex famulis deputabitur filius quia famulorum successit officio. Facilius ergo dicam, si forte, ipsum filium angelum, id est nuntium patris, quam angelum in filio. Sed cum de ipso sit pronuntiatum: *Minuisti eum modico quid citra angelos*, quomodo videbitur angelus, sic infra angelos diminutus, dum homo sit qua caro et anima, et filius hominis? 5. Qua autem spiritus dei et virtus altissimi non potest infra angelos haberi, deus scilicet et dei filius. Quanto ergo dum hominem gestat minor angelis factus est, tanto non dum angelum gestat. Poterat haec opinio Ebioni convenire qui nudum

---

는 말로서 사실의 상태를 나타낸다. 즉, 다른 이와 실제로 닮은꼴이 없는 "유일한 분"을 뜻한다.

9. 이사 9,5.
10. 떼르뚤리아누스는 이사 9,5에 나오는 "angelus"를 그 본래의 의미에 따라 "사자"(nuntius)로 해설하고 있다.
11. 참조: 마태 21,37-42.   12. 시편 8,6.

원을 이루신 분이 둘이 되며, 서로는 상대방을 필요로 하고 있다는 셈이 된다. 혹시 (그리스도께서) 천사를 통해 인간을 구원하시려 했다는 말인가? 한 천사를 통해 이루어질 일을 위해 왜 그분 친히 (이 세상에) 내려오셨겠는가? 천사를 통해 이루어질 일이었다면 왜 그분 친히 하셨겠는가? 그분을 통해 이루어질 일이었다면 천사는 왜 (등장하는가)?

그분은 "탁월한 경륜의 천사"[9], 즉 사자(使者)[10]라고 불리는데, 이 말은 그분의 임무를 나타내는 것이지 그분의 본성을 나타내는 말이 아니다. 사실 그분은 성부의 위대한 경륜, 즉 인류의 복원을 세상에 선포할 분이셨다. 따라서 그분을 가브리엘이나 미카엘처럼 천사로 알아들어서는 안된다. 〔4〕 사실 포도원 주인은 소작인들에게 소출을 받아오게 하기 위해 종들을 보냈던 것처럼 아들을 보냈다.[11] 그렇지만 아들이 종들의 일을 계승하였다고 해서 종들 중의 하나로 여겨서는 안된다. 그러므로 아들 안에 한 천사가 있었다고 말하기보다는 차라리 그분 자신이 천사, 즉 성부의 사자였다고 말하는 편이 내게는 더 쉬울 것 같다. "당신은 그를 천사들보다 조금 못하게 낮추셨나이다"[12]라고 그분에 대해 예언되어 있는데, 천사들보다 못하게 낮추어지셔서 육신과 영혼을 지닌 인간, 그리고 사람의 아들이 되신 그분을 어떻게 천사로 여기겠는가? 〔5〕 한편 그분은 하느님의 영이시며 지극히 높으신 분의 능력이시라는 점에서 천사들보다 못하신 분으로 여겨질 수 없으니, 그분이 바로 하느님이며 하느님의 아들이시기 때문이다. 따라서 그분께서 천사들보다 못하게 되신 것은 인간의 본성을 취하셨다는 사실 때문이지 천사의 본성을 취하셨기 때문이 아니다. 그런데 그들의 주장은 에비온[13]의 주장과 상통한

---

13. "에비온"에 대해서는 이레네우스의 『이단 반론』 1,26,2에 처음으로 나타나는데, 히브리어로 그 뜻은 "가난한 사람"이다. 예루살렘의 유대계 그리스도인들 중에는 자신들을 "가난한 이들"(에비온)이라 부르며 이단적인 공동체를 이루어 사는 집단이 있었다. 이레네우스가 전하는 바에 의하면, 그들은 그리스도께서 동정녀에게서 태어나셨다는 것을 부인하며, 마태오 복음서만 인정하고 바울로 사도

hominem et tantum ex semine David, id est non et
dei filium, constituit Jesum, plane prophetis aliquid
gloriosiorem, ut ita in illo angelum fuisse edicat
quemadmodum in aliquo Zacharia. 6. Nisi quod a
Christo numquam est dictum: *Et ait mihi angelus
qui in me loquebatur*; sed nec quotidianum illud
omnium prophetarum: *Haec dicit dominus*. Ipse
enim erat dominus coram et ex sua auctoritate pro-
nuntians: *Ego autem dico vobis*. Et quid ultra ad
haec, Esaia exclamante: *Non angelus neque legatus
sed ipse dominus salvos eos fecit?*

XV. 1. Licuit et Valentino ex privilegio haeretico car-
nem Christi spiritalem comminisci. Quidvis eam

의 권위를 받아들이지 않았다. 또 구약의 예언서들을 전혀 다른 방식으로 해설하고, 유대교의 방식에 따라 생활하고, 하느님이 예루살렘에 거처하신다고 생각하여 예루살렘을 향해 기도를 바쳤다고 한다. 떼르뚤리아누스는 여기서 "에비온"이라는 말을 한 인물로 생각하여 이 이단의 창설자로 말하고 있다.

14. "nudum hominem": 그리스도께서 신성을 지니신 것이 아니라 순수한 한 인간에 불과하다는 것은 에비온파의 대표적인 주장이다.

15. "어떤 즈가리야 안에서"(in aliquo Zacharia): 어느 즈가리야를 말하는지 분명하지 않다(즈가리야 예언자?, 세례자 요한의 아버지?). 한편 곧이어 인용된 성서 구절(즈가 1,6; 주 16 참조)에 "내 안에서 말하였던 그 천사"(angelus qui in me loquebatur)라는 말이 나오는데, 아마 즈가리야 예언자를 염두에 둔 듯하다.

16. 즈가 1,14.
17. 이에 대한 예는 많다: 이사 1,2.18.20.24; 예레 4,3.27; 6,16.22 등등.
18. 마태 5,34.39.   19. 이사 63,9(70인역).

다. 그는 예수를 단지 한 인간인[14], 다윗의 후예 중의 한 사람에 불과하지 하느님의 아들이 아니라는 것이다. 그리고 어떤 즈가리야 안에서처럼[15] 그분 안에 천사의 (본성이) 있었다고 말할 수 있을 정도로 어떤 면에서는 (다른) 예언자들보다 더 영광스러운 존재였다고 확신하였다. [6] 그러나 그리스도께서 "내 안에서 말하였던 그 천사가 나에게 말하였다"[16]고 말한 적이 없으며, 모든 예언자들이 일상적으로 하는 표현인 "주께서 이렇게 말씀하신다"[17]는 말을 사용하지도 않았다. 왜냐하면 그분 친히 주님이시며, 자신의 권위로 모든 이 앞에서 "나는 여러분에게 말합니다"[18]고 선언하셨기 때문이다. "천사나 사신이 아니라 주님 친히 그들을 구원하셨다"[19]고 외치신 이사야의 말씀 외에 또 무엇이 더 필요하겠느냐?

그리스도는 우리와 같은 육신을 지닌 참 인간이시다[1]

[XV,1] 발렌띠누스에게는, 그리스도의 육신이 영으로 구성되어[2] 있다고 말해도 되는 이단적 특권을[3] 가지고 있는 모양이다. (그리스도의 육신

---

1. 떼르뚤리아누스는 여러 성서 구절들을 인용하여 그리스도께서 영으로 된 육신(caro spiritalis)을 입으신 것이 아니라 우리와 같은 육신을 입으신 참 인간이심을 입증하고(1-2항), 그 다음 제10-15장에서 논박된 그리스도의 육신의 본성에 관한 다섯 가지 이단적 주장들을 종합적으로 거론한다(3-6항).
2. 그리스도의 육신이 "영에서 온 육신"(caro spiritalis)이라는 발렌띠누스의 주장은 『발렌띠누스 논박』 25장에 자세히 거론되어 있다. 한편 발렌띠누스 자신과 그의 제자들인 동방계 발렌띠누스파와 서방계 발렌띠누스파 사이의 주장들의 차이점에 대해서는 42-44쪽을 보라.
3. "Licuit ... privilegio haeretico"(이단적 특권)는 제1장 3항에 나오는 "licentia haeretica"(이단적 허가)와 비교하여 이해할 필요가 있다(제1장 주 8 참조). 이단자들에게 어떠한 특권이나 허가가 있을 수 없고, 오히려 불법이라는 것이 떼르뚤리아누스의 일관된 주장이다.

fingere potuit quisquis humanam credere noluit, quando, quod ad omnes dictum sit, si humana non fuit nec ex homine, non video ex qua substantia ipse Christus et hominem se et filium hominis pronuntiarit: *Nunc autem vultis occidere hominem veritatem ad vos locutum*, et: *Dominus est sabbati filius hominis*. De ipso enim Esaias: *Homo in plaga et sciens ferre imbecillitatem*. Et Jeremias: *Et homo est, et quis cognoscet eum?* Et Daniel: *Et ecce super nubes tamquam filius hominis*. Etiam Paulus apostolus: *Mediator dei et hominum homo Christus Jesus*. Item Petrus in Actis apostolorum: *Jesum nazarenum virum vobis a deo destinatum*, utique hominem. 2. Haec sola sufficere vice praescriptionis debuerunt ad testimonium carnis humanae et ex homine sumptae, et non spiritalis, sicut nec animalis nec sidereae nec imaginariae, si sine studio et artificio contentionis haereses esse potuissent.

3. Nam ut penes quemdam ex Valentini factiuncula legi, primo non putant terrenam et humanam Christo substantiam informatam, ne deterior angelis

---

4. 여기서 특정 이단자의 이름을 지칭하지 않고 폭넓게 "자는 누구냐"로 말하는 것은, 이단자들은 누구나 자기들의 이단 학설을 합리화하기 위해 성서를 제멋대로 삭제하거나 변질시키고 있다는 점을 강조하기 위해서이다.

5. 요한 8,40.   6. 마태 12,8.   7. 이사 53,3.
8. 예레 17,9(70인역).   9. 다니 7,13.   10. 1디모 2,5.
11. 사도 2,22.
12. 떼르뚤리아누스는, 이단들이 창궐하는 배후에는 교만과 우월감과 남들에게 명령하고 싶은 욕망이 작용하고 있다고 예리하게 지적한다: 『이단자 규정론』 4,1; 『성세론』 17,2.

이) 사람의 육신이었다는 사실을 믿으려 하지 않는 자는 누구나 그것을 아무렇게나 조작할 수 있다는 말인가!⁴ 그러나 모든 이에게 (납득될 수 있는) 말을 할 때에는 (사정이 다르다). 만일 그리스도의 육신이 사람의 육신이 아니었고 사람으로부터 태어난 육신도 아니었다면, 무슨 실체에서 나왔기에 그리스도 친히 자신을 사람이며 사람의 아들이라고 선포하셨는지 나는 그 까닭을 알지 못하겠다. 사실 그분은, "지금 당신들은 나를 죽이려고 합니다. 당신들에게 진리를 말한 이 사람을 말입니다"⁵라고 말씀하셨고, 또 "사람의 아들은 안식일의 주인입니다"⁶라고 하셨다. 또 이사야는 그분에 대해, "고통을 겪고 병고를 견디어낼 줄 아는 사람"⁷이라 하였고, 또 예레미야는, "그는 사람이며, 누가 그를 알겠는가?"⁸라고 하였으며, 또 다니엘은, "사람의 아들의 모습을 한 이가 구름 위에 계신 것을 보라"⁹ 하였다. 또 사도 바울로는 "하느님과 인간 사이의 중재자는 인간 그리스도 예수이십니다"¹⁰라고 하였고, 또 베드로는 사도행전에서, "하느님께서 여러분을 위해 정하신 분이 나자렛 사람 예수입니다"¹¹라고 하였다. 그러므로 그분은 분명히 사람이셨다. 〔2〕 만일 이단자들이 열을 내어 논쟁거리를 만들어 내지 않았더라면¹², 그분의 육신이 영에서 온 육신, 영혼에서 온 육신¹³, 별에서 취해 온 육신 또는 허상의¹⁴ 육신이 아니라 인간에서 취해 온 사람의 육신이라는 사실을 증명하기 위해 따로 법(法)을 제정할 필요도 없이 위의 성서 인용만으로 충분했을 것이다.

〔3〕 사실 내가 발렌띠누스파의 한 소집단에서¹⁵ 읽은 바에 의하면, 그들은 그리스도의 (육신이) 흙에서 오지도 않았고 인간에게서 온 실체로 형성되어 있지도 않다고 여긴다. 그 첫째 이유는, 주께서 흙에서 온 육

---

13. 여기서 유의할 점은, "spiritalis"는 "영(spiritus)에서 온 육신"이란 뜻으로, "animalis"는 "영혼(anima)에서 온 육신"이란 뜻으로 사용되었다.
14. "imaginariae": 가현설의 대표적인 주장이다. 그리스도의 육신이 실제의 육신이 아니라, 순전히 다른 사람들에게 보이기 위한 "허상"(imago)이라는 것이다.
15. "factiuncula"는 "factio"(무리, 집단)의 축소명사로서 보잘것없는 소집단이란

dominus deprehendatur, qui non terrenae carnis extiterunt, dehinc quod oporteret similem nostrae carnis similiter nasci, non de spiritu nec de deo, sed ex viri voluntate. «Et cur *non de corruptela, sed de incorruptela*? Et quare non, sicut et illa resurrexit et in caelo resumpta est, ita et nostra par ejus statim adsumitur? Aut cur illa par nostrae non aeque in terram dissoluta est?» 4. Talia ethnici volutabunt: «Ergo dei filius in tantum humilitatis exhaustus est», et: «Si resurrexit in exemplum spei nostrae, cur nihil tale de nobis probatum est?» Merito ethnici talia, sed merito et haeretici. Numquid enim inter illos distat nisi quod ethnici non credendo credunt, at haeretici credendo non credunt? 5. Legunt denique: *Minorasti eum modico citra angelos*, et negant inferiorem substantiam Christi nec hominem se sed vermem pronuntiantis, qui *nec formam habuit nec speciem, sed forma ejus ignorabilis, defecta citra omnes homines, homo in plaga et sciens ferre*

뜻이다. 이 소집단의 지도자는 제16장 1항과 제17장 1항에 구체적으로 언급되어 있는 알렉산델이다. 『발렌띠누스 논박』 4,3에 의하면, 알렉산델은 동방계 발렌띠누스파에 속하는 안티오키아의 악시오니쿠스의 제자로서 발렌띠누스의 학설에 충실한 자였다고 한다: "Solus ad hodiernum Antiochiae Axionicus memoriam Valentini integra custodia regularum ejus consolatur."

16. 참조: 요한 1,13.   17. 1베드 1,23.
18. 이단자들과 논쟁하면서, 이교도들이 그리스도교에 대해 비방하는 사항들을 예로 들고 있는 것이 흥미롭다. 이러한 비방들은 지식층 이방인들의 비방으로 보아야 할 것이다. 무식한 이방인들의 비방은 주로 "그리스도인들은 식인종이다" 또는 "근친상간을 한다"는 등 근거없는 낭설들이었다. 여기에 열거되어 있는 두 가지 예는 2세기의 이교 철학자로서 그리스도교를 체계적으로 공박한 첼수스

신을 지니지 않은 천사들보다 못한 존재가 될까봐 우려된다는 것이며, 둘째 이유는, 그분의 육신이 우리의 육신과 비슷하다면 영이나 하느님에게서 난 것이 아니라, 우리와 비슷하게 남자의 욕망에서 난 것이어야[16] 하기 때문이라는 것이다. 그들은 또 이렇게 반문한다: ≪왜 (그분의 육신은) "썩어질 씨앗에서가 아니라 불멸의 씨앗에서"[17] 났다고 하는가? 그리스도의 육신은 부활하여 하늘에 들어올려졌다고 하는데 그분의 육신과 같은 우리 육신은 왜 즉시 하늘에 올려지지 않는가? 반대로 그분의 육신이 우리의 육신과 같다면 왜 우리 육신과 마찬가지로 땅에 분해되지 않는가?≫ 〔4〕이방인들은[18] 흔히 이런 식의 질문들을 한다: ≪하느님의 아들이 그처럼 비천하게 낮추어졌단 말인가?≫ 또 ≪그분이 우리 희망의 모범이 되기 위해 부활하셨다면, 그런 일이 왜 우리 가운데서 전혀 입증되지 않는가?≫ 이교인들은 이런 질문을 할 만하고, 이단자들도 할 만하다. 사실 이교인들은 믿지 않으면서도 믿고 있으며, 이단자들은 믿으면서도 믿지 않고 있다는[19] 점 외에 둘 사이에 무슨 차이가 있는가? 〔5〕그리고 그들은, "당신은 그를 천사들보다 조금 못하게 낮추셨나이다"[20]라는 성서 말씀을 읽으면서, 그리스도의 낮추어진 실체를 부인하고 있다. 사실 그리스도께서는 자기 자신을 사람도 아닌 구더기라고[21] 선언하셨으며, 또 그분은 "늠름한 풍채나 멋진 모습도 지니고 있지 않으며, 눈길을 끌 만한 볼품도 없으며, 모든 사람들에게 멸시를 당하고, 고통을 겪고 병고

(Celsus)의 『진언』(眞言, *Discursus verus*)에 나오는 것인데, 그의 원문은 상실되었고 대신 오리게네스의 『첼수스 논박』(*Contra Celsum*)에 인용되어 나오는 것이다. 첫째 인용문은 『첼수스 논박』 2,47에, 둘째 인용문은 2,55에 나온다.

19. "이교인들은 믿지 않으면서도 믿고 있다"(non credendo credunt)는 표현은, 이교인들은 그리스도교의 신앙을 거부하고 있지만 적어도 그리스도인들이 믿는 내용을 알고 있다는 뜻이고, "이단자들은 믿으면서도 믿지 않는다"(credendo non credunt)는 표현은, 이단자들은 신앙을 가지고 있다고 자처하는데 우리가 믿고 있는 내용을 믿지 않는다는 뜻이다.

20. 시편 8,6.   21. 참조: 시편 22,7.

imbecillitatem. 6. Agnoscunt hominem deo mixtum et negant hominem; mortuum credunt et quod est mortuum ex incorruptela natum esse contendunt, quasi corruptela aliud sit a morte. «Sed et nostra caro statim resurgere debebat.» Exspecta. Nondum inimicos suos Christus oppressit ut cum amicis de inimicis triumphet.

XVI. 1. Insuper argumentandi libidine ex forma ingenii haeretici locum sibi fecit Alexander ille: quasi nos affirmemus idcirco Christum terreni census induisse carnem ut evacuaret in semetipso carnem peccati. Quod et si diceremus, quacumque ratione muniremus sententiam nostram dum ne tanta

---

22. 이사 53,2-3.
23. "사람이 하느님과 결합되었다"(hominem deo mixtum)는 말은 그리스도의 신성과 인성의 위격적 결합에 대한 중요한 표현이다. 떼르뚤리아누스는 후기 저서인 『프락세안 논박』에서 이 표현 대신에 "하느님이 사람을 입으셨다"(Deus hominem indutus)란 표현을 사용하는데, 앞의 표현은 신성과 인성이 혼합되어 어떤 새로운 것이 되었다는 오해를 불러일으킬 위험이 있었기 때문에 이를 피한 것으로 보인다.
24. 여기서 그리스도의 죽음은 그분의 인성에 관계되는 문제인데, 이단자들은 "죽음을 겪은 것", 즉 그분의 인간 육신이 신성이나 어떤 영적 요소("불멸")에서 태어났다고 주장한다는 것이다.
25. 참조: 시편 8,7; 1고린 15,27-28. 이 대목은 우리의 육신이 왜 그리스도처럼 즉시 부활하지 못하느냐에 대한 대답인데, 구원받을 사람들("당신의 우군들")이 죽음("원수들")에서 부활하는 것은 최후심판 때이니 기다려야 한다는 뜻이다.

를 아는 사람이셨다."²² 〔6〕 그들은 사람이 하느님과 결합되었다는²³ 사실을 인정하면서도 그리스도께서 사람이심을 부인한다. 또 그분이 돌아가셨음을 믿으면서도, 마치 썩어질 것과 죽음이 별개인 것처럼, 죽음을 겪은 것이 불멸에서 태어났다고 주장한다.²⁴ ≪그런데 우리의 육신도 즉시 부활해야만 하지 않겠는가≫ 하고 그들은 반박한다. 그렇지만 그리스도께서 원수들과의 싸움에서 당신의 우군(友軍)들과 함께 (최종적으로) 승리하시기 위해 아직은 원수들을 제압하지 않으셨으니 기다려라.²⁵

로마 6,6; 8,3에 대한 주석¹

〔XVI,1〕 그런데 저 알렉산델은 논쟁 벌이기를 좋아하는 데다가² 그의 이단적 재능을 (발휘하여) 두각을 드러냈다. 그의 말을 들어 보면, 우리는 그리스도께서 죄에 속한 육신을 당신 자신 안에서 없애기 위해 땅에 기원을 둔 육신을 입으셨다고³ 주장한다는 것이다. 사실 이것은 우리가 주장하는 바인데, 그의 터무니없는 망상을 배제하는 테두리 안에서⁴, 우

---

1. 그리스도의 육신은 죄에 물든 우리 인간의 육신이 되어서는 안된다고 주장하는 알렉산델에 대항하여, 떼르뚤리아누스는 이 장에서 로마 6,6; 8,3을 주석하면서 그를 이렇게 반박하고 있다. 그리스도께서 없애신 것은 육신의 죄이지 죄에 물든 육신 자체가 아니다(1-3항). 그리고 그분은 우리 구원을 위해 우리 육신과 같은 육신을 입을 필요가 있었으며, 그분의 탄생은 아담의 창조와 비교될 수 있다는 것이다(4-5항).
2. 참조: 제15장 2항: "만일 이단자들이 열을 내어 논쟁거리를 만들어 내지 않았더라면." 알렉산델은 발렌띠누스 학설의 매우 충실한 추종자였으며, 그래서 알렉산델의 주장은 발렌띠누스의 주장과 일맥상통하는 점이 많다.
3. 여기에 로마 6,6("우리의 묵은 인간은 십자가에 이미 그분과 함께 처형되어 죄의 몸이 무너졌습니다")이 인용된 것으로 보이는데, 매우 부정확한 인용이다. 이것은 떼르뚤리아누스 자신이 직접 인용한 것이 아니라 알렉산델이 인용한 것을 그대로 옮겨놓은 것으로 보인다.
4. 알렉산델의 "터무니없는 망상"은 아래에 설명되어 있다. 즉, 그리스도께서 십자

amentia qua putavit, tamquam ipsam carnem Christi opinemur ut peccatricem evacuatam in ipso, cum illam et ad dexteram patris in caelis praesidere meminerimus et venturam inde in suggestu paternae claritatis praedicemus. 2. Adeo, ut evacuatam non possumus dicere ita nec peccatricem: quia nec evacuatam in qua dolus non fuit. Defendimus autem non carnem peccati evacuatam esse in Christo sed peccatum carnis, non materiam sed naturam, nec substantiam sed culpam, secundum apostoli auctoritatem dicentis: *Evacuavit peccatum in carne.* 3. Nam et si alibi *in similitudine* inquit *carnis peccati* fuisse Christum, non quod similitudinem carnis acceperit quasi imaginem corporis et non veritatem, sed *similitudinem peccatricis carnis* vult

---

가에 죽으실 때 죄의 육신이 분쇄되어 버렸으며, 그래서 육적인 어떤 요소도 하늘에 올라갈 수 없다는 것이다. 이에 대해 떼르뚤리아누스는, 그리스도께서 분쇄시킨 것은 육신의 죄이지 육신 자체가 아니며, 그분이 입으신 육신은 죄의 육신이 아니라 죄에 물들지 않은 인간 육신이라고 역설한다.

5. 참조: 마르 16,19.   6. 참조: 마태 16,27; 마르 8,38.
7. 이 대목은 알렉산델이 정통교회의 교리라고 생각하는 내용을 요약한 것인데, "그분(그리스도)의 죄스런 육신이 그분 안에서 분쇄되었다고 믿고 있다"라는 마지막 부분은 알렉산델이 자기 교설에 따라 조작한 것이어서 문제가 있다. 알렉산델이 이렇게 말하는 데는 다음의 이유가 내포되어 있다. 발렌띠누스의 충실한 제자였던 알렉산델 자신의 주장은 현재 남아 있지 않지만, 발렌띠누스의 주장에 의하면, 여러 형태의 그리스도가 있다는 것이다. 영적(*pneumatikon*) 그리스도는 수난의 순간, 즉 예수가 빌라도의 법정에 서 있었을 때에(참조: 이레네우스, 『이단 반론』 1,7,2), 또는 예수가 성부의 손에 당신 영을 반납한 다음(참조: *Exc. Theod.* 1,1) 직접 플레로마로 올라갔다는 것이다. 한편 영혼적(*psychikon*) 그리스도는 데미울구스(창조신)의 오른편에 좌정한 다음(*Exc. Theod.* 62,1), 영적 그리스도가 플레로마에 쉽게 올라갈 수 있도록 길을 마련하였다는 것이다. 그리고 영적 그리스도는 마지막 날에 이 지상에 다시 내려오지 않고, 오히려 데미울구스와 영적 인간들(*psychikon*)의 영혼들과 함께 제7

리는 어떻게 해서든지 우리의 주장을 고수하려 한다. 그는 우리가 하늘에 계신 아버지 오른편에 좌정하신 그리스도의 육신을 기념하고[5], 그분이 성부의 영광에 싸여 다시 오실 것을 고백할 때에[6], 그분의 죄스런 육신이 그분 안에서 분쇄되었다고 믿고 있다고[7] 생각한다. 〔2〕 그러나 그분의 육신이 사라져 버렸다고 말할 수 없음은 물론, 더구나 죄스런 육신이었다고 말할 수 없다. 왜냐하면 그 안에 아무 거짓이 없었던[8] 그분의 육신이 없어지지 않았기 때문이다. 따라서 그리스도 안에서 죄의 육신이 없어진 것이 아니라 육신의 죄가 없어진 것이라고 우리는 주장한다. 즉, (없어진 것은) 육신의 소재(素材)가 아니라 그 성질이며, 본질이 아니라 죄인 것이다.[9] 사도의 권위있는 말씀에 따르면, "그분은 육신 안에서 죄를 없애셨다".[10] 〔3〕 사실 (사도께서) 다른 곳에서도, 그리스도께서는 "죄의 육신과 닮은 모습"[11]이셨다고 말씀하셨는데, 이 말은 그리스도께서 진실이 없는 육신의 허상처럼 그냥 육신과 닮은 모습을 하고 계셨다는 뜻이 아니다.[12] 그런데 "죄의 육신과 닮은 모습"이란 말은

천국(Hebdomada celestis)까지만 올라가게 될 것이라고 한다(이레네우스, 『이단 반론』 1,7,1; 떼르뚤리아누스, 『발렌띠누스 논박』 31).

8. 참조: 1베드 2,22; 이사 53,9.

9. "non materiam sed natura, nec substantiam sed culpam": 여기서 "materia"와 "substantia"는 하나의 사물로서의 육신 자체를 나타낸다. 반면 "natura"와 "culpa"는 육신의 윤리적 성격을 나타내며, 이 윤리적 성격이 보편적으로 널리 퍼져 있다는 의미에서 "자연적"(natura)이라 할 수 있는 것이다. 세상의 죄는 창조에서 오는 것이 아니라 원죄에서 연유되기 때문에 육신의 본질에 속하는 것이 아니다. 떼르뚤리아누스는, "natura"를 "natura peccatrix"(죄스런 성질)라는 뜻으로 사용하고 있는 듯하다: 『영혼론』 41,1 참조.

10. 로마 8,3.

11. 로마 8,3. "다른 곳에서"(alibi)는 앞에서 인용한 것(로마 8,3)과는 다른 성서 구절을 말하는데, 사실은 같은 성서 구절(로마 8,3)의 전반부와 후반부에 속한다. 이것은 떼르뚤리아누스의 착각으로 보인다.

12. 그리스도의 육신이 우리 인간과 닮은(similitudo) 육신을 지니고 계셨다는 말에

intelligi quod ipsa non peccatrix caro Christi ejus fuerit par cujus erat peccatum, genere non vitio ‹Adae› aequanda.

4. Hinc etiam confirmamus eam fuisse carnem in Christo cujus natura est in homine peccatrix, et sic in illa peccatum evacuatum, dum in Christo sine peccato habetur quae in homine sine peccato non habebatur. At neque ad propositum Christi faceret evacuantis peccatum carnis, non in ea carne evacuare illud in qua erat natura peccati, neque ad gloriam. Quid enim magnum, si in carne meliore et alterius, id est non peccatricis naturae, naevum peccati peremit? «Ergo, inquis, si nostram induit, peccatrix fuit caro Christi.» 5. Noli constringere explicabilem sensum. Nostram enim induens suam fecit, suam faciens non peccatricem eam fecit. Ceterum, quod ad omnes dictum sit qui ideo non putant carnem nostram in Christo fuisse quia non fuit ex viri semine, recordentur Adam ipsum in hanc carnem non ex semine viri factum. Sicut terra conversa est in hanc carnem sine viri semine, ita et dei verbum potuit sine coagulo in ejusdem carnis transire materiam.

서, 영지주의자들은 "similitudo"를 "imago"(모상, 허상)의 뜻으로 해설하여, 그리스도께서 실재(實在, "veritas")의 육신이 아니라 허상(imago)에 불과한 육신을 지니고 다니셨다는 가현설을 주장하였다.

13. "genere"(종류): 그리스도께서 아담과 같은 인간 "종족"에 속한 분이라는 뜻이다.

그리스도의 육신 자체가 죄스런 것이라는 뜻이 아니라 죄에 속한 육신과 닮았으며, 죄 때문이 아니라 (인간) 종족에[13] (속하기) 때문에 아담의 육신과 비교될 수 있는 육신이었다는 뜻으로 이해해야 한다.

〔4〕여기서 우리가 확언하고자 하는 바는, 그리스도 안에 있는 육신은 인간 안에 있는 본성상 죄스러운 육신과 같은 육신이지만, 인간 안에서 죄없이 있을 수 없었던 육신이 그리스도 안에서는 죄없는 상태로 있게 되었다는 점에서 죄가 그분 육신 안에서 없어졌다는 사실이다. 육신의 죄를 없애시려는 그리스도께서 죄의 성질이 들어 있는 그 육신 안에서 죄를 없애시려 하지 않았다고 한다면, 그것은 그분의 의도에도 그분의 영광에도 부합되지 않을 것이다. 사실, 그분께서 더 좋은 다른 육신, 즉 본성상 죄없는 육신 안에서 죄의 더러움을 없애셨다고 한다면 무슨 대단한 일이겠는가? 그러나 너는 ≪그리스도께서 우리 육신을 입으셨다면 그분의 육신도 죄스런 것이다≫라고 주장한다. 〔5〕설명할 수 있는 (내용의) 의미를 왜곡시키지 말아라. 그분께서 우리 육신을 입으심으로써 당신 것으로 삼으셨으며, 당신 것으로 삼으심으로써 죄없는 육신으로 만드신 것이다. 한편 그리스도께서 남자의 씨를 받아 태어나신 것이 아니기 때문에[14] 그분 안에는 우리와 같은 육신이 없다고 생각하는 모든 이에게[15] 말하고 싶은 것은, 아담 자신이 남자의 씨를 받지 않고서도 이 육신으로 창조되었다는 사실을 상기하라는 것이다. 흙이 남자의 씨를 받지 않은 상태에서 이 육신으로 변화되었듯이[16], 하느님의 말씀께서도 어떠한 응고물[17] 없이도 똑같은 육신의 소재(素材)로 변화되실 수 있는 것이다.

---

14. 참조: 요한 1,13.
15. "모든 이에게": 발렌띠누스만 아니라, 그리스도의 육신이 우리 인간 육신과 같은 육신이 아니라고 주장하는 모든 영지주의자들을 염두에 두고 있다.
16. 참조: 창세 2,7.
17. "응고물"(coagulo)은 남자의 정액(精液), 즉 "남자의 씨"를 뜻한다.

XVII. 1. Sed remisso Alexandro cum suis *Syllogismis*, quos in argumentationibus torquet, etiam cum psalmis Valentini, quos magna impudentia quasi idonei alicujus auctoris interserit, ad unam jam lineam congressionem dirigamus: an carnem Christus ex virgine acceperit, ut hoc praecipue modo humanam eam constet, si ex humana matrice substantiam traxit, quamquam licuit jam et de nomine hominis et de statu qualitatis et de sensu tractationis et de exitu passionis humanam constitisse.

2. Ante omnia autem commendanda erit ratio quae praefuit ut dei filius de virgine nasceretur. Nove nasci habebat novae nativitatis dedicator de qua signum daturus dominus ab Esaia praedicabatur.

---

1. 제10-16장에서 거론된 그리스도의 육신의 본성에 관한 논쟁을 끝맺기 위해 떼르뚤리아누스는 다른 측면, 즉 그리스도께서 동정녀에게서 태어나셨느냐 하는 문제를 제기한다(1항). 그리고 유스띠누스(『트리폰과의 대화』 5-6)와 이레네우스(『이단 반론』 3,21-22; 『사도적 가르침의 증명』 32)의 "그리스도 수렴사상"(recapitulatio) 신학에 영향을 받아, 그리스도께서 동정녀에게서 태어나시리라는 구약 예언의 영적 의미를 제시하고(2-3항), 예수와 아담, 하와와 마리아를 대비시켜 신학적인 설명을 시도하고 있다(4-6항).

2. 떼르뚤리아누스는 알렉산델의 『삼단 논법』(*Syllogismis*) 책을 직접 읽은 것으로 보인다(15장 3항의 "legi" 참조). 그리고 일반적인 삼단논법과 아리스토텔레스의 논리는 『이단자 규정론』 7,6에 서술되어 있다.

3. "무슨 자격이 있는 저자인 양"(idonei alicujus auctoris): 여기서 "idoneus"는, 발렌띠누스가 성서 저술가들과 같은 권위를 스스로 내세웠다는 것을 암시한다.

4. "발렌띠누스의 시(詩)들": 제20장 3항의 "(여기서 말하는) 시(詩)들이란, 배교자들이며 이단자들이며 플라톤 추종자들인 그들이 사용하는 시가 아니라" 참

동정녀의 출산의 필요성[1]

[XVII,1] 논증에 있어 왜곡시키기만 하는 그의 『삼단 논법』[2]과 함께 알렉산델을 제쳐두고, 또 무슨 자격이 있는 저자인 양[3] 어처구니없는 무모함으로 만들어 낸 발렌띠누스의 시(詩)들[4] 역시 (제쳐두고), 이제 우리는 "그리스도께서 동정녀에게서 육신을 받으셨는가?" 하는 한 가지 문제에[5] 대해 대결해 보자. 만일 그분이 인간의 모태에서 실체를 받았다는 것을 (밝혀내면), 그분 육신이 인간 육신이라는 사실을 가장 확실히 입증하게 될 것이다. 한편 (그분의 인간 본성은) "사람"이라는 그분의 이름에서, 그분의 존재 양상에서, 감지된 그분의 감각들에서 그리고 그분의 수난의 결과에서도 이미 입증되었다.[6]

[2] 그런데 하느님의 아들이 동정녀에게서 태어나시기 위해 선행되는 합리적인 (절차를)[7] 무엇보다 먼저 밝혀둘 필요가 있다. 새로운 탄생의 기초를 놓으실 분은 새로운 방법으로 태어나셔야 하는데, 주께서 이사야를 통해 이에 대한 징표를 주시겠다고 예언하셨다. 무슨 징표인가?

조. 발렌띠누스가 만든 시편들의 단편이 히뽈리뚜스의 『철학 총론』(*Philosophumena*) 6,37에 보존되어 있다. 알렉산델은 이 시편들을 신약성서처럼 정경(正經, Canon)으로 여겼으며 전례에서도 사용하였다.

5. 이 질문의 이면에는 다음의 두 가지 문제가 내포되어 있다. 첫째, 그리스도의 어머니가 동정녀였는가? 둘째, 만일 동정녀였다고 하면, 그 동정녀가 그리스도에게 전해 준 것이 자기 육신이었는가? 첫째 문제는 에비온파와 유대인들이 배척하는 것이고, 둘째 문제는 발렌띠누스파가 배척하는 것이다. 떼르뚤리아누스는 여기서 주로 둘째 문제를 거론하면서 발렌띠누스 이단을 논박한다.

6. 열거된 네 가지 내용은 『마르치온 논박』 3,12-18에 자세히 서술되어 있다.

7. "ratio quae praefuit": "ratio"는, 하느님의 아들이 동정녀에게서 태어나시기 위해 선행되는 "합리적인 절차"를 말하는데, 제3항의 "합리적인 절차의 섭리"와 상통한다. 즉, 하느님은 당신 아들이 동정녀에게서 태어나시기 앞서 이에 대한 예표로 미리 준비시키셨다는 뜻이다.

Quod istud signum? *Ecce virgo concipiet in utero et pariet filium.* Concepit igitur virgo et peperit Emmanuel, quod est nobiscum deus. 3. Haec est nativitas nova dum homo nascitur in deo ex quo in homine natus est deus carne antiqui seminis suscepta sine semine antiquo, ut illam novo semine, id est spiritali, reformaret exclusis antiquitatis sordibus expiatam. Sed tota novitas ista, sicut et in omnibus, de ueteri figurata est rationali per virginem dispositione homine domino nascente. Virgo erat adhuc terra nondum opere compressa, nondum sementi subacta, ex ea hominem factum accipimus a deo in animam vivam.

4. Igitur si primus Adam ita traditur, merito sequens vel *novissimus Adam*, ut apostolus dixit, proinde de terra, id est carne, nondum generationi resignata in spiritum vivificantem a deo est prolatus. Et tamen, ne mihi vacet incursus nominis Adae: unde Christus Adam ab apostolo dictus est, si terreni non fuit census homo ejus? Sed et hic ratio defendit:

---

8. 이사 7,14.

9. "새로운 탄생"의 의미가 이 문장에서는 명확히 드러나 있지 않지만, 엄격한 의미에서 이 말은 아래에서 거론될 "그리스도 수렴사상"(recapitulatio) 신학을 암시한다. 즉, 첫째 아담의 범죄로 타락한 인류를 둘째 아담인 그리스도께서 본래의 상태로 복원시키실 뿐만 아니라 인류의 머리가 되시어 인류를 당신 안으로 모아들이고 완성시키신다. 이를 위해 그리스도는 일반 사람들의 출생과는 다른 새로운 방법으로 태어나셔야 한다는 것이다.

10. "옛 씨"는 원죄를 지니고 있는 남자의 씨를 말한다. 즉, 하느님이신 그리스도께서 남자의 씨를 받지 않았지만, 일반 사람들과 같은 모양의 육신을 지니고 태어나셨다는 뜻이다.

11. 여기에 많은 내용이 함축되어 있다. 그리스도의 "새로운 방법의 탄생"은, 그분의 수난이나 부활이나 기적 등의 경우들과 같이("다른 모든 경우들에서도 그렇

"보라 동정녀가 몸가져 아들을 낳으리라"[8]는 징표이다. 그래서 동정녀가 잉태하여 임마누엘을 낳았으며, 임마누엘은 "하느님께서 우리와 함께 계시다"는 뜻이다. 〔3〕 인간이 하느님 안에 태어난다는 것은 하나의 새로운 탄생이다.[9] 여기서 하느님은 인간 안에서 옛 씨 없이 옛 씨의 육신을 받아 태어나셨는데[10], 이것은 새로운 씨, 즉 영적인 씨를 통해 옛 더러움들을 모두 씻어 정화하심으로써 육신을 개조하기 위해서였다. 옛것을 통하여 예표된 이 완전한 새로움은, 다른 모든 경우들에서도 그렇듯이 합리적인 (절차의) 섭리에 따라, 인간이 동정녀를 통해 주님으로 태어날 때에 이루어진 것이다.[11] 땅은 노동을 통해 아직 개간되지 않았고[12] 씨뿌리는 사람에 의해 손상되지 않은 처녀(와 같은 상태)였을 때, 하느님에 의해 그 땅에서부터 인간이 살아 있는 영혼 안에 창조되었다는 사실을 우리는 알고 있다.[13]

〔4〕 그러므로 첫째 아담의 출생이 이렇게 유래되었다면, 둘째 아담, 즉 사도의 표현을 빌리자면, "마지막 아담"[14] 역시 이와 마찬가지로 하느님에 의해 땅에서부터, 즉 출산을 통해 아직 열려지지 않은 육신에서부터[15] 생명을 주는 영(靈) 안에서 낳음을 받은 것이다. 그런데 아담의 이름을 여기에 도입한 것은 내게는 공연한 일이 아닌 것으로 보인다. 만일 그리스도의 인성이 땅에서 온 것이 아니었다면 사도께서 무슨 근거에서 그리스도를 아담이라고 불렀겠는가? 그리고 다음의 이유 역시

듯이"), 구약에서 예표하신 것을 신약에서 이루시는 하느님의 합리적인 절차에 따라, 그리스도께서 동정녀에게서 태어나셨을 때 이루어졌다는 뜻이다. "합리적인 (절차의) 섭리"(rationali dispositione)는 주 7에 언급된 내용과 상통한다.

12. 참조: 창세 2,5.   13. 참조: 창세 2,7.
14. 구체적으로 "마지막 아담"(novissimus Adam)이란 표현은 1고린 15,45에 나오지만, 그리스도와 아담과의 대비는 로마 5,12-21과 1고린 15,20-49에 신학적으로 잘 발전되어 서술되어 있다.
15. "출산을 통해 아직 열려지지 않은 육신"이란 처녀의 몸을 뜻한다.

quod deus imaginem et similitudinem suam a diabolo captam aemula operatione recuperavit. 5. In virginem enim adhuc Evam irrepserat verbum aedificatorium mortis; in virginem aeque introducendum erat dei verbum structorium vitae, ut quod per ejus modi sexum abierat in perditionem, per eumdem sexum redigeretur in salutem. Crediderat Eva serpenti: credidit Maria Gabrieli. Quod illa credendo deliquit, ista credendo correxit. «Sed Eva nihil tunc concepit in utero ex diaboli verbo.» 6. Immo concepit. Nam exinde ut abjecta pareret et in doloribus pareret verbum diaboli semen illi fuit. Enixa est denique diabolum fratricidam. Contra Maria eum edidit qui carnalem fratrem Israel, interemptorem suum, salvum quandoque praestaret. In vulvam ergo deus verbum suum detulit bonum fratrem, ut memoria mali fratris evaderet. Inde prodeundum fuit Christo ad salutem hominis quo homo jam damnatus intraverat.

---

16. 참조: 창세 1,26. "유사함"(similitudo)은 일부 구약성서 사본들에만 들어 있는데, 교부 문헌들에서는 이 단어가 자주 거론되어 있다.
17. "aemula operatione": "aemula"는 정정당당하게 경쟁한다는 뜻인데, 하느님은 절차를 뛰어넘어서 간단한 방법으로 인간을 구원하신 것이 아니라, 마귀가 인간을 타락시키고 감금시켰던 절차와 같은 절차에 따라 인류를 구원하셨다는 뜻이다.
18. 아담과 그리스도의 대비에 상응한 하와와 마리아의 대비는 성 유스띠누스(『트리폰과의 대화』 5-6)와 성 이레네우스(『이단 반론』 3,22,4-6)에 의해 발전되었는데, 떼르뚤리아누스는 이에 영향을 받았다.

이를 대변해 준다. 하느님은 당신 모상과 유사함을[16] 지닌 인간이 마귀에게 감금되어 있는 것을 보시고 마귀와 정면 대결하는 방식으로[17] 구출해 내셨다. 〔5〕 죽음을 초래하였던 악마의 말이 아직 처녀였던 하와 안에 들어갔듯이, 마찬가지로 생명을 주는 하느님의 말씀이 동정녀 안에 들어가셨다.[18] 이는 여성을 통해 멸망에 떨어졌던 것을 같은 여성을 통해 구원에로 이끌어 내기 위해서였다. 하와는 뱀의 말을 믿었지만 마리아는 가브리엘의 말씀을 믿었다. 전자가 뱀을 믿어 저지른 잘못을 후자는 신앙으로써 고쳤다. 그런데 너는 ≪하와가 그때에 마귀의 말을 통해 아무것도 잉태하지 않았다≫고 주장한다. 〔6〕 그러나 그녀는 분명히 잉태하였다. 마귀의 말은 그녀에게 씨가 되었으며[19], 그녀는 (마귀에게) 굴복당해 순종하였기 때문에 고통중에 출산하였다.[20] 마침내 그녀는 동생을 살해할 악마를[21] 낳은 것이다. 이와 반대로, 마리아가 낳은 아들은 육신으로는 형제이며 동시에 당신을 살해할 이스라엘을 구원하실 분이셨다. 그러므로 하느님께서 당신의 말씀을 (여인의) 모태에 들어가게 하신 것은 악한 형제가 남긴 기억을 말소시키기 위해서였다. 그리스도는 인류를 구원하시기 위해, 인간이 들어가 이미 단죄받았던 그곳에서 나오셔야 하셨다.[22]

---

19. 참조: 요한 8,44; 1요한 3,12.
20. 참조: 창세 3,16. 본문에 "pareret"가 두 번 나오는데, 첫째 "pareret"는 2활용 동사인 "parere"로서 "순종하다"는 뜻이고, 둘째 "pareret"는 불규칙 동사 (pareo, peperi, partum parere)로서 "낳다"는 뜻이다.
21. "동생을 살해할 악마"는 카인을 말한다. 참조: 창세 4,1-8.
22. 인간의 원죄와 그리스도의 구원사업과의 관계를 설명하고 있다. 원죄가 온 인류에게 퍼져 있기 때문에 육신은 원죄 없이 태어날 수 없다. 사람의 씨를 받지 않고 하느님의 영을 받은 그리스도(= 하느님의 말씀)께서 원죄의 고리가 되는 여인의 몸에서 태어나심으로써 그 고리를 끊을 수 있었다는 뜻이다.

XVIII. 1. Nunc et simplicius respondeamus. Non competebat ex semine humano dei filium nasci, ne si totus esset filius hominis non esset et dei filius nihilque haberet amplius Salomone et amplius Jona, ut de Ebionis opinione credendus erat. Ergo jam dei filius ex patris dei semine, id est spiritu. 2. Ut esset et hominis filius, caro ‹ei› eaque sola erat ex hominis carne sumenda sine viri semine. Vacabat enim semen viri apud habentem dei semen. Itaque, sicut nondum natus ex virgine patrem deum habere potuit sine homine matre, aeque cum de virgine nasceretur, potuit matrem habere hominem sine homine patre.

3. Sic denique homo cum deo dum caro hominis cum spiritu dei: caro sine semine ex homine, spiritus cum semine ex deo. Igitur, si fuit dispositio rationis super filium dei ex virgine proferendum, cur non ex virgine acceperit corpus quod de virgine protulit, quia aliud est quod a deo sumpsit? «Quoniam, in-

---

1. 떼르뚤리아누스는 마리아의 동정성에 관한 상징적인 설명을 끝내고, 이 장에서는 이에 대한 구체적인 설명을 시도한다. 예수께서 하느님의 아들이며 동시에 사람의 아들이 되실 수 있는 것은 그분의 어머니가 동정녀일 때이다(1-2항). 한편 말씀이 육신을 취하신 것은 그분 자신에서가 아니라 동정녀에게서이다(3-5항). 이 사실은 그분 친히 요한 3,6에서 분명히 언급하신 바와 같다(5-7항).

2. "simplicius"("더 단순하게": 비교급 부사)는, 제17장에서 상징과 대비를 통해서 하는 설명 방법에서 벗어나 구체적이고 알아듣기 쉬운 방법으로 문제를 다루어 보자는 뜻이다.

3. "하느님의 아들"은 그리스도의 신성(神性)을 말하며, "사람의 씨를 받아 태어

동정녀의 출산과 성자의 위격적(位格的) 일치[1]

[XVIII,1] 이제 더 단순하게[2] 대답해 보도록 하자. 하느님의 아들이 사람의 씨를 받아 태어나신다는 것은 합당하지 못하다.[3] 만일 그분이 전적으로 사람의 아들이셨고 하느님의 아들은 아니셨다고 한다면, 솔로몬이나 요나보다 더 나은[4] 것은 하나도 지니고 있지 못하게 되며, 이것은 에비온의 주장을[5] 믿어야 하는 것과 같다. 따라서 하느님의 아들은 하느님 아버지의 씨, 즉 성령으로 태어나신 것이다. [2] 또 그분이 사람의 아들이 되기 위해서는 남자의 씨를 받지 않고 단지 사람의 육신에서 온 육신을 취하셔야만 하셨다. 사실 하느님의 씨를 지니고 있는 분에게는 남자의 씨가 필요없기 때문이다. 그러므로 그분이 동정녀에게서 태어나시기 이전에는 인간의 어머니 없이 하느님만을 아버지로 모실 수 있었으며, 마찬가지로 동정녀에서 태어나신 이후에는 인간의 아버지 없이 인간의 어머니만을 모실 수 있었다.

[3] 결국 그분 안에는 인간이 하느님과 함께 있듯이, 사람의 육신이 하느님의 영과 함께 있는 것이다.[6] 사람에서 온 그분의 육신은 씨 없이 된 것이지만, 하느님에서 온 그분의 영은 씨를 받은 것이다. 그러므로 하느님의 아들이 동정녀에서 나셔야 하는 합리적인 의도가 있었다면, 왜 그분이 동정녀에서 온 당신 육체를 동정녀에서 받지 못했다는 말인가? 사실 (그분의 육신은) 하느님에서 받은 것과는 다른 것이기 때문이

난" 것은 그분의 인성(人性)을 말한다. 다시 말해, 그리스도 안에 신성과 인성의 구별과, 그 기원의 차이를 분명히하고 있는 것이다.
4. 참조: 마태 12,41-42; 루가 11,31-32.
5. 에비온파의 생성 과정과 주장에 대해서는 제14장 주 13(169쪽)을 참조하라.
6. 그리스도의 위격적 일치를 말한다. "사람의 육신"은 그리스도의 인성을, "하느님의 영"은 그분의 신성을 말하며, 이 두 성이 그리스도의 한 위격 안에 결합되어 있다는 뜻이다.

quiut, *verbum caro factum est.*» 4. Vox ista quid caro factum sit contestatur et declarat; nec tamen periclitatur quasi statim aliud sit factum caro et non verbum, si ex carne factum est verbum caro. Aut si ex semetipso factum est, scriptura dicat. Cum scriptura non dicat nisi quod sit factum, non et unde sit factum, ergo ex alio non ex semetipso suggerit factum. 5. Si non ex semetipso sed ex alio, jam hinc tracta ex quo magis credere congruat carnem factum verbum, nisi ex carne in qua et factum est. Vel quia ipse dominus sententialiter et definitive pronuntiavit: *Quod in carne natum est caro est*, quia ex carne natum est. «Sed si de homine tantummodo dixit, non et de semetipso, plane nec de homine Christo. – Nega hominem Christum, et ita defendes non et in ipsum competisse. – Atquin subicit: *Et quod de spiritu natum est, spiritus est,* quia deus spiritus et de deo natus est. 6. Hoc utique vel eo magis in ipsum tendit si et in credentes ejus.» Si ergo et hoc ad ipsum, cur

---

7. 요한 1,14. "Verbum caro factum est"를 일반적으로 "말씀이 사람이 되셨다"고 번역하는데, 직역하면 "말씀이 육신이 되셨다"이다. 요한 사도는 당시에 이미 퍼져 있던 영지주의적 이단사상을 배격하기 위해 "육체"($\sigma\hat{\omega}\mu\alpha$, corpus) 대신, 영지주의자들이 배척하며 구체적인 살(肉)의 의미를 가진 "육신"($\sigma\acute{\alpha}\rho\xi$, caro)이란 단어를 의도적으로 사용하였다. 그런데 여기서 이단자들은, "말씀"(그리스도의 신성)이 직접 "육신"(그리스도의 인성)이 되셨다고 하여 그리스도의 양성(兩性)을 인정하려 하지 않는 것이다.

8. 요한 3,6.

9. ≪ ≫ 안에 들어 있는 것은 발렌띠누스의 주장인데, 떼르뚤리아누스는 이를 인용하면서 "— —" 안에 자기의 말을 삽입하여 논쟁의 핵심 문제인 그리스도의 인성을 강조하고 있다. 만일 그리스도의 인성을 부인할 때 그분의 육신이 그분에게 합당하지 못하다고 말할 수 있겠으나, 그리스도는 분명히 인성을 지니고 계시기 때문에 그 인성 안에 있는 육신을 부당하다고 할 수 없다는 뜻이다.

다. 그런데 그들은 ≪"육신이 되신 것은 말씀이기"[7] 때문이다≫라고 주장한다. 〔4〕 이 말은 바로 무엇이 육신이 되었는지를 입증하며 선언하고 있다. 만일 말씀께서 육신에서 받은 육신이 되셨다면, 육신이 된 것은 말씀이 아니라 다른 것이었다고 해도 아무 무리가 없다. 그렇지 않다면, 성서는 "(말씀이) 자기 자신에서 육신이 되었다"고 하였을 것이다. 사실 성서는 (말씀이 육신이) 되었다고만 말하고 있지, 무엇에서 (육신이) 되었는지에 대해서는 언급하지 않기 때문에, (말씀이 육신이 된 것은) 자기 자신에서가 아니라 다른 것에서였다는 사실을 암시한다. 〔5〕 말씀이 자기 자신에서가 아니라 다른 것에서 육신이 되셨다면, 이미 되신 그 육신 안에서 온 육신말고 다른 어떤 것에서 되셨다고 더 합당하게 믿을 수 있는지 한번 설명해 보아라. 주님 친히 육신에서 태어나셨기 때문에 "육에서 난 것은 육입니다"[8]라고 자구적(字句的)으로 그리고 단정적으로 선언하셨던 것이다. (그런데 너는 이렇게 주장한다.) ≪그러나 그리스도께서 이 말씀을 (일반) 인간에 대해 하신 것이지 당신 자신에 대해 하신 것이 아니라면, 그분의 인성에 대해 말하지 않은 것이 분명하다. ─ 그리스도의 인성을 부인해 보라, 그러면 그것이 그분에게 합당하지 않다는 것을 주장할 수 있을 것이다.[9] ─ 한편 그분은 "영에서 난 것은 영입니다"[10]라고 덧붙여 말씀하셨는데, 왜냐하면 하느님은 영이시며[11], 그분은 하느님에게서 나셨기[12] 때문이다. 〔6〕 그분 자신은 물론 더 나아가 그분을 믿는 사람들을 두고 이 말씀을 하신 것이다.≫[13] 만일 이 말씀이 그분 자신을 두고 하신 말씀이라면 왜 앞의 경

---

10. 요한 3,6.   11. 참조: 요한 4,24.   12. 참조: 요한 1,13.
13. 여기의 논점은 "육으로부터 난 것은 육이고, 영으로부터 난 것은 영입니다" (Quod in carne natum est caro est, et quod de spiritu natum est spiritus est: 요한 3,6)고 하신 예수님의 말씀에 대한 주석 문제이다. 떼르뚤리아누스는 이 문장의 전반부를 그리스도의 인성에 적용시키고, 후반부를 그분의 신성에 적용시켜 그리스도 안에 인성과 신성의 위격적 일치를 강조한다(『프락세안 논박』 27, 14 참조). 반면 발렌띠누스는 이 성서 구절의 전반부를 육적 인간(*hylikon*)인

non et illud supra? Neque enim potes dividere hoc ad ipsum, illud supra ad ceteros homines, qui utramque substantiam Christi et carnis et spiritus non negas. 7. Ceterum, si tam carnem habuit quam spiritum, cum de duarum substantiarum pronuntiat condicione quas in semet ipse gestabat, non potest videri de spiritu quidem suo, de carne vero non sua determinasse. Ita, cum sit ipse de spiritu dei spiritus, ex deo natus, ipse et ex carne hominis homo in carne generatus.

XIX. 1. «Quid est ergo: *Non ex sanguine neque ex voluntate carnis neque ex voluntate viri sed ex deo natus est?*» Hoc quidem capitulo ego potius utar, cum adulteratores ejus obduxero. Sic enim scriptum esse

---

일반 사람들에게 적용시키고, 후반부를 그리스도와 구원이 보장된 영적 인간 (*pneumatikon*)들에게 적용시키는데, 그 이유는 육적 요소는 구원의 대상에서 배제되기 때문이다. 떼르뚤리아누스는 한 성서 구절을 분리시켜 따로따로 해설하는 것을 반대하고 있다.

14. 이 문장에서 "이 말씀"은 "영에서 난 것은 영입니다"를 가리키며, "앞의 경우"는 "육에서 난 것은 육입니다"를 가리킨다.

15. 여기서 "후반부"는 "영으로부터 난 것은 영입니다"를, "전반부"는 "육으로부터 난 것은 육입니다"를 말한다.

16. 여기서 떼르뚤리아누스는 발렌띠누스가 그리스도의 두 실체, 즉 "영"과 "육"을 부인하지 않는다고 한다. 사실 여러 형태의 그리스도를 말하는 발렌띠누스파의 주장에 의하면, 그리스도는 원래 영적인 요소를 지니고 있다. 그리고 발렌띠누스 추종자들의 각 파마다 차이는 있지만, 그리스도가 이 세상에 오셨을 때, "별들에서 취해 온 육신" 또는 "영에서 온 육신" 또는 "영혼에서 온 육신"을 지니고 있었다는 것이다. 42-44쪽 참조.

우에는 적용되지 않겠는가?¹⁴ 사실 너는 위의 구절을 둘로 나누어 후반부는 그분께 적용시키고 전반부는 다른 사람들에게 적용시키는데, 결코 그렇게 할 수는 없다.¹⁵ 왜냐하면 너는 그리스도의 두 실체, 즉 육신과 영을 부인하지 않기 때문이다. 〔7〕 끝으로, 만일 그분이 육신은 물론 영도 지니셨다면, 그분께서 당신 안에¹⁶ 지니신 두 실체의 조건에 대해 말씀하시면서, 영은 자신의 것이라 단정하고 육신은 자신의 것이 아니라고 단정하셨다고 볼 수는 없다.¹⁷ 따라서 그분은 하느님의 영에서 나신 하느님의 영이시며, 또 사람의 육신으로부터 육신으로 나신 인간이시다.

요한 1,13에 대한 주해¹

〔XIX,1〕 ≪그러면 "그분은 혈통에서나 육욕에서나 남자의 욕망에서 나신 것이 아니라 하느님에게서 난 것이다"²라는 말은 무엇을 뜻하는가?≫³(라고 이단자들은 반문한다). 나는 이 구절을 변조한 자들을 공박할 때 오히려 이 구절을 이용한다. 사실 그들은 이 구절이 ≪그들은 혈

---

17. 여기서 유의할 점은, "영"(spiritus)은 인간의 영혼(anima)이 아니라 하느님의 영, 즉 신성을 말한다.

1. 이 장은 요한 1,13에 대한 주해로서, 떼르뚤리아누스는 "하느님에게서 태어나셨다"(ex deo natus est)는 말이 그리스도에게만 적용되는 것이지, 스스로 영적 인간들이라 자처하는 발렌띠누스 추종자들에게 적용되는 말이 아니라고 역설한다(1-2항). 그리고 그리스도의 육신은 인간의 육체적 성교에 의해 태어난 것이 아니라, 동정녀 마리아로부터 실제로 육신을 취한 것이라고 논증한다(3-5항).

2. 요한 1,13.

3. 발렌띠누스파 이단자들은 제18장에서 거론되었던 요한 3,6의 주석에 대한 논쟁에서 궁지에 몰리자 갑자기 요한 1,13의 주석 문제로 화제를 돌린다. 그런데 떼르뚤리아누스는, 적대자들의 주장을 인용하는 데에 있어 "ex deo nati sunt"(복수 3인칭 주어)를 의도적으로 "ex deo natus est"(단수 3인칭 주어)로 바꾸어 놓았다(아래의 주 4 참조). 이것이 바로 논쟁의 초점이 된다.

contendunt: «Non ex sanguine nec ex carnis voluntate nec ex viri, sed ex deo nati sunt», quasi supra dictos credentes in nomine ejus designet. ut ostendant esse semen illud arcanum electorum et spiritalium quod sibi imbuunt. 2. Quomodo autem ita erit, cum omnes qui credunt in nomine ejus, pro communi lege generis humani ex sanguine et ex carnis et ex viri voluntate nascantur, etiam Valentinus ipse? Adeo singulariter ut de domino scriptum est: *Sed ex deo natus est*. Merito: quia verbum dei et cum dei verbo spiritus et in spiritu dei virtus et quidquid dei est Christus; qua caro autem, non ex sanguine nec ex carnis et viri voluntate: quia ex dei voluntate verbum caro factum est.

3. Ad carnem enim non ad verbum pertinet negatio formalis nostrae nativitatis, quia caro sic habebat nasci, non verbum. «Negans autem ex carnis quoque voluntate natum, cur non negavit etiam ex substantia carnis?» Neque enim, quia ex sanguine

---

4. 요한 1,13. 여기에 요한 1,13이 두 차례 인용되어 있는데, 앞의 인용에서 "est"에 내포되어 있는 주어를 "그분"(= 그리스도)으로 하고, 뒤의 인용에서 "sunt"에 내포되어 있는 주어를 "그들"(= 신도들)로 하였다. 떼르뚤리아누스는 주어를 "그들"로 한 것은 발렌띠누스파의 조작이라고 주장하는데, 성서의 희랍어 원문은 떼르뚤리아누스의 주장과 다르다. 한편 초기 교부 문헌들에서는 이 구절이 단수형으로 되어 있는 것이 많다. 유스띠누스, 『트리폰과의 대화』 63,2 ("ὡς τοῦ αἵματος αὐτοῦ οὐκ ἐξ ἀνθρωπείου σπέρματος γεγεννημένου αλλ' ἐκ θελήματος θεοῦ"); 54,2; 76,1; 이레네우스, 『이단 반론』 3,16,2("Non enim ex voluntate carnis neque ex voluntate viri, sed ex voluntate dei, verbum caro factum est"); 히뽈리뚜스, 『철학 총론』 4,9. 떼르뚤리아누스는 아마도 이레네우스의 저서를 참조하여 이 글을 쓰면서 거기에 인용된 성서 구절을 정확히 확인하지 않고 그대로 사용하였기 때문인 것으로 보인다.

통에서나 육욕에서나 남자의 욕망에서 난 것이 아니라 하느님에게서 난 것이다≫[4]로 되어 있다고 하면서, 앞에서 언급된 "그들"은 그분의 이름을 믿는 이들을 지칭한다고 주장한다. 이렇게 함으로써 그들은 선택된 사람들과 영적인 사람들이 (자기 자신들 안에) 저 신비로운 씨가 (있음을) 스스로 주지시키고 있다는[5] 점을 부각시키려 하는 것이다. [2] 그러나 그분의 이름을 믿는 모든 사람[6] 그리고 발렌띠누스 자신 역시 인류의 보편법칙에 따라 혈통과 육욕과 남자의 욕망에서 태어났는데도 불구하고 어떻게 그렇게 될 수 있단 말인가? 그러므로 "하느님에게서 났다"[7]는 말은 주님을 대상으로 하여 단수(單數)로 기록된 것이다. 분명한 사실은, 그분은 하느님의 말씀이시며 하느님의 말씀과 함께 영이시고 그 영 안에서 하느님의 능력이시기 때문에[8] 그리스도는 하느님에 속한 모든 것을 지니고 계시다. (그분) 육신의 경우는 혈통에서나 육욕에서나 남자의 욕망에서 나셨다고 할 수 없으니, 왜냐하면 말씀께서는 하느님의 뜻에 따라 육신이 되셨기 때문이다.

[3] (한편) 우리의 출생 방식과 같지 않다는 말은, 그분의 육신에 해당되는 말이지 하느님의 말씀에 해당되는 것은 아니다. 사실 그렇게 태어나신 것은 육신이지 말씀이 아니기 때문이다. ≪(성서는), 그분이 육욕에서 태어나지 않았다고 하면서, 육신의 실체에서 태어나지 않았다는 말은 왜 하지 않았는가?≫라고 (너는 반문한다). 그분이 혈통에서 태어

---

5. 발렌띠누스에 의하면, "신비로운 씨"(arcanum semen)는 플레로마에 기원을 둔 요소를 말한다. "선택된 사람들과 영적인 사람들"은 자신 안에 이 씨를 지니고 있으므로 자동적으로 구원받을 수 있다는 것이다. "sibi imbuunt"는 "자신에게 가르친다"인데, 즉 선택된 사람들과 영적인 사람들은 자신 안에 "신비로운 씨"가 있음을 자각하고 자신에게 이 사실을 주지시킴으로써 구원받게 되며, 바로 이것은 그들이 주장하는 "영지"이다.
6. 참조: 요한 1,12.
7. 요한 1,13.
8. "하느님의 말씀"과 "영"과 "능력"과의 관계는 제14장 5항에 자세히 설명되어 있다. 참조: 『호교론』 23,12.

negavit, substantiam carnis renuit sed materiam seminis quam constat sanguinis esse calorem, ut despumatione mutatum in coagulum sanguinis feminae. 4. Nam et coagulum in caseo ejus est substantiae quam medicando constringit, id est lactis. Intellegimus ergo ex concubitu nativitatem domini negatam, quod sapit et ‹non› ex voluntate viri et carnis, non ex vulvae participatione. Sed quid utique tam exaggeranter inculcavit non ex sanguine nec ex carnis aut viri voluntate natum, nisi quia ea erat caro quam ex concubitu natam nemo dubitaret? Negans porro ex concubitu non negavit et ex carne; immo confirmavit ex carne, quia non proinde negavit ex carne sicut ex concubitu negavit. 5. Oro vos, si dei spiritus non de vulva carnem participaturus descendit in vulvam, cur descendit in vulvam? Potuit enim extra eam fieri caro spiritalis. ‹Si› simplicius multo quam intra vulvam fieret extra vulvam, sine causa eo se intulit unde nihil extulit. Sed si non sine causa descendit in vulvam, ergo ex illa accepit quia, si non ex illa accepit, sine causa in illam descendit, maxime ejus qualitatis caro futurus quae non erat vulvae, id est spiritalis.

---

9. 이 대목은 인간의 생식기능(生殖機能)을 설명한 것으로서, 떼르뚤리아누스는 히포크라테스가 제창하고(*De nativitate pueri* 1) 아리스토텔레스가 그대로 수용한 다음의 이론을 따르고 있다. 남자의 정자(精子)는 피로 구성되어 있으며, 생식(生殖)의 적극적인 요소를 지니고 있기 때문에 열기가 있으며, 공기와 섞이면 거품 모양이 되기 때문에 색깔이 희다는 것이다(*Generation des animaux* I,19-II,2). 떼르뚤리아누스의 묘사에서 "여인의 피"는 난자(卵子)를, "(남자의) 피의 열기"는 정자를 뜻한다.

나지 않았다는 것은 그분 육신의 실체 자체를 거부하는 것이 아니라, 거품의 형태로 되어 있으며 여인의 피를 응고물로 변화시키는 (남자의) 피의 열기인 씨의 재료를 거부하는 것이다.[9] [4] 사실 치즈의 경우에도, 압축의 방법을 통해 응고된 것의 실체는 다름 아닌 우유이다. 그러므로 "육욕이나 남자의 욕망에서 태어나지 않았다"는 말은 성교(性交)를 통해 주께서 태어나셨다는 것을 부인하는 것이지 모태에 계셨다는 것을 부인하는 것은 아니라는 뜻으로 우리는 이해한다. 그런데 만일 주님의 육신이 아무도 의심하지 않는 방법인 성교를 통해 태어난 육신이었다면, 그분이 혈통이나 육욕이나 남자의 욕망에서 나지 않았다는 말을 왜 그처럼 지나치게 강조하였겠는가? 여기서 성교를 통해 난 것을 부인한다고 해서 육신에서 난 사실까지 부인하는 것은 아니다. 게다가 성교를 통해 난 것을 부인하는 것처럼 육신에게서 난 것을 부인하지는 않기 때문에, 이는 그분이 육신에서 태어나신 사실을 확인시켜 주는 것이다. [5] 너희에게 묻겠는데[10], 만일 하느님의 영께서 (여인의) 모태에 내려가신 것은 그 모태에서 육신과 합쳐지기 위해서가 아니라고 한다면 왜 내려가셨는지 (대답해 보아라). 영적 육신이 되기 위해서는 모태 밖에서도 가능했을 것이다. 모태 안에서보다 밖에서 더 간단히 될 수 있는 일이었다면, 가지고 올 것이 하나도 없는 곳으로 아무 이유 없이 들어간 셈이 된다. 그러나 (하느님의 영이) 모태에 까닭없이 내려간 것이 아니라고 한다면, 거기에서 (육신을) 받은 것이다. 왜냐하면 만일 거기에서 (육신을) 받지 않았다고 한다면, 그곳에 까닭없이 내려간 것이 되며, 게다가 모태에 속하지 않는 성질의 육신, 즉 영적 육신이 되려 하였다는 셈이 되기 때문이다.

---

10. 그리스도의 육신은 "영적 육신"(caro spiritalis = *pneumatikon*)이며, 동정녀의 모태와 아무 상관이 없다고 하는 발렌띠누스의 주장에 대해 떼르뚤리아누스는 아래에 제시된 세 가지 가정을 통해 그 비논리성을 지적한다. ① 그리스도께서 동정녀로부터 아무것도 취하지 않았다면, 동정녀 안으로 내려가지 않는 것이

XX. 1. Qualis est autem tortuositas vestra ut ipsam 'ex' syllabam praepositionis officio adscriptam auferre quaeratis et alia magis uti, quae in hac specie non invenietur penes scripturas sanctas? Per virginem dicitis natum non ex virgine, et in vulva non ex vulva, quia et angelus in somnis ad Joseph: *Nam quod in ea natum est,* inquit, *de spiritu sancto est,* non dixit ex ea. 2. Nempe, tamenetsi ex ea dixisset, in ea dixerat; in ea enim erat quod ex ea erat. Tantumdem ergo et cum dicit in ea, ex ea consonat, quia ex ea erat quod in ea erat. Sed bene, quod idem dicit Matthaeus, originem domini decurrens ab Abra-

---

더 단순한 일이었을 것이다. ② 만일 동정녀 안으로 내려가지 않는 것이 더 단순한 일이었다면, 그리스도는 아무 이유 없이 거기에 내려간 것이다. ③ 그러나 그분께서 이유 없이 내려가지 않았다면, 동정녀에게서 실제로 육신을 취한 것이다.

1. 떼르뚤리아누스는 제19장에 이어 이 장에서도 그리스도께서 마리아에게서 육신을 취하셨다는 사실을 입증하려 한다. 그리스도께서 "모태에서"(ex vulva) 태어나신 것이 아니라 단지 "모태 안에"(in vulva) 계시다가 나오셨다고 주장하는 이단자들에게 떼르뚤리아누스는 이에 관련된 몇 가지 성서 구절과(1-3항 전반부), 시편들을 인용하고, 의학적인 설명을 통해 그리스도께서 동정녀에게서 참으로 육신을 취하셨다고 역설한다(3항 후반부-6항).

2. 우리말 번역에서는 뚜렷이 나타나 있지 않지만, 라틴어 전치사의 용법과 뜻에 관한 논박이다. 논점이 되고 있는 "동정녀에게서 태어난"(ex virgine natum)은 루가 1,35("너에게서 태어난 이분은 거룩한 분": τὸ γεννώμενον ἐκ σοῦ ἅγιον)에서 온 것이다. 그런데 "너에게서"(ἐκ σοῦ = ex te)가 성서 본문에 속하는지는 확실하지 않다. 많은 희랍어 성서 사본들에는 이 단어가 없으나 2세기 경부터 서방교회에서 사용된 성서에는 이 단어가 들어 있다. 사실 떼르뚤리아

예수는 동정녀의 모태에서 태어나셨다[1]

[XX,1] 이 문제에 있어, 너희는 "에게서"라는 전치사[2] 기능으로 붙여진 음절을 삭제하고, 대신 어느 성서에도 있지 않은 다른 전치사를 사용하려고 꾀하고 있으니, 얼마나 왜곡된 짓인가! 너희는 (그리스도께서) 동정녀에게서가 아니라 동정녀를 통하여, 그리고 그 모태에서가 아니라 모태 안에서 태어나셨다고 주장하면서, 천사가 꿈에 요셉에게 "그녀 안에 태어나신 분은 성령으로 말미암은 것이다"[3]라고 말하였지 "그녀에게서"라고 말하지 않았기 때문이라고 한다. [2] 그러나 비록 (복음사가가) "그녀에게서"라고 말하였더라도 "그녀 안에"라는 (뜻으로) 말한 것이다. 왜냐하면 "그녀에게서" 태어나신 분은 "그녀 안에" 계셨기 때문이다. 마찬가지로 "그녀 안에"라고 말할 때, 그것은 "그녀에게서"의 뜻을 지니고 있으니, 왜냐하면 "그녀 안에" 계셨던 분이 "그녀에게서" 태어나셨기 때문이다.[4] 그런데 마태오 사가는 아브라함으로부터 마리아에 이르기까지

누스 자신은 이 성서 구절을 인용한 『프락세안 논박』 26에서 "ex te"(너에게서)를 사용하였으며, 『마르치온 논박』 4,7에서는 "in te"(너 안에서)를 사용하였다. 한편 발렌띠누스에 의하면, 물질적 요소(*hylikon*)를 전혀 지니고 있지 않은 예수는 단지 마리아의 모태 안에("**in vulva**") 있다가, 마치 물이 수도관을 통해 지나가듯, 마리아의 몸을 통해("**per**") 나왔을 뿐 마리아에게서("**ex**") 아무것도 가지고 나오지 않았다는 것이다. 이에 대해 떼르뚤리아누스는, 성서 본문에 분명히 기원을 나타내는 전치사 "**ex**"(에게서)를 "**in**"(안에)이나 "**per**"(통하여)로 바꿈으로써 본래의 뜻을 왜곡시킨 이단자들을 질타한다.

3. 마태 1,20. 발렌띠누스는 자기가 주장하는 "**in**"(안에) 전치사를 입증하기 위해 "그녀 안에서"(**in ea**)라는 말이 들어 있는 마태 1,20을 인용하고 있다.

4. 예수 육신의 출처를 마리아에게서 배제하기 위해 "**ex**" 전치사 대신 "**in**"을 고집하는 발렌띠누스에 대해 떼르뚤리아누스는 루가 1,35의 "**ex te**"(너에게서)와 마태 1,20의 "**in ea**"(그녀 안에)가 상충되는 것이 아니라 오히려 그 뜻을 명확히 해준다는 것을 강조한다. 그리스도가 마리아에게서 태어나시기 위해 먼저 마리아의 모태 안에 계셔야 하는 것은 너무나 자명한 사실이라는 것이다.

ham usque ad Mariam, *Jacob autem generavit,* inquit, *Joseph, virum Mariae ex qua natus est Christus.* Sed et Paulus grammaticis istis silentium imponit: *Misit,* inquit, *deus filium suum factum ex muliere.* Numquid per mulierem aut in muliere? 3. Hoc quidem impressius quod factum potius dicit quam natum. Simplicius enim enuntiasset natum; factum autem dicendo et *verbum caro factum* consignavit et carnis veritatem ex virginis factae adseveravit.

Nobis quoque ad hanc speciem psalmi patrocinantur, non quidem apostatae et haeretici et platonici sed sanctissimi et receptissimi prophetae David. Ille apud nos canit Christum, per quem se cecinit ipse Christus. 4. Accipe vicesimum primum et audi dominum patri deo colloquentem: *Quia tu es qui avulsisti*

---

5. 마태 1.16.
6. 갈라 4.4. 여기에 인용된 갈라 4.4(deus filium suum factum ex muliere)를 통해 떼르뚤리아누스는 발렌띠누스의 오류를 두 가지 점에서 지적하고 있다. 첫째, 발렌띠누스가 거부하는 "ex" 전치사가 여기에 분명히 언급되어 있다. 둘째, 그리스도가 여인(마리아)에게서 "되신"(factum) 분이라는 표현은 "태어나신"(natum) 분이라는 표현보다 더 구체적으로 발렌띠누스의 오류를 지적한다는 것이다. 왜냐하면 발렌띠누스는 그리스도가 마리아의 모태 안에 있기는 하였지만 마리아에게서 아무것도 취하지 않고 그냥 통과하였다고 주장하는데, "태어나셨다"(natum)는 표현은 발렌띠누스식의 출생에도 적용될 오해의 소지가 있지만, "되셨다"(factum)는 표현은 그리스도가 마리아에게서 육신을 취하셨다는 뜻 외에 달리 해석될 수 없기 때문이라는 것이다.
7. "grammaticis istis"에서 "istis"는 경멸하는 뜻을 지니고 있으며, 그래서 "(엉터리) 문법가들"이라고 번역하였다. 즉, 전치사를 멋대로 바꾸고 잘못 해석하는 이단자들을 지칭한다.
8. 요한 1.14.

의 주님의 족보를 서술하는 자리에서 이 점을 잘 언급하고 있으니, "야곱은 마리아의 남편 요셉을 낳았으며, 그녀에게서 그리스도께서 나셨다"[5]라고 하였다. 한편 바울로는, "하느님은 여인에게서 되신 당신 아드님을 보내셨다"[6]라고 말함으로써 이 (엉터리) 문법가들을[7] 입다물게 하였다. 그래, (여기서도) "여인을 통하여" 또는 "여인 안에서"라고 말했단 말이냐? 〔3〕 여기서 그분이 "태어나셨다"고 하지 않고 오히려 "되셨다"고 말한 것은 매우 인상적이다. 사실 더 간단하게 "태어나셨다"고 표현할 수 있었을 것이다. 그렇지만 "되셨다"고 말함으로써 "말씀이 육신이 되셨다"라는 사실을[8] 재확인하였으며, 동정녀에게서 되어진 육신의 실재(實在)를 확증한 셈이다.

시편들도 이 점에 대해 우리의 입장을 대변해 준다. (여기서 말하는) 시(詩)들이란, 배교자들이며 이단자들이며 플라톤 추종자들인 그들이[9] 사용하는 시가 아니라, 지극히 거룩하며 가장 존경받는 예언자 다윗의 시편들을 말한다.[10] 다윗이 우리 (공동체) 안에서 그리스도를 찬양하고 있으며, 그를 통해 그리스도 자신이 노래하고 계시다. 〔4〕 시편 제21편을 펴들고 하느님 아버지와 대화를 나누시는 주님의 말씀들을 들어 보아라. "내 어미의 모태에서 나를 끌어내신 분은 당신이시니이다"[11]가 그

---

9. "apostatae et haeretici et platonici": 이 표현은 배교자들, 이단자들, 플라톤 추종자들이라는 각기 다른 세 부류의 사람들을 지칭하는 것이 아니라 발렌띠누스파(Valentini)의 세 가지 측면을 묘사한 것이다. 사실 『이단자 규정론』 30,1에서는 마르치온을 스토아 철학의 추종자라 하고, 발렌띠누스를 플라톤 추종자라 지칭하고 있다: "Ubi tunc Marcion, Ponticus nauclerus, stoicae studiosus? Ubi Valentinus platonicae sectator?" 따라서 이 표현에는 발렌띠누스가 그리스도교에 있다가 배교하여 이단자가 되었으며, 플라톤 철학의 영향을 받아 그의 이단을 정립하였다는 사실을 함축하고 있다.

10. 성서에 나오는 150편의 시편들은 일반적으로 다윗 왕의 작품으로 믿고 있었으며, 그를 "예언자"로 불렀다. 발렌띠누스의 시(詩)에 대해서는 제17장 1항과 주 4를 참조하라.

11. 시편 22,10a.

me ex utero matris meae. Ecce unum. Et: *Spes mea ab uberibus matris meae, super te sum projectus ex vulva.* Ecce aliud. Et: *Ab utero matris meae deus meus es tu.* Ecce aliter. Et ad sensus nunc ipsos decertemus. 5. *Avulsisti,* inquit, *ex utero.* Quid avellitur nisi quod inhaeret, quod infixum, quod innexum est ei a quo ut auferatur avellitur? Si non adhaesit utero, quomodo avulsus est? Si adhaesit qui avulsus est, quomodo adhaesisset nisi dum ex utero est per illum nervum umbilicalem, quasi folliculi sui traducem, adnexus origini vulvae? Etiam cum quid extraneum extraneo adglutinatur, ita concarnatur et convisceratur cum eo cui adglutinatur ut, cum avellitur, rapiat secum ex corpore a quo avellitur sequelam quamdam abruptae unitatis et traducis mutui coitus. 6. Ceterum, cum et ubera matris suae nominat sine dubio quae hausit, respondeant obstetrices et medici et physici de uberum natura: an aliter manare soleant sine vulvae genitali passione, suspendentibus exinde venis sentinam illam inferni sanguinis et ipsa translatione decoquentibus in materiam lactis laetiorem. Inde adeo fit ut uberum tempore menses sanguinis vacent. Quodsi verbum

---

12. 시편 22,10b-11a.   13. 시편 22,11b.
14. "ad-glutinatur"(부착되어 있다), "con-carnatur"(한 몸을 이룬다), "con-visceratur"(한 내장을 이룬다) 등의 표현들은 완전한 일치를 강조하기 위해 떼르뚤리아누스가 만들어 낸 신조어(新造語)로 보인다. 즉, 태아와 어머니의 모태는 서로 다른 이질적인 것("extraneum extraneo")인데, 태아가 모태 안에 있을 때에는 탯줄을 통해 완전한 일치를 이루지만, 출산되어 탯줄이 끊기면 서로 분리된다는 뜻이다.

한 구절이며, "내 어미의 품에서부터 내 희망이시여, 나는 모태에서 나와서 당신께 맡겨진 몸이니이다"[12]가 다른 한 구절이며, "내 어미의 모태에서부터 당신은 내 하느님이시니이다"[13]가 또 다른 한 구절이다. 그러면 이제 이 구절들의 의미를 살펴보자. 〔5〕 "당신은 모태에서 (나를) 끌어내셨나이다"고 하였다. 부착되어 있는 것, 고착되어 있는 것, 연결되어 있는 것을 내부에서부터 분리시켜 (밖으로) 끌어내는 경우가 아니라면 무엇을 끌어낸다는 말인가? 만일 그분이 모태에 부착되어 있지 않았다면 어떻게 (밖으로) 끌어낼 수 있겠는가? 만일 그분이 내부에 부착되어 있다가 거기서부터 나오셨다면, 마치 나무 표피에 감싸여 있는 새싹처럼, 탯줄을 통해 원래의 모태와 연결되어 있지 않고서 어떻게 달리 부착되어 있었겠는가? 그리고 어떤 것이 다른 이질적인 (몸)에 부착되어 있을 때에, 그것은 부착된 것과 함께 한 몸을 이루며 한 내장(內臟)을 형성하게 된다.[14] 그러나 육체에서 분리될 때에는, 그 일치가 깨어지고 서로를 연결하던 끈이 잘려져 결국 거기서부터 분리되는 것이다. 〔6〕 그 다음, 그의 "어미의 품"이라는 말은 틀림없이 그분이 빨던 (젖을) 지칭하는데, 산파들과 의사들과 학자들은[15] (어미의) 품의 본성에 관해 이렇게 설명하고 있다. 자궁에서의 산고(産苦)를 겪지 않고서는 일반적으로 (젖이) 나오지 않는데, 혈관들이 아래에 있는 더러운 피를 젖이 있는 데로 올라오게 하며, 이 과정을 통해 (먹기) 좋은 물질인 젖으로 변화되며[16], 바로 이때문에 수유기에는 월경이 중단된다는 것이다.

---

15. "obstetrices et medici et physici"(산파들과 의사들과 학자들): "physici"는 요즘처럼 세분화된 의미에서의 물리학자를 뜻하는 것이 아니라, 모든 물질에 관계된 박물학의 전문가인 철학자를 뜻한다(『호교론』 46,8 참조). 이상하게도 "산파"가 여기에 열거되어 있는데, 당시 산파들은 일반적으로 교육을 받지 못한 노예 출신으로 산모의 탯줄을 끊어주고 씻어주는 등 허드렛일을 하였다. 그러나 자유인으로서 의사처럼 전문적인 지식을 갖춘 산파들도 있었다.
16. "laetiorem"("유쾌한"의 비교급)은 행복한 젖먹이의 미소짓는 모습을 연상케 한다. 떼르뚤리아누스는 더러운 피가 상위의 물질로 변화된 결과를 말하려 한다.

caro ex se factum est, non ex vulvae communicatione, nihil operata vulva, nihil functa, nihil passa, quomodo fontem suum transfudit in ubera quem nisi habendo non mutat? Habere autem fontem non potuit lacti subministrando, si non haberet et causas sanguinis ipsius, avulsionem scilicet suae carnis. 7. Quid fuerit novitatis in Christo ex virgine nascendi, palam est: solum hoc scilicet quod ex virgine secundum rationem quam edidimus, et uti virgo esset regeneratio nostra spiritaliter, ab omnibus inquinamentis sanctificata per Christum, virginem et ipsum etiam carnaliter, ut ex virginis carne.

XXI. 1. Si ergo contendunt hoc competisse novitati, ut quemadmodum non ex viri semine, ita nec ex virginis carne caro fieret dei verbum, quare non hoc sit tota novitas ut caro, non ex semine nata, ex carne ‹semine nata› processerit? 2. Accedant adhuc com-

---

젖이 생기게 되는 과정을 서술한 이 이론은 아리스토텔레스의 이론(*Generation des aminaux* II,4)을 따르고 있다.

17. "새로움"(novitatis)은 제17장 3항의 "새로운 탄생"(nativitas nova)을 말하며, 이렇게 태어난 그리스도는 "마지막 아담"(제17장 4항: novissimus Adam, 직역하면, "가장 최근의 아담")이다.

18. "우리의 재생"(regeneratio nostra)은 세례성사를 뜻하며, 세례의 은총은 그리스도를 통해서 이루어진다. 여기서 그리스도의 동정성, 마리아의 동정성, 우리의 세례의 동정성 사이의 연관성을 볼 수 있는데, 동정(virgo)은 더럽혀지지 않은 깨끗하고 순수한 상태를 뜻한다. 떼르뚤리아누스의 관심사는 그리스도께서 동

만일 말씀이 자궁과 상관없이 스스로 육신이 되었다면, 또 자궁이 아무런 일도 하지 않고 아무런 작동도 하지 않고 아무런 고통도 겪지 않았다고 한다면, (출산을) 겪지 않고서는 변화될 수 없는 젖이 어떻게 젖샘인 유방에로 옮겨질 수 있단 말이냐? 피가 쏟아져 나오게 되는 이유, 즉 그분 육신의 출산이 없었다면, (동정녀는) 젖을 내게 하는 젖샘도 가질 수 없었을 것이다. [7] 그리스도께서 동정녀에게서 태어나셨다는 사실에서 새로움이[17] 무엇인지 분명히 드러난다. 그 유일한 새로움이란, 우리가 설명한 이치에 따라 그분이 동정녀에게서 태어나셨다는 점이다. 따라서 그리스도를 통해 모든 (죄의) 더러움에서 성화(聖化)되는 우리의 재생(再生)은 영적으로 동정성을 지니게 되는데, 그분은 동정녀의 육신에서 태어나셨듯이 그분 자신도 육적으로 동정이셨기 때문이다.[18]

천주의 모친에 관한 성서의 증언들[1]

[XXI,1] 그러므로 그들은, 하느님의 말씀이 남자의 씨에서는 물론 동정녀의 육신에서도 태어나지 말아야 새로움이 될 만하다고 주장한다. 그렇다면 (남자의) 씨에서 태어나지 않은 육신이 씨에서 태어난 육신에게서 나왔다는 사실이 왜 완전한 새로움이 되지 못한다는 말인가?[2] [2] 더

정녀로부터 육신을 받지 않았다고 하는 발렌띠누스에 대항하여 동정녀로부터의 그리스도의 참다운 탄생, 즉 "새로운 탄생"을 역설하는 것이다.
1. 떼르뚤리아누스는 이 장에서 그리스도께서 마리아로부터 탄생한 사실을 성서의 여러 증언들을 통해 입증하고 있다. 만일 그리스도가 동정녀에게서 참으로 태어나지 않았다면, 그분의 탄생에 관해 언급하는 모든 성서 구절, 즉 이사야서의 예언, 가브리엘 대천사의 탄생 예고(1-3항) 그리고 마리아에게 한 엘리사벳의 축하 인사(4-7항) 등이 무의미해지기 때문이라는 것이다.
2. "(남자의) 씨에서 태어나지 않은 육신"은 그리스도의 육신을 말하고, "씨에서 태어난 육신"은 마리아의 육신을 말한다. 제20장에서 강조하였듯이, 떼르뚤리

minius ad congressum. *Ecce*, inquit, *virgo concipiet in utero*. Quidnam? Utique dei verbum, non viri semen. Certe ut pareret filium: nam *Et pariet*, inquit, *filium*. Ergo ut ipsius fuit parere quia ipsius fuit concepisse, ita ipsius est quod peperit, licet non ipsius fuerit quod concepit. Contra si verbum ex se caro factum est, jam ipsum se concepit et peperit et vacat prophetia. 3. Non enim virgo concepit neque peperit, si non quod peperit ex verbi conceptu caro ipsius est. Solane autem prophetae vox evacuabitur an et angeli conceptum et partum virginis annuntiantis, an omnis scriptura etiam quaecumque matrem pronuntiat Christi? «Quomodo enim ‹virgo› mater, nisi quia in utero ejus fuit sed si nihil ex utero ejus accepit quod matrem eam faceret?» Ei cujus in utero fuit, hoc nomen non debet caro extranea: matris uterum non appellat nisi filia uteri caro. Filia porro uteri non est si sibi nata est.

아누스는 그리스도의 탄생의 "새로움"(novitas)을 동정녀에게서의 탄생에 국한시키고 있다. 이 새로운 탄생은 유대인들과의 논쟁과 에비온파와의 논쟁에서도 강조되어 있다: 『유대인 논박』 7,9; 『마르치온 논박』 3,13,4 참조.

3. 이사 7,14a.   4. 이사 7,14b.

5. 이 문장을 풀어서 해석하면, 마리아가 "잉태한 것", 즉 그리스도는 마리아에게서 온 것이 아니라 성령에서 왔지만, 마리아가 "낳은 것", 즉 그리스도의 육신은 마리아에게서 온 것이라는 뜻이다. 떼르뚤리아누스는 앞에서 언급한 이사 7,14에 따라서 수태와 출산이 모두 동정녀에게 해당되는 일이라는 원칙하에, 마리아에게서 태어난 그리스도의 육신은 마리아에게서 올 수밖에 없다는 것이다.

6. 여기서 떼르뚤리아누스는 루가 1,31-32보다, 이사야 예언서를 상기시켜 주님의 탄생을 예고하는 마태 1,23을 염두에 두고 있는 듯하다.

위협적으로 반격하려면 좀더 다가오너라. (예언자는) "보라, 동정녀가 모태에 잉태하리라"³고 말하였다. 무엇을 (잉태한다는 것인가)? 물론 남자의 씨가 아니라 하느님의 말씀을 잉태한 것이다. 이것은 아들을 낳기 위해서가 분명하다. 왜냐하면 "그녀가 아들을 낳으리라"⁴고 (이어서) 말하고 있기 때문이다. 따라서 잉태가 그녀에게 해당되기 때문에 출산도 그녀에게 해당된다. 이와 마찬가지로, 비록 잉태한 것이 그녀의 것이 아니라 하더라도 그녀가 낳은 것은 그녀의 것이다.⁵ 반대로 만일 말씀이 스스로 육신이 되셨다고 한다면, 자기 자신을 잉태하고 낳은 셈이 되며, 예언도 헛된 것이 되고 만다. [3] 왜냐하면, 만일 동정녀가 말씀을 잉태하여 낳은 것이 그분의 육신이 아니었다고 한다면, 동정녀는 잉태하지도 않았고 출산하지도 않은 셈이 되기 때문이다. 예언자의 말만 없애면 되겠느냐? 아니면 동정녀가 잉태하여 아들을 낳으리라고 예고한 천사의 말도 없애야 하겠느냐?⁶ 아니면 그리스도의 어머니에 대해 선포하는 성서 구절들을 모두 없애야 하겠느냐? ≪그분이 동정녀의 모태에 계시지 않았다면 어떻게 동정녀를 어머니라 할 수 있겠으며, 그분이 그녀의 모태로부터 아무것도 받지 않았다면 무엇이 그녀를 어머니로 만들 수 있겠는가?≫⁷(라고 너는 반문한다). (물론) 모태 안에 있었던 것과는 다른 어떤 이질적인 육신을 가지고서 그녀에게 (어머니라는) 이름을 붙여서는 안된다. 즉, 모태에서 태어난 육신이 아닌 경우에는 "어머니의 모태"라는 말을 붙일 수 없는 것이다. 게다가 자기 스스로 태어났다면 모태의 소생이 되지 못한다.

---

7. 여기서 발렌띠누스는, 어떻게 마리아가 동정녀이면서 동시에 어머니가 될 수 있느냐 하는 논리적인 반박을 하고 있다. 어머니가 될 수 있으려면 태아가 모태에 있었고 태어나야 하는데, 아기를 낳은 여인은 동정녀가 될 수 없다는 논리다. 떼르뚤리아누스는 아래에서 이에 대해 대답하면서, 마리아와 예수의 특이한 경우를 "새로운 탄생" 또는 "탄생의 새로움"으로 설명한다.

4. Tacebit igitur et Elisabeth prophetam portans jam domini sui conscium infantem, et insuper spiritu sancto adimpleta? Sine causa enim dicit: *Et unde mihi hoc ut mater domini mei veniat ad me?* Si Maria non filium sed hospitem in utero portabat Jesum, quomodo dicit: *Beatus fructus uteri tui?* Quis hic fructus uteri qui non ex utero germinavit, qui non in utero radicem egit, quia non ejus est cujus est uterus? Ut quid utique fructus uteri Christus? 5. An quia ipse est «flos de virga» prophetae «ex radice Jesse», radix autem Jesse genus David, virga ex radice Maria ex David, flos ex virga filius Mariae, qui dicitur Jesus Christus, ipse erit et fructus? 6. Flos enim fructus quia per florem et ex flore omnis fructus eruditur in fructum. Quid ergo? Negant et fructui suum florem et flori suam virgam et virgae suam radicem, quominus suam radix sibi vindicet per virgam proprietatem ejus quod ex virga est, floris et fructus? 7. Siquidem omnis gradus generis ab ultimo ad principalem recensetur, ut jam nunc carnem Christi non tantum Mariae sed et David per Mariam et Jesse per David sciant adhaerere. Adeo hunc fructum ex lumbis David, id est ex posteritate

---

8. "아기 예언자"(prophetam infantem)는 세례자 요한을 말한다. 참조: 『영혼론』 26,1.
9. 참조: 루가 1,41.   10. 루가 1,43.   11. 루가 1,42.
12. 참조: 이사 11,1. 떼르뚤리아누스는 여러 곳에서 그리스도를 이새의 뿌리에서 자란 가지에서 핀 꽃에 적용시키고 있다: 『유대인 논박』 4,26; 『마르치온 논박』 3,17,4; 4,1,8; 4,36,11; 5,8,4; 『월계관』 15,1 등등.
13. 예수의 족보는 마태 1,1-16과 루가 3,23-38 두 군데에 나오는데, 서술 방법이

〔4〕따라서 엘리사벳은 자기 주님을 알아본 아기 예언자를[8] 잉태하였을 뿐만 아니라 그녀 자신이 성령으로 충만했었는데도[9] 침묵했어야 했단 말이냐? 사실 "내 주님의 어머니께서 내게로 오시다니 이것이 어찌된 일입니까?"[10]라는 말을 아무 이유 없이 한 셈이 되기 때문이다. 만일 마리아가 태중에 예수를 아들로서가 아니라 손님으로 모시고 있었다고 한다면, (엘리사벳이) 어떻게 "당신 태중의 아들은 복되십니다"[11]라고 말하였겠느냐? 모태가 자기의 것이 아니기 때문에 모태에서 생성되지 않았으며 모태 안에 근거를 두지도 않았다면, 그런 모태에서 태어난 이 아들은 누구란 말이냐? 그리스도가 모태의 소생이라고 하는 것은 무슨 까닭에서냐? 〔5〕 그분은 "이새의 뿌리에서 자란 가지에서 핀 꽃"이라고 예언자가 말한 바로 그분이 아니냐?[12] 여기서 이새의 뿌리는 다윗의 가문을 뜻하고, 그 뿌리에서 자란 가지는 다윗의 후손인 마리아를 뜻하며, 가지에서 핀 꽃은 마리아의 아들을 뜻하는데도 예수 그리스도라 불리는 분이 바로 그녀의 자식이 아니란 말이냐? 〔6〕 사실 (여기서) 꽃은 자식을 뜻하니, 모든 열매는 꽃을 통해 그리고 꽃에서부터 맺어지기 때문이다. 그런데 (우리의 적대자들은) 어떻게 말하는가? 그들은 열매에 대한 그 꽃을, 꽃에 대한 그 가지를 그리고 가지에 대한 그 뿌리를 부정한다. 이것은 뿌리가 가지를 통해 그 가지에서 나온 꽃과 열매를 자기 것이라 주장하는 것을 가로막는 꼴이 아닌가? 〔7〕 사실 (주님의) 족보의 모든 단계가 마지막에서부터 처음까지 잘 정리되어 있는데[13], 이것은 지금의 그리스도의 육신이 마리아와 연관되어 있을 뿐만 아니라 마리아를 통해 다윗과, 그리고 다윗을 통해 이새와도 연관되어 있다는 사실을 알 수 있도록 하기 위해서이다. 하느님은 다윗의 몸, 즉 그의 육적

서로 다르다. 마태오 복음서의 것은 아브라함에서부터 예수까지의 순서로 되어 있는 반면, 루가 복음서의 것은 예수로부터 시작해 거슬러올라가는 방식으로 되어 있다. 여기서 "마지막에서부터 처음까지"란 표현은 루가 복음서에 나오는 족보를 말한다.

carnis ejus, jurat illi deus consessurum in throno ipsius. Si ex lumbis David, quanto magis ex lumbis Mariae ob quam ex lumbis David!

XXII. 1. Deleant igitur et testimonia daemonum *filium David* proclamantium ad Jesum, sed testimonia apostolorum delere non poterunt si daemonum indigna sunt. Ipse imprimis Matthaeus, fidelissimus evangelii commentator ut comes domini, non aliam ob causam quam ut nos originis Christi carnalis compotes faceret, ita exorsus est: *Liber generaturae Jesu Christi, filii David, filii Abrahae.* 2. His originis fontibus genere manante cum gradatim ordo deducitur ad Christi nativitatem, quid aliud quam caro ipsa Abrahae et David, per singulos traducem sui faciens in virginem usque describitur inferens Christum, immo ipse Christus prodit de virgine? 3. Sed et Paulus, utpote ejusdem evangelii et discipulus et magister et testis quia ejusdem apostolus

---

14. 참조: 시편 132,11; 사도 2,30. "fructum ex lumbis David"을 직역하면, "다윗의 허리에서 나온 열매"이다.

1. 세례자 요한의 어머니 엘리사벳의 증언에 이어, 떼르뚤리아누스는 이 장에서 예수께서 다윗과 아브라함의 자손이심을 증언하는 여러 성서 구절들, 즉 메시아의 내림을 싫어하는 마귀들의 증언과 마태오 복음사가의 증언(1-2항), 그리고 바울로 사도의 증언들을 열거한다(3-5항). 이 증언들은 그분의 육신이 영적 육신이 아니라 아담까지 거슬러올라가는 그분의 모든 선조들의 육신과 동일한 육신임을 입증한다고 역설한다(6항).

인 후손에서 나온 이 자손에게 그의 왕권을 주시겠다고[14] 맹세하셨기 때문이다. 그분이 다윗의 몸에서 (난 자손이라면), 그분은 우선 마리아의 몸에서 난 자손이 되는데, 왜냐하면 마리아는 다윗의 몸에서 난 후손이기 때문이다.

다윗의 자손인 예수[1]

[XXII,1] 그래서 (우리의 적대자들은) 예수님을 향해 "다윗의 자손"이라고 외친 마귀들의 증언을 삭제하였다.[2] 마귀들의 증언은 부당한 것으로 치더라도, 그들은 사도들의[3] 증언들을 삭제할 수는 없을 것이다. 우선 마태오는 주님의 동행자로서 복음의 가장 충실한 편집자였는데, 그는 다른 이유에서가 아니라 그리스도의 육적인 기원을 분명히 전해 주기 위해서 "아브라함의 자손이요 다윗의 자손이신 예수 그리스도의 족보"[4]라는 말로 (복음서를) 시작한다. [2] 이 족보는 원초적인 기원(起源)에서 흘러나와 점차 예수의 탄생에 이르기까지의 순서로 되어 있는데, 이는 아브라함의 육신과 다윗의 육신이 각 선조들을 통해 동정녀에게 전해 내려오고, 결국 그 동정녀에게서 나신 그리스도에게 이르게 된다는 사실을 서술하려는 의도 외에 무슨 다른 뜻이 있겠느냐?

[3] 바울로는 같은 그리스도의 사도였기 때문에 같은 복음의 제자가 되고[5] 스승이 되며 증인이 되었으며, 그 역시 그리스도께서 육신으로,

---

2. 떼르뚤리아누스는 여기서 혼동하고 있는데, "다윗의 후손"이라고 외친 것은 예리고의 두 소경(마태 20,30; 마르 10,47; 루가 18,38)이었고, 마귀들의 증언은 "하느님의 아들"(마태 8,29; 마르 5,7; 루가 8,28)이었다.
3. 여기의 "사도들"은 아래에 언급되는 마태오와 바울로를 말한다. 주님의 동행자였던 마태오는 엄격한 의미에서 사도이고, 바울로는 후에 이름붙여진 사도이다: 『마르치온 논박』 4,2,4 참조.
4. 마태 1,1.
5. 바울로가 마태오 복음사가의 제자였다는 말이 아니라, 복음서를 충실히 따르는

Christi, confirmat Christum ex semine David secundum carnem, utique ipsius. Ergo ex semine David caro Christi. «Sed secundum Mariae carnem ex semine David.» Ergo ex Mariae carne est dum ex semine David. 4. Quocumque detorseris dictum: aut ex carne est Mariae quod ex semine est David, aut ex David semine est quod ex carne est Mariae. Totam hanc controversiam dirimit idem apostolus ipsum definiens esse Abrahae semen. Cum Abrahae, utique multo magis David quia recentioris. 5. Retexens enim promissionem benedictionis nationum in semine Abrahae: *Et in semine tuo benedicentur omnes nationes: non*, inquit, *dixit 'seminibus' tamquam de pluribus, sed 'semine' de uno, quod est Christus.*

6. Qui haec nihilominus legimus et credimus, quam debemus et possumus agnoscere in Christo carnis qualitatem? Utique non aliam quam Abrahae siquidem semen Abrahae Christus; nec aliam quam Jesse

---

사람으로서 복음의 제자라는 뜻이다. 한편 마르치온은 다른 사도들의 무지를 비난하기 위해 주로 갈라디아서(특히, 갈라 2,11 이하)를 사용하면서, 사도들은 바울로가 가르친 복음과는 다른 복음을 가르쳤다고 주장하였는데(『이단자 규정론』 23,1 참조), 떼르뚤리아누스는 그가 사용한 용어들을 그대로 인용하면서 그의 오류를 반박하였다: 『이단자 규정론』 23,5-11; 『마르치온 논박』 1,20, 1-4; 4,2,5-4,3,3; 5,2,7-5,3,8 참조. 한편 발렌띠누스는 1디모 6,20("디모테오! 그대에게 맡겨진 것을 간직하시오. 속된 허튼소리와 사이비 지식의 반론들을 피하시오")과 2디모 2,2("또한 그대가 많은 증인들 앞에서 나에게서 들은 것을, 남을 가르칠 자격이 있는 믿음직한 사람들에게 맡기시오")를 근거로 하여, 바울로는 소수의 사람들에게 몰래 가르친 비밀스런 복음을 전해 주었다고 주장하였다: 『이단자 규정론』 25,2; 25,8 참조. 따라서 우리의 본문에서 떼르뚤리아누스가 강조하고 있는 "같은 그리스도"와 "같은 복음"이라는 표현은, 사도들과 바울로가 가르친 복음이 서로 다른 복음이 아니라 같은 복음이며 그 내용도 상

즉 그분 자신의 육신으로는 다윗의 씨에서 나신 분임을 확인하였다.[6] 그러므로 그리스도의 육신은 다윗의 씨에서 온 것이다. ≪그러나 '마리아의 육신에 따라'라는 말은 다윗의 씨에서 온 것을 뜻한다≫[7](고 너는 반박한다). 사실 그분은 마리아의 육신에서 나셨기 때문에 다윗의 씨에서 나신 것이다. 〔4〕이 말을, "다윗의 씨에서 온 것은 마리아의 육신에서 온 것이다", 또는 "마리아의 육신에서 온 것은 다윗의 씨에서 온 것이다"라고 멋대로 바꾸어 보아라. 같은 사도께서, "그분은 아브라함의 후손이시다"라고 선언하심으로써 이 논쟁을 완전히 종결시켰다. 아브라함의 후손이기 때문에 더 가까운 선조인 다윗의 후손이 되는 것은 너무나 자명하다. 〔5〕 사실 (사도는), 이방인들이 아브라함의 후손 안에서 받게 될 축복의 약속, 즉 "네 후손 안에서 모든 민족이 축복을 받게 되리라"[8]는 말씀을 인용하고 나서, "마치 여러 사람에게 관련되는 것처럼 '후손들에게'라고 이르시지 않고 한 사람에게만 관련지어 '네 후손에게'라고 하셨으니 그는 곧 그리스도이십니다"[9]라고 설명하셨다.

〔6〕 그런데 이 말씀을 읽고 또 그것을 믿고 있는 우리는 그리스도 안에 어떤 성질의 육신이 있었다고 인정해야 하고 또 인정할 수 있는가? 그리스도는 아브라함의 후손이기 때문에 그것은 다름아닌 아브라함의

통한다는 것을 부각시키려는 것이다.

6. 참조: 로마 1,3; 2디모 2,8.

7. 떼르뚤리아누스는 『이단자 규정론』 27,11에서 로마 1,3-4를 그리스도의 두 가지 본성, 즉 신성과 인성에 대한 증거로 인용하였다. 이에 앞서 안티오키아의 성 이냐시우스는 로마 1,3을 영지주의의 가현설을 반박하는 데 이미 사용하였었다: 「스미르나인들에게 보낸 편지」 1,1-2; 「트랄리아인들에게 보낸 편지」 9,1; 「에페소인들에게 보낸 편지」 7,2; 20,2. 이때문에 발렌띠누스파에서는 "육으로는 다윗의 후손"이라는 표현을 받아들이지만, 그것은 마리아가 다윗의 후손이라는 것을 뜻하지 그리스도가 마리아에게서 당신 육신의 영적 요소(*pneumatikon*)나 영혼적 요소(*psychikon*)를 받았다는 것을 의미하는 것은 아니라고 주장한다. 44-46쪽 참조.

8. 창세 22,18; 갈라 3,8.   9. 갈라 3,16.

siquidem ex radice Jesse flos Christus; nec aliam quam David siquidem fructus ex lumbis David Christus; nec aliam quam ex Mariae siquidem ex Mariae utero Christus; et adhuc superius nec aliam quam Adae siquidem secundus Adam Christus. Consequens ergo est ut aut illos spiritalem carnem habuisse contendant, quo eadem condicio substantiae deducatur in Christum, aut concedant carnem Christi spiritalem non fuisse quae non de spiritali stirpe censetur.

XXIII. 1. Sed agnoscimus adimpleri propheticam vocem Simeonis super adhuc recentem infantem dominum pronuntiatam: *Ecce hic positus est in ruinam et suscitationem multorum in Israel et in signum contradicibile.* Signum enim nativitatis Christi secundum Esaiam: *Propterea dabit vobis dominus ipse signum: ecce virgo in utero concipiet et pariet filium.* 2. Agnoscimus ergo signum contradici-

---

10. 참조: 이사 11,1.
11. 참조: 시편 132,11; 마태 1,1.
12. 참조: 루가 1,42.
13. 참조: 1고린 15,45.
14. 여기서 그리스도의 육신이 "영적 육신"(carnem spiritalem)이 아니며, "영적 가문"(spiritali stirpe)에 기원을 두고 있지 않다고 하는 것은, 그리스도의 육신을 영(spiritus)에서 온 육신이라고 주장하는 발렌띠누스파에 대한 반박으로서 우리 육신과 같은 순수한 육신이라는 사실을 강조하는 것이다.
1. 마리아가 동정녀이면서 그리스도의 어머니가 된다는 문제에 있어, 떼르뚤리아

육신이며, 또 그리스도는 이새의 뿌리에서 핀 꽃이기[10] 때문에 그것은 다름아닌 이새의 육신이며, 또 그리스도는 다윗의 몸에서 나온 후손이기[11] 때문에 그것은 다름아닌 다윗의 육신이며, 또 그리스도는 마리아의 모태에서 나신 분이기[12] 때문에 그것은 다름아닌 마리아의 육신이며, 그리고 더 앞으로 소급해서 그리스도는 둘째 아담이기[13] 때문에 그것은 다름아닌 아담의 육신인 것이다. 따라서 그리스도 안에 있는 실체의 동일한 조건을 연역해 낼 수 있기 위해서는 (위의 인물들이) 모두 영적 육신을 지니고 있었다고 고집하든지, 아니면 그리스도는 영적이 아닌 가문에 기원을 두고 계시기 때문에 그분의 육신 역시 영적 육신이 아니라는 점을 인정할 수밖에 없다는 결론에 이르게 된다.[14]

마리아의 동정성 여부에 관한 논쟁[1]

[XXIII,1] 그런데 우리는 시므온이 갓 태어난 아기 주님에 대해 "두고 보시오. 이 아기로 말미암아 이스라엘에서 많은 사람들이 멸망하기도 하고 다시 일어서기도 하며 또 아기는 배척당하는 표징이 될 것입니다"[2]라고 선포한 예언의 말씀이 성취되었다는 사실을 알고 있다. (이 표징은), "그런즉, 주께서 몸소 너희에게 표징을 주시니, 보라 처녀가 잉태하여 아들을 낳게 되리라"[3]고 한 이사야의 예언에 따라 그리스도의 출생에 관한 표징을 말한다.[4] [2] 그러므로 우리는 동정녀 마리아의 잉태

누스는 이 장에서, 마리아는 출산에 관한 한 동정녀가 아니라고 주장한다. 노인 시므온이 예언한 바와같이 그리스도가 동정녀에게서 태어나신 것은 이단자들의 반발을 불러일으키는 반대의 표징이 되는 것이다(1-3항 전반부). 한편 마리아는 잉태 당시에는 동정녀였지만, 아기를 낳은 후부터는 동정녀가 아니라 어머니가 된다(3항 후반부-6항).

2. 루가 2,34. 3. 이사 7,14.
4. "아기는 배척당하는 표징이 될 것입니다"(루가 2,34)라는 시므온의 말은 예수

bile conceptum et partum virginis Mariae de quo academici isti: «Peperit et non peperit virgo et non virgo», quasi non, et si ita esset dicendum, a nobis magis dici conveniret. Peperit enim quae ex sua carne, et non peperit quae non ex viri semine; et virgo quantum a viro, non virgo quantum a partu. 3. Non tamen, ut ideo non pepererit quae peperit quia non ex sua carne, et ideo virgo quae non virgo quia non ex visceribus suis mater.

Sed apud nos nihil dubium nec retortum in ancipitem defensionem: lux lux tenebrae tenebrae, et *est est* et *non non, quod amplius, hoc a malo est.* Peperit quae peperit, et si virgo concepit in partu suo

---

아기가 장차 백성들로부터 배척을 받고 수난을 받게 될 것이라는 예언으로 보는 것이 성서학적으로 타당하겠지만, 떼르뚤리아누스는 배척의 표징을 이사 7, 14에 나오는 처녀 출산에 대한 표징과 연결시키고 있다. 떼르뚤리아누스에게는, 그리스도께서 동정녀에게서 태어난 사실을 부인하는 이단자들의 주장이 구세주의 구원행업을 파괴하는 가장 위험한 요소라는 점에서 그분에 대한 배척의 표징으로 보고 있는 것이다. 오리게네스도 『루가 복음 주석 강론』(Homiliae in Lucam) 17,4에서, 마르치온 이단에 대항하여 루가 2,34에 나오는 "배척의 표징"을 동정녀의 출산과 연결시키고 있다.

5. "아카데미아파 사람들"은 회의론자들이었다. 떼르뚤리아누스는 『영혼론』 17장에서 아카데미파의 회의론이 가현설에 관계되는 모든 오류에 책임이 있다고 지적한다.

6. "Peperit et non peperit virgo et non virgo": 이 문장을 두 부분으로 나누어, "출산하였고 (동시에) 출산하지 않았으며, 동정녀이고 (동시에) 동정녀가 아니다"라고 번역할 수도 있다. 한편 떼르뚤리아누스는 가부(可否)가 분명하지 않은 애매모호한 이 표현을 우리측(a nobis), 즉 마리아의 동정성과 모성을 함께 말하는 정통교회측에서 주장하는 것이 옳다고 하는데, 아래의 제6항에서 에제키엘서를 인용하면서(vacca illa quae peperit et non peperit) 그 이유를 설명한다(주 18 참조).

7. "출산의 관점에서는 동정녀가 아니다"(non virgo quantum a partu): 떼르뚤리아누스는 여기서 마리아의 동정성을 생물학적 관점에서 말하고 있다. 즉, 마리아는 남자와 어떠한 성관계를 가지지 않았다는 점에서 동정녀이지만, 예수를 실

와 출산이 배척당하는 표징이 된다고 이해하고 있다. 그러나 저 아카데미아파 사람들은[5] (마리아)에 대해, ≪동정녀가 아닌 동정녀가 아들을 낳은 일 없이 아이를 낳았다≫고 주장하는데, 비록 그들은 그런 식으로 말할 수밖에 없겠지만, 그 말은 우리 편에서 하는 것이 더 적절하다.[6] 사실 그녀는 자기 육신에서 (아들을) 출산하였지만, 한편 남자의 씨를 받지 않았다는 점에서는 낳은 것이 아니다. 그리고 남자에 관한 한 그녀는 동정녀이지만 출산의 관점에서는 동정녀가 아니다.[7] [3] 그러나 그녀가 출산은 하였지만 자기 육신에서 출산하지 않았기 때문에 출산하지 않았다고 말하거나, 또 동정녀는 아니지만 자기 몸에서 (낳은 아들의) 어머니가 되지 못하기 때문에 동정녀라고 하는 (너희의 주장에)[8] 나는 (그 논리를) 찾지 못하겠다.

그러나 (다음과 같이) 둘 중에 하나를 주장하는 데에 있어, 우리 측에서는 어떤 의문스러운 점이나 왜곡된 점도 있지 않다. 즉, 빛은 빛이고 어둠은 어둠이다.[9] 그리고 "'예' 할 것은 '예' 하고, '아니오' 할 것은 '아니오' 하고, 여기에 더 보태는 것은 악에서 나오는 것이다"[10](라고 말씀하신 대로 하는 것이다). 출산한 그녀가 출산한 것은 (분명한데), 동정녀로서 잉태하였다면 출산에 있어서는 기혼녀(처럼)[11] 된 것이다.

제로 낳아 처녀막이 손상되었다는 점에서 동정녀가 아니라는 것이다.
8. 이 주장은 발렌띠누스파의 주장이다. 앞에서 언급한 "동정녀가 아닌 동정녀가 아들을 낳은 일 없이 아이를 낳았다"는 그들의 표현에 대한 세부적인 내용을 말하고 있다. 그리스도의 탄생에 관한 그들의 주장에 의하면, 그리스도는 마리아의 모태에 있기는 하였지만 마리아에게서 아무것도 취하지 않고, 마치 물이 수도관을 지나가듯 그냥 밖으로 나왔다는 것이다. 따라서 그리스도가 마리아의 모태를 통해 나왔다는 점에서 마리아는 아들을 낳았지만, 마리아에게서 아무것도 취하지 않았다는 점에서는 마리아는 어머니가 될 수 없고 그냥 동정녀로 남아 있다는 것이다.
9. 참조: 이사 5,20.   10. 마태 5,37.
11. "in partu suo nupsit"를 직역하면, "그녀의 출산에서는 결혼한 것이다"이다. 즉, 마리아는 출산에서 있어서 결혼한 여인이 아이를 낳은 경우와 같다는 뜻이다.

그리스도의 육신론

nupsit. 4. Nam nupsit ipsa patefacti corporis lege: in quo nihil interfuit de vi masculi admissi an emissi; idem illud sexus resignavit. Haec denique vulva est propter quam et de aliis scriptum est: *Omne masculinum adaperiens vulvam sanctum vocabitur domino*. Quis vere sanctus quam sanctus ille dei filius? Quis tam proprie vulvam adaperuit quam qui clausam patefecit? 5. Ceterum omnibus nuptiae patefaciunt. Ita, quae magis patefacta est quia magis erat clausa, utique magis non virgo dicenda est quam virgo, saltu quodam mater antequam nupta. Et quid ultra de hoc retractandum est? Cum hac ratione apostolus non ex virgine sed ex muliere editum dei filium pronuntiavit, agnovit adapertae vulvae nuptialem passionem. 6. Legimus quidem apud Ezechielem de vacca illa quae peperit et non peperit: sed videte ne vos jam tunc providens spiritus sanctus notarit hac voce disceptaturos super

---

12. "육체가 열려졌다"는 것은 처녀막이 파열되었다는 뜻이다. 사실 이어서 나오는 설명이 이를 분명히하고 있다.
13. 여기서 떼르뚤리아누스는 동정성을 처녀막에 국한시켜 말하고 있음이 분명하다. "남성의 힘"은 남자의 성기(性器)를 암시한다.
14. 출애 13,2; 루가 2,23. 마리아가 출산에 있어 동정녀가 아니라는 점(non virgo in partu)과, 그 성서적 근거로 출애 13,2(= 루가 2,23)를 연결시키는 것은 오리게네스의 문헌에서도 나온다: 『루가 복음서 주석 강론』 14,7-8. 떼르뚤리아누스와 오리게네스가 이처럼 출산에 있어 마리아의 동정성을 부인한 것은 당시 영지주의적 가현설 이단에 대항하여 그리스도의 참된 육화 실제의 탄생을 부각시키기 위해 마리아의 처녀막에 초점을 맞춘 것이다.
15. 참조: 루가 1,35.
16. 참조: 갈라 4,4. 여기서 "동정녀"(virgine)와 대칭되는 "여인"(muliere)은 출산한 경험이 있는 부인(婦人)을 뜻한다.

[4] 사실 육체가 열려졌다는[12] (자연)법칙에 따라 그녀는 기혼녀(처럼) 된 것이다. 이것은 그녀의 육체 안에 남성의 힘이 들어왔든지 나갔든지 간에, 또는 동일한 성(性)에 의해 봉인이 열렸든지간에 상관없는 일이다.[13] 다른 모든 모태에 대해, "모태를 열고 나온 맏아들은 모두 거룩하여 주님의 차지라 불리리라"[14]고 기록되어 있는 것은 결국 이 모태 때문이다. 하느님의 거룩한 아들 외에 누가 참으로 거룩한 이가 있겠는가?[15] 닫혀 있던 모태를 연 사람말고 누가 그 모태를 열었겠는가? [5] 다른 모든 여인들의 경우에 모태가 열리게 되는 것은 결혼이다. 그러나 (마리아의 경우에는) 모태가 실제로 닫혀 있었던 그만큼 (출산 때에) 분명히 열렸으며, 혼인에 앞서 단계를 뛰어넘어 어머니가 되었기 때문에 동정녀라고 하기보다는 오히려 동정녀가 아니라고 말해야 할 것이다. 그러니 이 점에 대해 더 떠벌릴 논쟁거리가 있는가? 이러한 논리에 따라, 사도께서 하느님의 아들은 동정녀에게서가 아니라 여인에게서[16] 나셨다고 선언하였을 때, 그 열려진 모태가 출산을 경험하였다는[17] 것을 인정한 것이다. [6] 우리는 에제키엘서에서 새끼를 낳았지만 새끼를 낳은 적이 없는 암소에 대한 이야기를 읽고 있다.[18] 그런데 성령께서는 마리아의 모태에 대해 논쟁을 벌일 너희들을 그때에 이미 내다보시고 이 말로써 너희를 규탄하려 하셨는지도 모르겠다. 그렇지 않고서야 그분께서 단순

---

17. "nuptialem passionem"을 직역하면, "결혼의 고통"인데, 앞의 "모태"와 연관시켜 볼 때, 출산의 고통 또는 체험으로 번역할 수 있다.
18. 떼르뚤리아누스는 여기서 에제키엘서를 인용한다고 하지만, 에제키엘서에는 이와 유사한 구절이 없으며, 아마 지금은 상실된 어떤 외경(外經)을 인용한 것으로 보인다. 이와 유사한 내용은 떼르뚤리아누스와 같은 시대의 인물인 알렉산드리아의 끌레멘스의 저서에 나온다: 『스트로마타』 7,93-94. 끌레멘스는, 동정녀가 그리스도를 낳았지만 출산 후 산파들이 마리아를 직접 검증하였더니 그대로 동정녀였다고 말함으로써 출산 후의 마리아의 동정성을 강조하면서, 이런 뜻으로 "아이를 낳았지만, 낳지 않았다"(peperit et non peperit)를 인용하고 있다: 주 6 참조.

uterum Mariae. Ceterum non contra illam suam simplicitatem pronuntiasset dubitative, Esaia dicente: *Concipiet et pariet.*

XXIV. 1. Quod enim et alias jaculatur in suggillationem haereticorum ipsorum, et imprimis: *Vae qui faciunt dulce amarum et tenebras lucem*, istos scilicet notat qui nec vocabula ipsa in luce proprietatum suarum conservant, ut anima non alia sit quam quae vocatur et caro non alia quam quae videtur et deus non alius quam qui praedicatur. 2. Ideo etiam Marcionem prospiciens, *Ego sum*, inquit, *deus, et alius absque me non est.* Et cum alio idipsum modo dicit: *Ante me deus non fuit*, nescio quas illas valentinianorum Aeonum genealogias pulsat. Et, *Non ex san-*

---

19. "의심스러운 (표현으로)"(dubitative): 앞에서 논쟁의 초점이 되었던 "낳았지만 낳지 않았다"(peperit et non peperit)를 말한다. 즉, 애매모호하고 의문을 자아 내는 표현이라는 뜻이다. 여기서 말씀하시는 분은 "성령"(spiritus sanctus)으로 되어 있는데, 모든 성서는 성령의 감도로 쓰여졌다는 전통적 신학에 근거한다.
20. 이사 7.14. 여기서 주어("동정녀")를 빠뜨리고 인용하였다.
 1. 제23장 끝부분(6항)에 나오는 "너희를 규탄하려 하셨는지도 모르겠다"는 말에 이어, 떼르뚤리아누스는 단죄에 관한 성서 구절들을 열거하면서 앞에서 논박한 여러 이단들을 단죄한다(1-3항). 이 단죄는, 마지막 날에 그들이 그처럼 부당한 것이라고 모독했던 그리스도의 육신을 알아볼 때 받게 될 최후심판에서의 단죄 의 서곡에 불과하다는 것이다(4항).
 2. 이 문장의 주어가 명시되어 있지 않지만, 앞에서(제23장 끝부분) 언급된 "성령" 이다. 따라서 바로 이어 인용되어 있는 이사 5,20의 말은 이사야 예언자의 말

하게 말씀하시는 관행과는 달리 의심스러운 (표현으로)[19] 말씀하시지는 않았을 것이다. 한편 이사야는 "그녀가 잉태하여 아들을 낳을 것이다"[20]라고 (분명히) 말하였다.

이단자들에 대한 성령의 단죄[1]

[XXIV,1] (성령께서)[2] 저 이단자들을 단죄하시는 다른 말씀들도 있는데, 특히 "단 것을 쓰다 하고 어둠을 빛이라 하는 자들에게 앙화 있으리라"[3]고 하셨다. 즉, 이 말씀은 낱말들을 본래 뜻의 빛 안에서 보려 하지 않는 자들을 지적하신 말씀이다. 영혼은 불리는 것과 다른 영혼이어서는 안되며, 육신은 보이는 것과 다른 육신이어서도 안되고, 하느님은 (성서에서) 선포된 분과 다른 하느님이어서는 안된다. [2] 이때문에 (하느님은) 마르치온도 염두에 두시고, "나는 하느님이며, 나밖에는 다른 신은 없다"[4]라고 말씀하셨다. 그리고 같은 내용을 달리 표현하여 "나보다 앞서 신이 없었다"[5]라고 하셨을 때, 발렌띠누스파 사람들이 말하는 에온들의 어느 계보를[6] 공박하셨는지도 모르겠다. 그리고 "그분은 혈통

말씀이 아니라 성령의 말씀이 된다. 왜냐하면 모든 성서는 성령의 감도로 썪어졌기 때문이다(제23장의 주 19 참조).

3. 이사 5,20.
4. 이사 45,5. 여기서 "마르치온도"(etiam Marcionem) 염두에 두시고 말씀하셨다고 하는데, 구약의 "창조신"과 신약의 "선한 신"이 서로 다르고 대립되는 두 분의 신을 주장하는 마르치온 이단에 대해 하느님은, "나는 하느님이며, 나밖에는 다른 신은 없다"고 말씀하심으로써 정면으로 반박하신다는 뜻이다.
5. 이사 43,10.
6. 참조: 1디모 1,4. 발렌띠누스는 천상세계(플레로마)에 30개의 에온들(영적 혹은 신적 존재들)이 서열에 따라 배치되어 있다고 주장한다. 떼르뚤리아누스는 여기서 유일신 사상을 말하는 1디모 1,4를 인용하여 그들의 오류를 지적하고 있는 것이다. 『프락세안 논박』 33,8 참조.

guine neque ex carnis aut viri voluntate, sed ex deo natus est, Ebioni respondit. Aeque, *Etiamsi angelus de caelis aliter evangelizaverit vobis quam nos, anathema sit,* ad energema Apelleiacae virginis Philumenes dirigit. 3. Certe, *Qui negat Christum in carne venisse, hic antichristus est,* nudam et absolutam et simplici nomine naturae suae pronuntians carnem omnes disceptatores ejus ferit: sicut et definiens ipsum quoque Christum unum multiformis Christi argumentatores quatit, qui alium faciunt Christum, alium Jesum, alium elapsum de mediis turbis, alium detentum, alium in secessu montis in ambitu nubis sub tribus arbitris clarum, alium ceteris passivum ignobilem, alium magnanimum, alium vero trepidantem, novissime alium passum, alium resuscitatum, per quod suam quoque in aliam carnem resurrectionem adseverant.

4. Sed bene quod idem veniet de caelis qui est

---

7. 요한 1,13(구 라틴어 번역). 8. 갈라 1,8.
9. 아펠레와 필루메네와의 관계, 그리고 필루메네의 저서 『에넬제마』에 대해서는 『이단자 규정론』 30,6에 언급되어 있다: "cujusque (sc. Philumenes) energemate circumventus (sc. Apelles) quae ab ea didicit Phaneroseis scripsit." 60쪽 참조. 한편 술피치우스 세베리우스(Sulpicius Severus, *Dialogi* I,20,9)는 "에넬제마"를 "마귀에 접신한" 뜻으로 설명한다. 즉, 필루메네가 환시를 보았다는 것은 귀신에 접신한 상태에서 환시를 본 것이 된다.
10. 1요한 4,2-3.
11. 『이단자 규정론』 33,11에서는 같은 성서 구절(1요한 4,2-3)을 인용하면서 반(反)그리스도를 마르치온과 에비온(파)에 적용시키고 있다. 즉, 마르치온은 가현설로 그리스도의 육신을 부인하는 자이며, 에비온파는 예수는 그리스도가 아니라 단순한 한 인간에 불과하다고 주장하였기 때문이다: 『마르치온 논박』 5, 16,4 참조.

에서나 육욕에서나 남자의 욕망에서 난 것이 아니라 하느님에게서 난 것이다"[7]라는 말씀은 에비온파 사람들에게 하신 대답이다. 마찬가지로 "하늘에서 온 천사라 할지라도 우리가 전한 것과 다른 복음을 전한다면 그는 저주를 받아야 합니다"[8]라는 말은 아펠레의 애첩 필루메네가 쓴 『에넬제마』[9]를 겨냥한 것이다. 〔3〕 그리고 "그리스도께서 육신 안에 오셨음을 부인하는 자는 반(反)그리스도입니다"[10]라고 (사도께서) 말씀하셨을 때, 어떠한 첨가나 삭제 없이 그리고 그 본성의 순수한 명칭으로 그분 육신의 (실재를) 분명히 선언하심으로써 모든 적대자들을[11] 공박하신 것이다. 마찬가지로 "그리스도 자신은 한 분이십니다"[12]라고 정의하심으로써 여러 형태의 그리스도를 주장하는 자들을[13] 격퇴하셨는데, 그들은 그리스도가 다르고 예수가 다르며, 군중들 사이에서 사라진 이가[14] 다르고 붙잡힌 이가[15] 다르며, 산으로 따로 올라가 세 증인들 앞에서 구름에 싸여 빛나신 이가[16] 다르고, 다른 이들 사이를 평범하게 지나가신 이가[17] 다르며, 용감했던 이가 다르고 겁쟁이였던[18] 이가 다르며, 끝으로 수난을 받은 이가 다르고 부활하신 이가 다르다고 하면서, 이때문에 그들도 다른 육신으로 부활하게 될 것이라고 주장한다.

〔4〕 그러나 수난을 받으셨던 같은 분이 하늘에서 내려오실 것이고,

---

12. 참조: 1고린 8,6.
13. "여러 형태의 그리스도"(multiformis Christi)를 주장하는 자들이란 발렌띠누스파를 말한다. 42-44쪽 참조.
14. 참조: 루가 4,30.
15. 참조: 마태 26,57; 루가 22,54; 요한 18,12. 발렌띠누스에 의하면, 빌라도의 법정에 서신 예수는 더 이상 영적 존재(*pneumatikon*)가 아니라 단지 영혼적인 요소로 된 존재(*psychikon*)에 불과하다는 것이다: 이레네우스, 『이단 반론』 1, 7,2.
16. 참조: 마태 17,1-9; 마르 9,14-29; 루가 9,28-36.
17. 참조: 마태 26,55; 마르 14,49; 루가 22,53; 요한 18,20.
18. 참조: 마르 14,33.

passus, idem omnibus apparebit qui est resuscitatus: *Et videbunt et agnoscent qui eum confixerunt,* utique ipsam carnem in quam saevierunt, sine qua nec ipse esse poterit nec agnosci, ut et illi erubescant qui affirmant carnem in caelis vacuam sensu ut vaginam exempto Christo sedere, aut qui carnem et animam tantumdem, aut tantummodo animam, carnem vero non jam.

XXV. 1. Sed hactenus de materia praesenti. Satis jam enim arbitror instructam esse carnis in Christo et ex virgine natae et humanae probationem. Quod et solum discussum sufficere potuisset, citra singularum ex diverso opinionum congressionem, quam et argumentationibus earum et scripturis quibus utun-

---

19. 참조: 사도 1,11. "bene quod"(다행한 일이다): 떼르뚤리아누스는 그리스도의 육신을 부인하거나 왜곡하여 말하는 여러 이단자들의 논쟁을 끝맺으면서, 승리에 대한 자신감을 드러내고 있다. 그리스도는 그들이 그처럼 부인했던 바로 그 육신 안에서 수난을 받으시고 부활하셨으며, 장차 재림하셔서 그들을 단죄하시리라는 것이다.

20. 요한 19,37.

1. "carnis in Christo et ex virgine natae et humanae": 결론을 내리는 이 장에서, 떼르뚤리아누스는 이 저서에서 다루었던 전체 내용을 두 부분으로 요약하고 있다. "동정녀에게서 나신 육신"(ex virgine natae)의 문제는 제17장부터 23장까지 해당되는데, 이 정식(定式)은 "동정녀를 통하여 난 육신"(caro per virgirnem

부활하셨던 같은 분이 모든 이들에게 나타나시리라고 하니 다행한 일이다.[19] 사실 "그분을 못박았던 사람들이 보고 그분을 알아보게 될 것이다"[20]라고 하였듯이, 이는 사람들이 학대하였던 바로 그 육신을 뜻하니, 이 육신 없이는 그분을 알아볼 수도 없기 때문이다. 따라서 하늘에 좌정한 그리스도의 육신이 마치 빈 칼집처럼 아무 감각도 없는 육신이었다고 하거나, 또는 그분의 육신과 영혼이 하나의 동일한 것이라고 하거나, 또는 영혼만 있지 육신은 더 이상 존재하지 않는다고 주장하는 자들은 망신을 당하게 될 것이다.

맺는 말:
그리스도의 육신과 우리 육신의 부활

[XXV,1] 지금까지 우리는 현안 문제에 대해서 거론하였다. 사실 나는 그리스도께서 동정녀에게서 나신 육신, 인간 육신을 지니고 계시다는 사실을 입증하였는데 (이만하면) 충분하다고 본다.[1] 여러 다양한 (이단) 학설들을 하나씩 따로 상대하는 대신에 이 점만 거론한 것으로도 충분할 것이다. 그렇지만 우리는 그들의 주장들, 그리고 그들이 사용하는 성서 구절들을[2] 상대하여 (그들의 오류를) 폭넓게 지적하였다. 우리는

---

nata)이라는 정식과 대치된다. 그리고 "인간 육신"(humanae)의 문제는 제1장부터 16장까지 해당되는데, 이 정식은 마르치온의 "가상적 육신"(caro putativa), 아펠레의 "별에서 온 육신"(caro siderea), 발렌띠누스의 "영혼에서 온 육신"(caro animalis) 또는 "영에서 온 육신"(caro spiritalis)이라는 정식과 대치된다.

2. 떼르뚤리아누스의 거의 모든 논쟁적 저서들에서 일관되게 나타나는 특징은, 이 단자들이 왜곡시키고 조작한 성서 구절들을 찾아내어 이를 논박하는 것이다. 이 방법은 그의 논쟁력을 강화시켜 주며 교의적인 측면에서 진지함을 부각시키고, 동시에 떼르뚤리아누스 자신의 격정적인 성격과 수사학적 과장을 억제하는 데에도 도움이 되었다.

tur, provocavimus ex abundanti, uti cum eo quod probavimus quid et unde fuerit caro Christi, quid non fuerit adversus omnes praejudicaverimus. 2. Ut autem clausula de praefatione commonefaciat, resurrectio nostrae carnis alio libello defendenda hinc habebit praestructionem manifestato jam quale fuerit quod in Christo resurrexerit.

그리스도의 육신이 무엇이며, 어디서 왔는지를 입증함으로써 그 육신이 존재하지 않았다고 주장하는 모든 이들을 단죄하였다. 〔2〕 "우리 육신의 부활"에 대해서는 다른 저서에서[3] 거론하게 될 터인데, 우리의 결론을 (그 책의) 서론과 연결시키고자 한다. 그리스도 안에 부활한 육신이 어떤 것이었는지는 이미 밝혀졌으니, 여기서 이에 대한 예비 지식을 가지게 된 셈이다.

---

3. 여기서 떼르뚤리아누스는 이어서 저술될 『죽은 이들의 부활』(*De resurrectione mortuorum*)을 예고하고 있으며, 두 저서의 저술 시기와 내용 면에 있어 서로 긴밀한 연관성을 말하고 있다.

성서 인용 색인

성서 장 절	단락	쪽
창세 1, 26	XVII, 4	186
2, 5	XVII, 3	185
2, 7	XVI, 5	181
	XVII, 3	185
3, 1-7	XIV, 3	167
3, 16	XVII, 6	187
4, 1-8	XVII, 6	187
18, 1	VI, 7	121
18, 4	III, 6	98
18, 5	VI, 8	121
18, 8	VI, 12	125
18, 20	VI, 8	121
19, 1	VI, 3	118
19, 3	VI, 12	125
19, 10	III, 6	98
19, 16	VI, 8	121
19, 24	VI, 8	121
22, 18	XXII, 5	213
32, 27	III, 6	99
출애 13, 2	XXIII, 4	218
시편 8, 6	XIV, 4	168
	XV, 5	175
8, 7	XV, 6	176
22, 7	XV, 5	175
22, 10a	XX, 4	201
22, 10b-11a	XX, 4	202
22, 11b	XX, 4	202
78, 25	VI, 12	125
132, 11	XXI, 7	210
	XXII, 6	214
잠언 3, 7	X, 1	146
이사 1, 2	XIV, 6	170
1, 18	XIV, 6	170
1, 20	XIV, 6	170
1, 24	XIV, 6	170
5, 20	XXIII, 3	217
	XXIV, 1	220
		221
7, 14	II, 1	90
	XVII, 2	184
	XXI, 2	206
	XXIII, 1	215
	XXIII, 6	220
9, 5 (70인역)	XIV, 3	168
11, 1	XXI, 5	208
	XXII, 6	214
35, 5-6	IV, 4	105
43, 10	XXIV, 2	221
45, 5	XXIV, 2	221
53, 2-3	XV, 5	176
53, 3	IX, 6	143
	XV, 1	172
53, 9	XVI, 2	179
63, 9 (70인역)	XIV, 6	170
예레 4, 3	XIV, 6	170
4, 27	XIV, 6	170
6, 16	XIV, 6	170
6, 22	XIV, 6	170
17, 9 (70인역)	XV, 1	172
31, 15	II, 2	91
다니 7, 13	XV, 1	172
즈가 1, 6	XIV, 5	170
1, 14	XIV, 6	170
마태 1, 1	XXII, 1	211
	XXII, 6	214
1, 1-16	XXI, 7	208

마태	1, 16	XX, 2	200
	1, 20	XX, 1	199
	1, 23	XXI, 3	206
	2, 11	II, 1	91
	2, 16-18	II, 2	91
	4, 2-4	IX, 7	145
	5, 34	XIV, 6	170
	5, 37	XXIII, 3	217
	5, 39	XIV, 6	170
	7, 18	VIII, 4	137
	8, 29	XXII, 1	211
	10, 33	V, 3	110
	10, 37	VII, 13	133
	11, 5	IV, 4	105
	12, 8	XV, 1	172
	12, 33	VIII, 4	137
	12, 41-42	XVIII, 1	189
	12, 47	VII, 2	127
	12, 48	VII, 1	126
	12, 50	VII, 12	132
	13, 54	IX, 5	143
	13, 55-56	VII, 2	128
	16, 21	IX, 8	145
	16, 27	XVI, 1	178
	17, 1-9	XXIV, 3	223
	18, 12-14	VIII, 3	137
	19, 3	VII, 3	129
	20, 30	XXII, 1	211
	21, 37-42	XIV, 4	168
	25, 41	XIV, 2	167
	26, 38	XIII, 5	164
	26, 41	IX, 7	145
	26, 55	XXIV, 3	223
	26, 57	XXIV, 3	223
	27, 30	IX, 7	145
	27, 56	VII, 9	131
마르	1, 22	IX, 5	143
	3, 32	VII, 2	127

마르	3, 33	VII, 1	126
	3, 34-35	VII, 1 2	132
	5, 7	XXII, 1	211
	6, 2-4	VII, 2	128
	8, 31	IX, 8	145
	8, 38	V, 3	110
		XVI, 1	178
	9, 14-29	XXIV, 3	223
	10, 47	XXII, 1	211
	14, 33	IX, 7	145
		XXIV, 3	223
	14, 34	XIII, 5	164
	14, 49	XXIV, 3	223
	15, 19	IX, 7	145
	16, 1	VII, 9	131
	16, 19	XVI, 1	178
루가	1, 26-30	II, 1	90
	1, 31-32	XXI, 3	206
	1, 35	XX, 1	198
		XX, 2	199
		XXIII, 4	218
	1, 41	XXI, 4	208
	1, 42	XXI, 4	208
		XXII, 6	214
	1, 43	XXI, 4	208
	2, 1-20	II, 1	91
	2, 21-38	II, 2	92
	2, 23	XXIII, 4	218
	2, 34	XXIII, 1	215
			216
	3, 23	VII, 2	128
	3, 23-38	XXI, 7	208
	4, 30	XXIV, 3	223
	4, 32	IX, 5	143
	6, 40	VI, 1	116
	6, 43	VIII, 4	93
			137
	8, 2-3	VII, 9	131

루가	8, 21	VII, 1	126	요한	8, 40	XV, 1	172
		VII, 2	127		8, 44	XVII, 6	187
		VII, 12	132		10, 18	XIV, 2	167
	8, 28	XXII, 1	211		11, 5	VII, 9	131
	9, 22	IX, 8	145		11, 19-37	VII, 9	131
	9, 26	V, 3	110		11, 23-25	XII, 7	160
	9, 28-36	XXIV, 3	223		11, 35	IX, 7	145
	9, 56	XII, 7	159		18, 12	XXIV, 3	223
	10, 25	VII, 3	129		18, 20	XXIV, 3	223
	10, 38-41	VII, 9	131		19, 34	IX, 7	145
	11, 27-28	VII, 13	134		19, 37	XXIV, 4	224
	11, 31-32	XVIII, 1	189	사도	1, 11	XXIV, 4	224
	14, 26	VII, 13	133		2, 22	XV, 1	172
	15, 4-7	VIII, 3	137		2, 30	XXI, 7	210
	18, 38	XXII, 1	211	로마	1, 3	XXII, 3	213
	19, 10	XIV, 1	167		6, 6	XVI, 1	177
	22, 53	XXIV, 3	223		8, 3	XVI, 2	179
	22, 54	XXIV, 3	223		11, 25	X, 1	146
	22, 64	IX, 7	145		12, 16	X, 1	146
	24, 39	V, 9	115	1고린	1, 18-31	V, 4	110
요한	1, 4	XII, 7	159		1, 27	IV, 5	105
	1, 12	XIX, 1	195				106
	1, 13	XV, 3	174			V, 4	111
		XVI, 5	181		2, 2	V, 3	109
		XVIII, 5	191		6, 20	IV, 3	103
		XIX, 1	193		7, 23	IV, 3	103
		XIX, 1	194		8, 6	XXIV, 3	223
		XIX, 2	195		12, 12	VIII, 4	137
		XXIV, 2	222		15, 4	V, 3	109
	1, 14	XVIII, 3	190		15, 4-17	V, 2	109
		XX, 3	200		15, 16-19	V, 3	109
	1, 32-34	III, 8	100		15, 20-49	XVII, 4	185
	3, 6	XVIII, 5	190		15, 27-28	XV, 6	176
		XVIII, 5	191		15, 45	XVII, 4	185
	4, 7	IX, 7	145			XXII, 6	214
	4, 24	XVIII, 5	191		15, 47	VIII, 5	138
	6, 51	XIII, 5	164		15, 49	VIII, 7	139
	7, 5	VII, 9	130	2고린	4, 10	XII, 7	159

231

갈라	1, 8	VI, 2	117
		XXIV, 2	222
	2, 11	XXII, 3	212
	3, 8	XXII, 5	213
	3, 16	XXII, 5	213
	4, 4	XX, 2	200
		XXIII, 5	218
필립	2, 8	IV, 3	103
1디모	1, 4	XXIV, 2	221
	2, 5	XV, 1	172
	6, 20	XXII, 3	212
2디모	2, 2	XXII, 3	212
	2, 8	XXII, 3	213
1베드	1, 23	XV, 3	174
	2, 22	XVI, 2	179
1요한	3, 12	XVII, 6	187
	4, 2-3	XXIV, 3	222